# Depois da crise
## A China no centro do mundo?

CB015590

Luiz Carlos **Bresser–Pereira**

**ORGANIZADOR**

# Depois da crise
## A China no centro do mundo?

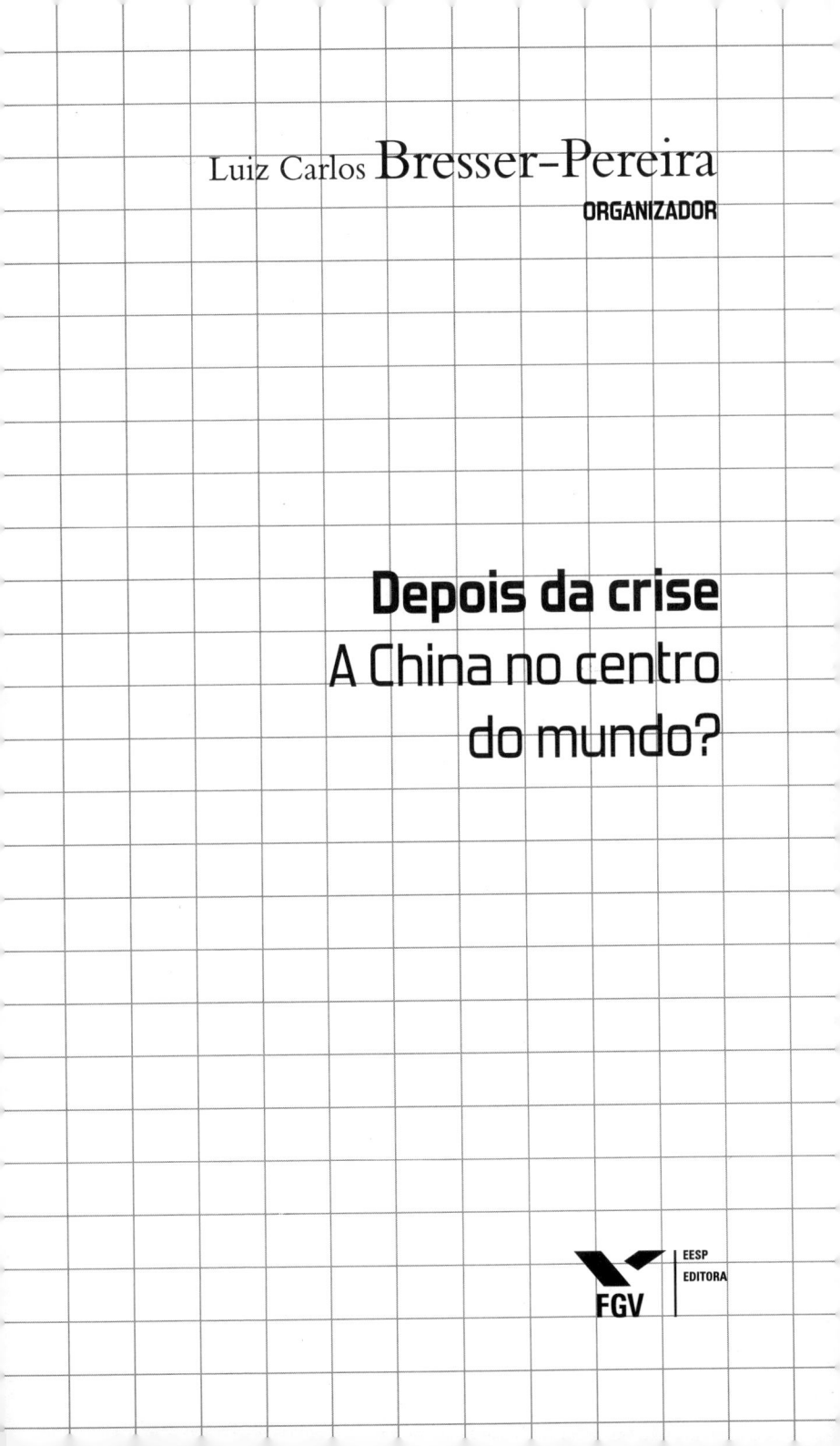

**FGV** | EESP EDITORA

Copyright © 2012 Luiz Carlos Bresser-Pereira

EDITORA FGV
Rua Jornalista Orlando Dantas, 37
22231-010 | Rio de Janeiro, RJ | Brasil
Tels.: 0800-021-7777 | 21-3799-4427
Fax: 21-3799-4430
editora@fgv.br | pedidoseditora@fgv.br
www.fgv.br/editora

*Os conceitos emitidos neste livro são de inteira responsabilidade dos autores.*

Impresso no Brasil | *Printed in Brazil*

1ª edição — 2012

PREPARAÇÃO DE ORIGINAIS: Maria Lucia Leão Velloso de Magalhães
REVISÃO: Aleidis de Betran e Fatima Caroni
PROJETO GRÁFICO CAPA E MIOLO: Santa Fé ag.

**Ficha catalográfica elaborada
pela Biblioteca Mario Henrique Simonsen/FGV**

Depois da crise: a China no centro do mundo? / Luiz Carlos Bresser-Pereira, organizador. — Rio de Janeiro : Editora FGV, 2012.
320 p.

Inclui bibliografia.
ISBN: 978-85-225-0935-5

1. Crise econômica — 2008. 2. Crise financeira. 3. China — Política econômica. I. Pereira, Luiz C. Bresser (Luiz Carlos Bresser), 1934-. II. Fundação Getulio Vargas.

CDD — 338.951

# Sumário

# Prefácio

Para onde vai o mundo depois da crise financeira global? Terminaram os 30 anos neoliberais? Podemos pensar em um novo capitalismo? Mais limitadamente, é verdade que o centro econômico do mundo está mudando para a Ásia? E, em um plano ainda mais limitado, é possível esperar que depois dessa crise do centro capitalista hegemônico e da teoria econômica ortodoxa, neoclássica, que serviu de legimitação para o neoliberalismo, o Brasil volte a se livrar da dependência e defina uma estratégia nacional de desenvolvimento que lhe assegure taxas de crescimento maiores do que as dos países ricos? Essas questões são discutidas neste livro. Naturalmente, apenas algumas serão respondidas, e sempre de forma parcial. Entretanto, é muito provável que a crise financeira global de 2008 se transforme em um marco da história contemporânea. Depois da Grande Depressão dos anos 1930 e da II Guerra Mundial, entre 1949 e 1978 assistimos aos "30 anos dourados do capitalismo", aos anos keynesianos e do acordo de Bretton Woods, nos quais as economias capitalistas cresceram de forma acelerada, com estabilidade, e logrando mesmo alguma distribuição de renda. Entretanto, uma modesta desaceleração econômica ocorrida nos anos 1970 foi suficiente para que o liberalismo voltasse a dominar o mundo com nova força e vivêssemos em seguida os "30 anos neoliberais do capitalismo" (1979-2008), que, ao que tudo indica, foram encerrados com a crise global de 2008. Essa crise consolidou a tendência à mudança do centro do mundo para a Ásia. Os Estados Unidos continuam, naturalmente, a ser a maior potência econômica, mas o dinamismo econômico mundial está na Ásia, nos Tigres Asiáticos — Coreia do Sul, Taiwan, Cingapura e Hong Kong —, nos novos Tigres — Malásia, Tailândia, Indonésia e Vietnã —, e nos dois gigantes asiáticos: China e Índia.

A estratégia nacional de desenvolvimento desses países, o novo desenvolvimentismo, está baseada em um tripé: responsabilidade cambial, responsabilidade fiscal e papel estratégico do Estado. Na grande competição, não só entre empresas, mas também entre Estados-nações, que é a globalização, o novo desenvolvimentismo é claramente o caminho que os demais países de renda média como o Brasil devem seguir se quiserem gradualmente alcançar os níveis de renda dos países ricos. É o caminho para a estabilidade financeira acompanhada de crescimento. Não podemos repetir a nossa própria experiência de crescimento acelerado dos anos 1930-1980 — quando tínhamos o nacional-desenvolvimentismo como estratégia de desenvolvimento —, assim como também não podemos simplesmente transferir para o Brasil o novo desenvolvimentismo. Mas podemos adaptá-lo às nossas circunstâncias. O certo é que ficarmos presos a uma ideologia neoliberal e a uma teoria econômica neoclássica — ambas baseadas no pressuposto de mercados autorregulados e na proposta do Estado mínimo — é um erro. Nos países em desenvolvimento, os 30 anos neoliberais se refletiram no Consenso de Washington, cujos resultados foram baixo crescimento, aumento da desigualdade e uma sucessão de crises financeiras que culminaram com a crise global de 2008. Dois anos depois, os países ricos já saíram tecnicamente da recessão, mas, como a crise esteve associada a um grande endividamento das famílias, das empresas e dos bancos, e como, para fazer frente à crise, os Estados tiveram que promover uma grande expansão fiscal e também se endividar, agora a recuperação econômica está limitada pela preocupação de todos em diminuir suas dívidas, em corrigir seus balanços patrimoniais. Portanto, para os países ricos não está havendo, e provavelmente não haverá por um bom tempo, uma demanda sustentada capaz de fazê-los crescer a taxas satisfatórias.

A crise já foi superada pelos países de renda média dinâmicos, principalmente pelos dois mais populosos do mundo — a China e a Índia —, porque sua estratégia de crescimento estava baseada na poupança interna. Não estavam, portanto, endividados no plano internacional. E também no plano interno o endividamento era pequeno. No caso do Brasil, o grau de endividamento era também pequeno, mas não por causa de uma estratégia nacional de desenvolvimento, mas porque, no plano externo, o aumento dos preços das *commodities* a partir do início dos anos 2000 assegurou amplos superávits comerciais para o país e, no plano interno, o endividamento das famílias e das empresas estava e continua estando limitado por taxas de juros muito altas. O segredo dos países asiáticos dinâmicos foi sua autonomia nacional, foi sua estratégia nacional baseada em taxas de câmbio competitivas e na industrialização. Esses países ignoraram a hegemonia neoliberal ocorrida a partir de 1980 em todo o mundo e continuaram a neutralizar a tendência à sobrevalorização da taxa de câmbio neles existente (na verdade, existente em todos os países em desenvolvimento) e, assim, puderam aproveitar sua mão de obra barata para exportar bens manufaturados e serviços de informática cada vez mais sofisticados.

Por sua vez, os países produtores de *commodities*, como é o caso do Brasil, beneficiaram-se do aumento dos preços internacionais devido ao crescimento da demanda dos países asiáticos dinâmicos, e também apresentaram taxas de crescimento maiores do que as dos países ricos, mas menores do que as dos países asiáticos e sem o mesmo caráter sustentado. Está claro, porém, que um crescimento baseado em *commodities* não é sustentável, pois limita o país a um nível baixo de sofisticação tecnológica e, em consequência, de desenvolvimento econômico. A alternativa que o Brasil adotou entre 1930 e 1980, quando apresentou taxas extraordinárias de crescimento, e que os países asiáticos dinâmicos continuam a adotar para crescer aceleradamente, baseia-se em uma taxa de câmbio competitiva, de equilíbrio industrial, ou seja, baseia-se na neutralização da doença holandesa pela administração da taxa de câmbio para que esta garanta a competitividade das empresas industriais do país que usam tecnologia no estado da arte mundial. O crescimento com base na produção e na exportação de *commodities* só faz sentido em uma fase inicial do desenvolvimento, porque através desse bem o país pode fazer a acumulação de capital primitiva ou original necessária para a subsequente revolução capitalista e industrial. Superado esse estágio de desenvolvimento, manter o país especializado em commodities deixa-o vulnerável à alta volatilidade de preços desses bens e a crises financeiras frequentes. Além disso, embora a produção de *commodities* envolva uma crescente sofisticação tecnológica, que conduz a maiores salários e a desenvolvimento econômico, a sofisticação potencial na área da mineração e do agronegócio continua a ser muito menor do que a sofisticação potencial na indústria e nos serviços de informática.

Este livro discute a crise econômica global, a mudança do centro econômico do mundo em direção ao Oriente e as implicações disso tudo para o Brasil — um país que cresceu mais, não porque tenha sabido administrar bem sua taxa de câmbio, mas porque se beneficiou dos preços das *commodities*. O livro está dividido em três partes, que correspondem a esses três pontos. Na primeira parte, o capítulo 1, de Luiz Carlos Bresser-Pereira, faz uma análise da crise global. Essa grande crise financeira bancária foi consequência do processo de financeirização, da criação maciça de riqueza financeira fictícia, iniciada na década de 1980, e da hegemonia de uma ideologia reacionária, o neoliberalismo, baseada em mercados autorregulados e eficientes. Embora o capitalismo seja intrinsecamente instável, as lições aprendidas com o *crash* da bolsa de 1929 e a Grande Depressão da década de 1930 transformaram-se em teorias e instituições ou regulações que levaram aos "30 anos dourados do capitalismo" (1949-1978) e que poderiam ter evitado uma crise financeira tão profunda quanto a atual. Não o fizeram porque uma coalizão de rentistas e "financistas" conquistou a hegemonia e, enquanto desregulava as operações financeiras existentes, recusou-se a regular as inovações financeiras que tornaram esses mercados ainda mais arriscados. A economia neoclássica agiu como uma metaideologia ao legitimar, matemática e "cientificamente", a ideologia neoliberal e a desregulação. Dessa crise emergirá um novo capitalismo, embora sua natureza seja de difícil previsão. Não será financeirizado, mas serão retomadas as tendências presentes nos 30 anos dourados do capitalismo (1949-1978) em direção ao capitalismo global e baseado no conhecimento, além da tendência de expansão da democracia, tornando-a mais social e participativa.

O capítulo 2, de Roberto Lavagna, argumenta que a saída da crise requer uma nova abordagem conjunta do funcionamento do sistema antes que os desajustes econômicos e sociais se transfiram conflitantemente para o campo político interno e/ou para o plano das relações internacionais.

Essa saída requer uma combinação justa de inovação num mundo global, novas regulamentações consentidas pelas partes e uso coordenado de instrumentos surgidos no mundo após 1930 e a II Guerra Mundial. Coordenar os incentivos fiscais reais, o nível e a circulação do crédito; reabsorver os maus créditos; regulamentar bancos, intermediários e agências classificadoras de risco; evitar o protecionismo e impedir um *crowding out* adverso aos países em desenvolvimento são certamente alguns passos da tarefa de reparação. Mas, além disso, será essencial definir a "escala" justa dos aportes fiscais; o projeto das medidas heterodoxas necessárias e os "tempos" de definição e execução.

Finalmente, no capítulo 3, o último da primeira parte, Leda Maria Paulani oferece uma interpretação marxista da crise e de suas consequências. Segundo a professora da USP, se é a realização plena da lógica do capital que parece estar na raiz da intensidade e da profundidade da presente crise, parece forçoso concluir que não será simples sua resolução. Como a roda da história não gira para trás, parece impossível que se volte ao estágio do capitalismo dos "30 anos de ouro" que ocorreu em seguida à II Guerra Mundial, por mais que se procure agora colocar a tranca na porta, vale dizer, regular o sistema financeiro. A riqueza financeira cresceu explosivamente nos últimos 30 anos e, por mais que as próprias crises tenham feito seu papel queimando parte desse capital, seu volume e a velocidade de seu crescimento continuam suficientemente fortes para jogar por terra qualquer tentativa de criar um invólucro institucional em que ela se comporte de modo mais civilizado.

A segunda parte começa com o capítulo 4, de Amaury Porto de Oliveira, no qual o diplomata e profundo conhecedor dos países do Leste analisa historicamente a mudança do equilíbrio global. Para ele, a visão da Ásia como o novo centro econômico do mundo decorre do colossal endividamento dos EUA diante do Japão, da China e dos países petrolíferos do golfo Pérsico. Nas mais de três décadas desde os anos 1970 até a "aterrissagem em catástrofe" do sistema financeiro global em 2008, os Estados Unidos seguiram financiando gastos gigantescos com a manutenção da sua projeção imperial através da venda de obrigações do Tesouro norte-americano a outros países. Uma grande sacudida geopolítica está em curso, forçando as placas tectônicas do poder mundial a buscar novos equilíbrios em decorrência principalmente do crescimento acelerado da China e da Índia, que, juntas, representam 37,5% da população mundial. No último livro de Giovanni Arrighi, *Adam Smith em Pequim* (2008), a tese central é de que está cabendo à China liderar o mundo, como nem a Inglaterra nem os EUA foram capazes de fazer, em direção a uma sociedade de mercado baseada na crescente equalização das civilizações que convivem no planeta.

Renato Amorim apresenta, no capítulo 5, uma visão fascinante do incrível desenvolvimento tecnológico e industrial que está ocorrendo na China. Ele começa apresentando com cores fortes e vivas as reações do Brasil e de vários países ocidentais à ascensão chinesa — reações que têm variado do deslumbramento com as perspectivas comerciais ao temor pela competição com cadeias produtivas nacionais. Compreender os fundamentos da competitividade chinesa é essencial para a formulação de respostas adequadas em políticas públicas e estratégias empresariais. Essencialmente, o dinamismo do país decorre de três décadas de abertura da economia, adoção consistente de mecanismos de mercado na gestão econômica e progressivo abandono da planificação estatal. Entre outros efeitos, a emergência da China aprofunda e acelera a globalização econômica, o que força rearranjos produtivos globais e induz mudanças estruturalmente importantes no horizonte da competição industrial.

Luiz Awazu Pereira da Silva, que ainda trabalhava no Banco Mundial quando do 6º Fórum de Economia da FGV, discute a questão central debatida por todos: a mudança do centro econômico do mundo para a Ásia. Essa mudança, argumenta ele, está ocorrendo em todos os critérios: o do crescimento, o da participação no comércio internacional, o da conta-corrente e o de credor líquido. Entretanto, ele não está convencido de que a Ásia e, em particular, a China serão o centro do mundo, porque vê fraquezas no modelo exportador, em especial uma excessiva dependência do mercado consumidor norte-americano. A crise provocará uma redução no crescimento de todos os países e obrigará os países asiáticos a reequilibrarem suas fontes de demanda. Países de renda média como o Brasil sofrerão a forte competição chinesa nos setores tecnologicamente mais sofisticados.

A segunda parte do livro termina com "uma abordagem chinesa", a do professor da Universidade de Pequim e da Universidade do Texas, Ping Chen. Além de economista, ele é um físico evolucionista que estuda criticamente a economia e que acabou de lançar nos Estados Unidos um livro nessa confluência. Para ele, a teoria econômica ortodoxa e o Consenso de Washington não conseguiram reconhecer as necessidades do mundo em desenvolvimento e os limites do modo ocidental de industrialização. Nas últimas três décadas, a China experimentou uma nova abordagem com autodeterminação, mente aberta para o aprendizado, experiências descentralizadas e uma reforma de duas vias (*dual track*), para simultaneamente atingir um crescimento de alta velocidade, estabilidade social e parceria internacional no desenvolvimento pacífico. Uma análise histórica do crescimento econômico mostra que a Europa e os Estados Unidos lideraram o mundo antes de 1950, mas esse papel coube ao Japão entre 1950 e 1973 e à China entre 1973 e 2008. A União Soviética e o Leste europeu saíram-se ainda melhor do que os países da Europa ocidental, que cresceram bastante desde o final da II Guerra Mundial até 1973, mas a partir daí se autodestruíram.

Ping argumenta que a China se desenvolveu segundo o "Consenso de Pequim" (uma expressão inicialmente sugerida pelo jornalista J. C. Ramo). Esse consenso está baseado em três pontos: primeiro, o valor da inovação. A estratégia de desenvolvimento não deve ser a tecnologia obsoleta (cabos de cobre), mas a inovação de ponta (fibras óticas) para criar a mudança que se move mais rapidamente do que os problemas que cria. Isso foi verdade no caso das telecomunicações, mas não exatamente no da tecnologia agrícola. A chave é descobrir a tecnologia adequada ao experimento de duas vias, não necessariamente todas as inovações de ponta. Segundo, o foco está na qualidade de vida e no gerenciamento do caos. Isso exige um modelo de desenvolvimento com sustentabilidade e igualdade. Terceiro, o Consenso de Pequim contém uma teoria de autodeterminação, ou seja, implica o nacionalismo econômico.

A China também tem uma longa história de governos centralizados com burocratas instruídos, o que era considerado outra grande barreira à democracia e à política do *laissez-faire*. Por que, pergunta Ping Chen, essas barreiras ao desenvolvimento subitamente se transformaram em forças motoras da economia chinesa? O segredo está na autodeterminação. Em suas palavras: "Nenhum líder chinês tinha a fantasia do presidente russo Boris Yeltsin, que especulou que assim que ele desmantelasse o Partido Comunista a Rússia poderia aderir à Otan e receber ajuda maciça do Ocidente. A China nunca tentou, pois já tinha aprendido as dolorosas lições das ajudas externas dos ingleses, japoneses e soviéticos, que sempre cobravam um preço de uma economia dependente". Na autodeterminação e em nove princípios: i) primeiro encontrar oportunidades de crescimento para depois fazer reformas ousadas; ii) o sistema de duas vias (*dual track*) é necessário para a estabilidade e a inovação (na maior parte da economia, o sistema existente é mantido em funcionamento para fins de estabilidade social; em poucos setores ou nas chamadas zonas econômicas especiais, todo tipo de inovação é experimentado com riscos limitados, confinados a uma dada região); iii) há uma clara divisão de trabalho entre governos centrais e governos locais; iv) a liderança é mais importante do que o capital, os recursos e a infraestrutura no desenvolvimento regional; v) as economias mistas proporcionam os recursos financeiros necessários para o desenvolvimento e a reforma (a maior parte da população da China é de camponeses; caso se privatizasse a terra como nos países capitalistas haveria um grande imposto de bem-estar social que logo levaria o governo à falência); a China desenvolveu Pudong, uma nova Xangai, em apenas uma década sem emitir muitas dívidas: todos os projetos de reestruturação da cidade são financiados pela venda do direito de uso de terras públicas; vi) a disciplina chinesa baseia-se na competição em todos os níveis, não em freios e contrapesos por grupos de interesses no estilo ocidental (há uma imagem disseminada de que o rápido desenvolvimento da China se realiza sob um governo autoritário, sem freios e contrapesos, mas isso está longe da verdade); há uma feroz competição aberta entre os servidores públicos sobre inovação e experimentos; em qualquer nível, a decisão é tomada por consenso coletivo, não por poder pessoal; a democracia da China não é competição por palavras; vii) há uma nova parceria coordenada entre governos, empresários, trabalhadores e agricultores; viii) os governos podem criar mercado e orientar o mercado, mas não podem ser conduzidos pelo mercado (a não intervenção do Estado só é a melhor opção se o processo político não puder impedir a captura do governo pelos grupos especiais de interesse; os economistas ocidentais não entendem por que os governos chineses liberalizam lentamente a taxa de juros, a taxa de câmbio e até a entrada de investimento externo direto; a lógica é simples: proteger a indústria nascente para que ela possa se concentrar no avanço tecnológico); e ix) a trajetória da China deve se concentrar no desenvolvimento do país, sem se distrair com perturbações externas.

Na terceira parte do livro temos a análise da resposta brasileira à crise. O empresário Paulo Cunha abre o debate com uma visão ampla da economia mundial. Para ele, existe hoje uma situação insustentável: a divisão do mundo entre países com superávits comerciais estruturais e correspondentes saldos positivos em suas contas-correntes — China, Alemanha, Japão e Coreia do Sul —, que aumentaram muito entre 2000 e 2008, e países com déficits comerciais estruturais e correspondentes saldos negativos em contas-correntes — EUA, Reino Unido e Espanha —, cuja situação se agravou fortemente também entre 2000 e 2008. O Brasil foi menos atingido pela crise. Entre as características que contribuíram para isso estão: a) baixa exposição ao mercado internacional, o que, é bom lembrar, é uma característica que compartilhamos com os EUA, *locus* original da crise; b) baixa relação crédito/PIB (cerca de 40%); c) baixo endividamento das famílias; d) baixo financiamento imobiliário; e) alavancagem muito baixa, devido às antigas regras de compulsórios do Banco Central; f) elevadas reservas internacionais; g) nível elevadíssimo de juros, que desestimulou a geração de bolhas e outras aventuras financeiras locais.

A crise atingiu menos o Brasil, mas não resolveu seus verdadeiros defeitos estruturais, que são responsáveis pelo crescimento brasileiro de 2,46% ao ano entre 1980 e 2008, enquanto o mundo crescia a 3,33% no mesmo período. Esses defeitos atravessaram a crise incólumes e continuam a retardar nosso crescimento. Sem ordená-los por importância e impacto, alguns desses defeitos são: a) um Estado que tem quase o dobro do tamanho de seus equivalentes em países com rendas *per capita* semelhantes, e que continua crescendo; b) risco de um equilíbrio fiscal instável, em face do crescimento do consumo do governo ao dobro da taxa de crescimento do PIB nos últimos sete-oito anos, conjugado com uma queda de receitas, fruto da crise internacional; c) crescente complexidade e interferência das regulações do governo, em alguns casos efetivamente dificultando a realização de investimentos privados; d) infraestrutura em decadência, acoplada ao baixo investimento público no setor; e) um dos piores ensinos básicos do mundo.

Os professores da Fundação Getulio Vargas Samuel de Abreu Pessôa, Fernando de Holanda Barbosa Filho e Ana Luiza Neves de Holanda Barbosa assinam o capítulo 9. Eles fazem uma análise ampla e bem fundamentada dos impactos da crise na economia do Brasil. Depois de oferecer uma visão geral da economia brasileira a partir da crise da dívida externa e da alta inflação dos anos 1980, o trabalho está dividido em quatro seções adicionais. Apresenta inicialmente a dinâmica macroeconômica da economia brasileira no período imediatamente anterior à crise, de 1994 até 2008, dividido em dois subperíodos e em função do calendário político: 1994 a 2002 e 2003 até setembro de 2008. A terceira seção mostra o comportamento da economia após a crise, de setembro de 2008 até os dias de hoje. A quarta seção compara a reação da economia brasileira à crise de agora com três outros episódios anteriores. A quinta seção apresenta o conjunto de medidas de política econômica que foram tomadas em seguida à crise atual. O capítulo termina com a apresentação das principais características da economia brasileira que condicionam as condições de crescimento para o médio prazo.

Depois de uma detalhada análise das variáveis macroeconômicas, os autores, na parte final do capítulo, concluem que a economia brasileira apresenta duas características que indicam que o ciclo de crescimento recente, apesar de se beneficiar do ciclo de expansão da economia mundial, tem sólidas bases domésticas. A primeira é que o crescimento no período 2003-2008 foi acompanhado de uma expansão da produtividade total dos fatores que contribuiu com 42,6% do crescimento do produto no período. A segunda é que o forte crescimento dos preços internacionais das *commodities* não redundou em elevações muito expressivas dos termos de troca. Esses ganhos se concentraram apenas no primeiro semestre de 2008 e foram relativamente modestos, da ordem de 10%. Assim, é perfeitamente possível imaginar que a economia tem potencial para crescer 4,5% ou 5% de forma sustentável. Nesses termos, a grande dúvida dos autores é se a economia conseguirá financiar o investimento. Haverá poupança? O maior limitador do crescimento da economia brasileira hoje parece ser a baixíssima taxa de poupança doméstica. Em geral, há forte correlação entre poupança doméstica e crescimento. Um canal sugerido pela teoria é que o crescimento causa a elevação da poupança. O crescimento eleva a renda da população ativa, que poupa para a aposentadoria no futuro. Já os atuais aposentados despoupam em função de uma riqueza que foi acumulada quando a renda era muito menor. Assim, o crescimento eleva a poupança dos ativos sem elevar a despoupança dos inativos. No entanto, o Brasil apresenta uma série de características institucionais que têm elevado o valor do benefício da aposentadoria, para inúmeros trabalhadores, mais do que os salários da ativa. Além disso, todos os funcionários públicos têm aposentadoria integral, com o benefício acompanhando o salário dos ativos. Assim, uma elevação da renda, fruto de uma elevação da taxa de crescimento, não redunda em elevação da poupança. Concluem os autores que a retomada da economia brasileira depende da capacidade de financiamento externo. Tudo leva a crer que, para crescer, o país terá que conviver com déficits externos elevados e persistentes. A pergunta que se apresenta é se é viável a economia apresentar déficits de 3-4% do PIB por muitos anos. Os autores supõem que a resposta seja afirmativa, mas alertam que a literatura econômica a respeito não é conclusiva.

O livro termina com a análise de José Luís Oreiro e Eliane Araújo sobre o comportamento do Banco Central do Brasil durante a crise. Os autores argumentam que o Banco Central cometeu uma série de erros na condução da política monetária no último trimestre de 2008. Esses erros se originaram da desconsideração da natureza essencialmente financeira da crise que se abateu sobre a economia brasileira e da desconsideração do "canal do crédito" por parte dos modelos de previsão do Banco Central. Nesse contexto, a autoridade monetária foi levada a subestimar os impactos da crise econômica mundial sobre o nível de atividade produtiva e a superestimar os riscos de uma aceleração da inflação devido ao repasse do câmbio para os preços. A manutenção da taxa básica de juros em 13,75%

ao ano nas reuniões de outubro e dezembro do Copom impossibilitou que a autoridade monetária compatibilizasse o objetivo de garantir a estabilidade da taxa nominal de câmbio por intermédio de operações de venda de dólares no mercado à vista, com o objetivo de restaurar a liquidez do sistema bancário como um todo. A solução encontrada para o dilema foi a liberação parcial dos depósitos compulsórios, o que, contudo, não foi eficaz no que diz respeito a restaurar as reservas do sistema bancário aos níveis prevalecentes antes da crise. Em janeiro de 2009, o Banco Central do Brasil finalmente se rendeu às evidências e iniciou um ciclo de redução gradual da taxa de juros. Mas essa medida veio tarde demais e foi tímida demais. O estrago já estava feito, tendo cabido à política fiscal, via redução temporária de impostos indiretos e redução da meta de superávit primário, a função de estabilizar o nível de atividade econômica. No final do primeiro semestre de 2009, a economia brasileira começou a apresentar os primeiros sinais de recuperação, apesar dos equívocos cometidos na gestão da política monetária. Isso é demonstrado através de uma cuidadosa análise econométrica, que não torna o texto incompreensível como é comum se ver nos trabalhos de economistas ortodoxos.

*Luiz Carlos Bresser-Pereira*

# 1

# A crise financeira global de 2008

LUIZ CARLOS BRESSER-PEREIRA

A crise financeira global de 2008 provavelmente representará uma virada na história do capitalismo. Por que aconteceu? Terá sido inevitável, dada a natureza instável do capitalismo, ou foi consequência de desdobramentos ideológicos perversos havidos desde a década de 1980? Como o capitalismo é um sistema econômico essencialmente instável, existe a tentação de dar resposta afirmativa a essa pergunta, mas isso seria um erro. Neste capítulo resumirei a grande mudança ocorrida nos mercados financeiros mundiais após o fim do sistema de Bretton Woods em 1971 e associarei a crise à *financeirização* e à hegemonia de uma ideologia reacionária — o *neoliberalismo*. A financeirização é aqui entendida como um arranjo financeiro distorcido, baseado na criação de riqueza financeira artificial, ou seja, riqueza financeira desligada da riqueza real ou da produção de bens e serviços. O neoliberalismo, por sua vez, não deve ser compreendido apenas como um liberalismo econômico radical, mas também como uma ideologia hostil aos pobres, aos trabalhadores e ao Estado de bem-estar social.

Segundo, sustentarei que esses desdobramentos perversos e a desregulação do sistema financeiro, combinados com a recusa a se regular inovações financeiras posteriores, foram os fatos novos históricos que causaram a crise. O capitalismo é intrinsecamente instável, mas uma crise tão profunda e prejudicial quanto a atual era desnecessária: poderia ter sido evitada se um Estado democrático mais capaz tivesse resistido à desregulação dos mercados financeiros. Terceiro, examinarei sucintamente o problema ético envolvido no processo de financeirização, qual seja, a fraude, que era um de seus aspectos predominantes. Quarto, discutirei as duas causas imediatas da hegemonia neoliberal: a vitória do Ocidente sobre a União Soviética em 1989 e o fato de a economia e a teoria econômica neoclássicas terem se tornado o *mainstream* e proporcionado bases "científicas" à ideologia neoliberal. Mas essas causas não bastam para explicar a hegemonia do neoliberalismo. Assim, em quinto lugar, tratarei da coalizão política dos *rentistas* e dos *financistas* que mais se beneficiaram da hegemonia neoliberal e da financeirização.[1] Sexto, indagarei o que sobrevirá à crise. Apesar da reação rápida e firme de governos de todo o mundo, usando a economia keynesiana, nos países ricos, onde a alavancagem era maior, suas consequências serão danosas por anos, especialmente para os pobres. Mas encerro em tom otimista: como o capitalismo está em constante mutação e o progresso ou desenvolvimento é parte de sua dinâmica, o sistema provavelmente mudará na direção correta. Não só o investimento e o progresso técnico são intrínsecos ao sistema como também o são, o que é mais importante, políticas democráticas — o uso do Estado como instrumento de ação coletiva por meio de governos eleitos pelo voto popular —, que freiam ou corrigem constantemente o capitalismo. Nesse processo histórico, as demandas dos pobres por melhores padrões de vida, maior liberdade, maior igualdade e maior proteção ao meio ambiente se encontram em conflito constante e dialético com os interesses do *establishment*. Essa é a causa fundamental do progresso social. Em alguns momentos, como nos últimos 30 anos, a política conservadora revela-se reacionária e a sociedade retrocede, mas, mesmo em períodos como esse, alguns setores progridem.

---

[1] Não se deve confundir os capitalistas rentistas com os rentistas clássicos, que derivam seus rendimentos da renda de terras mais produtivas. Os capitalistas rentistas são simplesmente capitalistas inativos — acionistas que não trabalham nas empresas de que são proprietários, ou não contribuem para seus lucros e sua expansão. Financistas são os executivos e operadores que gerem a organização financeira ou negociam em seu nome, auferindo salários e bonificações por desempenho.

## Dos 30 anos dourados à era neoliberal

A crise global de 2008 começou como costumam começar as crises financeiras em países ricos, e foi causada pela desregulação dos mercados financeiros e pela especulação selvagem que essa desregulação permitiu. A desregulação foi o fato histórico novo que abriu as portas para a crise. Uma explicação alternativa sustenta que a política monetária do US Federal Reserve Bank depois de 2001/2002 manteve as taxas de juros baixas demais por tempo demais, o que teria levado ao grande aumento da oferta de crédito necessário para produzir os elevados níveis de alavancagem associados à crise. Entendo que a estabilidade financeira exige limitar a expansão do crédito, enquanto a política monetária prescreve manter a expansão do crédito durante as recessões, mas não se pode inferir que a prioridade atribuída a esta última tenha "causado" a crise. Trata-se de uma explicação conveniente para macroeconomistas neoclássicos, para quem apenas "choques exógenos" (uma política monetária equivocada, no caso) são capazes de causar uma crise que, do contrário, os mercados eficientes evitariam. A política de expansão monetária conduzida por Alan Greenspan, presidente do Federal Reserve, pode ter contribuído para a crise. Mas as expansões de crédito são fatos comuns que nem sempre levam a crises, ao passo que uma desregulação profunda como a que se deu na década de 1980 é um fato histórico novo de monta que explica a crise. O erro de política que Alan Greenspan reconheceu publicamente em 2008 não se relacionava à sua política monetária, mas ao apoio que deu à desregulação. Em outras palavras, Greenspan reconheceu a captura do Fed e dos bancos centrais em geral por um setor financeiro que sempre exigiu a desregulação. Como observou Willem Buiter (2008:106) num simpósio posterior à crise, realizado no Federal Reserve Bank, os grupos de interesse ligados ao setor financeiro não se dedicam a corromper as autoridades monetárias, mas essas autoridades internalizaram "como que por osmose, os objetivos, interesses e percepções da realidade adotados por interesses privados que deveriam regular e monitorar em nome do interesse público".

Em países em desenvolvimento, as crises financeiras costumam ser crises de balanço de pagamentos ou monetárias e não crises bancárias. Embora os atuais e elevados déficits em conta-corrente dos Estados Unidos, associados aos elevados superávits em conta-corrente dos países asiáticos em crescimento acelerado e de países exportadores de commodities, tenham causado um desequilíbrio financeiro global ao enfraquecerem o dólar norte-americano, a atual crise não se originou desse desequilíbrio. A única ligação entre o desequilíbrio e a crise financeira está em que os países que apresentavam elevados déficits em conta-corrente eram também aqueles em que empresas e famílias estavam mais endividados e que terão maiores dificuldades de recuperação, enquanto o contrário se dá nos países superavitários. Quanto maior a alavancagem das instituições financeiras e não financeiras e das famílias de um país, mais severo será o impacto da crise sobre sua economia nacional. A crise financeira geral partiu da crise dos *subprimes*, ou, mais precisamente, de hipotecas oferecidas a clientes de qualidade de crédito inferior que eram depois agrupadas em títulos complexos e opacos cujo risco associado era de avaliação difícil, se não impossível, para os compradores. Tratava-se de um desequilíbrio em um minúsculo setor que, em tese, não deveria ter causado tamanha crise, mas o fez porque nos anos anteriores o sistema financeiro internacional fora tão intimamente integrado em um esquema de operações financeiras securitizadas que era essencialmente frágil, principalmente porque as inovações e a especulação financeiras tornaram o sistema financeiro como um todo altamente arriscado.

A chave para entender a crise global de 2008 é situá-la historicamente e reconhecer ter sido consequência de um grande passo atrás, especialmente para os Estados Unidos. O desenvolvimento capitalista no país foi muito bem-sucedido após sua independência e, desde o princípio do século XX, representou uma espécie de padrão para os demais países; a escola da regulação francesa chama o período que principia naquele momento de "regime fordista de acumulação". Como, concomitantemente, emergiu uma classe de profissionais liberais situada entre a classe capitalista e a trabalhadora, os executivos profissionais das grandes corporações obtiveram autonomia em relação aos acionistas e a burocracia pública que gere o aparelho do Estado aumentou em tamanho e influência, outros analistas o chamaram de "capitalismo organizado", ou "tecnoburocrático".[2] O sis-

---

[2] Cf. Galbraith (1967); Bresser-Pereira (1972); Offe (1985); e Lash e Urry (1987).

tema econômico desenvolveu-se e tornou-se complexo. A produção deslocou-se das empresas familiares para organizações empresariais grandes e burocráticas, dando origem a uma nova *classe de profissionais liberais*. Esse modelo de capitalismo enfrentou seu primeiro grande desafio quando o *crash* da bolsa de 1929 transformou-se na Grande Depressão da década de 1930.

Entretanto, a II Guerra Mundial foi instrumental na superação da depressão, enquanto os governos reagiam à depressão com um sistema sofisticado de regulação financeira que atingiu seu ápice com os acordos de Bretton Woods de 1944. Assim, no rescaldo da II Grande Guerra, os Estados Unidos emergiram como o grande vencedor e o novo poder hegemônico mundial; e mais, apesar do novo desafio representado pela União Soviética, era uma espécie de farol que iluminava o mundo: um exemplo de elevados padrões de vida, modernidade tecnológica e até mesmo de democracia. Desse ponto em diante o mundo experimentou os "30 anos dourados" ou os "30 anos gloriosos" do capitalismo. Enquanto na esfera econômica o Estado intervinha para induzir crescimento, na esfera política o *Estado liberal* transformou-se no *Estado social* ou no *Estado assistencialista*, como garantia de que os direitos sociais se tornassem universais. Andrew Shonfield (1969:61), cujo livro *Modern capitalism* permanece a análise clássica do período, o resume em três pontos: "Primeiro, o crescimento econômico tem sido muito mais estável do que no passado... Segundo, o crescimento da produção no período tem sido extremamente rápido... Terceiro, os benefícios da nova prosperidade foram amplamente difundidos". A classe capitalista permaneceu dominante, mas agora, além de obrigada a compartilhar poder e privilégios com a classe profissional em ascensão, também se via forçada a repartir suas receitas com a classe trabalhadora e com a classe clerical, ou profissional baixa, transformada numa grande classe média. Mas a ampliação dos direitos sociais garantidos deu-se principalmente na Europa ocidental e setentrional e, nessa região, como no Japão, as taxas de crescimento e as rendas *per capita* convergiram para os níveis encontrados nos Estados Unidos. Assim, ainda que os Estados Unidos tenham mantido a hegemonia política, perderam terreno para o Japão e a Europa em termos econômicos e para a Europa em termos sociais.

Na década de 1970 o quadro se alterou com a transição dos *30 anos dourados do capitalismo* (1949-1978) para o *capitalismo financiarizado*, ou capitalismo encabeçado pelo setor financeiro — um modo de capitalismo intrinsecamente instável.[3] Enquanto a era dourada foi marcada por mercados financeiros regulados, estabilidade financeira, elevadas taxas de crescimento econômico e redução da desigualdade, o oposto ocorreu nos anos do neoliberalismo: as taxas de crescimento diminuíram, a instabilidade financeira aumentou rapidamente e a desigualdade cresceu, privilegiando principalmente os 2% mais ricos de cada sociedade nacional. Embora a redução das taxas de crescimento e lucro ocorrida na década de 1970 nos Estados Unidos e a experiência da estagflação tenham levado a uma crise muito menor do que a Grande Depressão ou a atual crise financeira global, esses fatos históricos novos foram o bastante para levar o sistema de Bretton Woods ao colapso e desencadear a financeirização e a contrarrevolução neoliberal ou neoconservadora. Não foi coincidência que os dois países desenvolvidos de pior desempenho econômico na década de 1970 — os Estados Unidos e o Reino Unido — tenham originado o novo arranjo econômico e político. Nos Estados Unidos, após a vitória de Ronald Reagan nas eleições presidenciais de 1980, vimos a subida ao poder de uma coalizão política de rentistas e financistas, que defendiam o neoliberalismo e a prática da financeirização, em lugar da antiga coalizão capitalista-profissional de altos executivos, da classe média e do trabalho organizado, que caracterizara o período fordista.[4] Assim, na década de 1970, a macroeconomia neoclássica substituiu a keynesiana e os modelos de crescimento substituíram a economia do desenvolvimento[5] como o

---

[3] Ou os "30 anos de glória do capitalismo", como costuma ser chamado o período na França. Stephen Marglin (1990) foi provavelmente o primeiro cientista social a utilizar a expressão "era dourada do capitalismo".

[4] Um momento clássico dessa coalizão foi o acordo firmado em 1948 pelo sindicato United Auto Workers e as empresas do setor automotivo, que garantiu aumentos salariais proporcionais aos ganhos de produtividade.

[5] Por "economia do desenvolvimento" designo a contribuição de economistas como Rosenstein-Rodan, Ragnar Nurkse, Gunnar Myrdal, Raul Prebisch, Hans Singer, Celso Furtado e Albert Hirschman. Chamo de "desenvolvimentismo" a estratégia de desenvolvimento encabeçada pelo Estado que resultou da análise econômica e política desses autores.

*mainstream* ensinado nos cursos de pós-graduação das universidades.[6] Não só economistas neoclássicos como Milton Friedman e Robert Lucas, mas os da escola austríaca (Friedrich Hayek) e da escola da escolha pública (James Buchanan) conquistaram influência e, com a colaboração de jornalistas e outros intelectuais públicos conservadores, construíram a ideologia neoliberal com base nas antigas ideias do *laissez-faire* e numa economia matemática que oferecia legitimidade "científica" ao novo credo.[7] O objetivo explícito era o de reduzir os salários indiretos por meio da "flexibilização" das leis de proteção ao trabalho, fossem as que representavam custos diretos para as empresas, fossem as que envolviam a redução dos benefícios sociais proporcionados pelo Estado. O neoliberalismo também procurava reduzir o porte do aparelho do Estado e desregular todos os mercados, principalmente os financeiros. Alguns dos argumentos usados para justificar a nova abordagem foram a necessidade de motivar o trabalho duro e recompensar os "melhores", a defesa da viabilidade dos mercados autorregulados e dos mercados financeiros eficientes, a alegação de que há apenas indivíduos e não uma sociedade, a adoção do individualismo metodológico ou de um método hipotético dedutivo em ciências sociais e, finalmente, a negação do conceito de interesse público, que só faria sentido se houvesse uma sociedade.

Com o capitalismo neoliberal emergiu um novo regime de acumulação: a *financeirização*, ou capitalismo encabeçado pelo setor financeiro. O "capitalismo financeiro" antevisto por Rudolf Hilferding (1910), em que o capital bancário e o industrial se fundiriam sob o controle do primeiro, não chegou a ocorrer, mas materializaram-se a globalização financeira — a liberalização dos mercados financeiros e um grande aumento dos fluxos financeiros em torno do mundo — e o capitalismo encabeçado pelo setor

---

[6] O ensino de economia nos cursos de graduação é mais correto porque, neles, as expectativas racionais e os modelos que envolvem otimização matemática estão geralmente ausentes.

[7] A economia neoclássica abusou da matemática. Ainda assim, embora seja uma ciência social substantiva, que adota um método hipotético-dedutivo, não deve ser confundida com a econometria, que também faz uso extensivo da matemática, mas, na medida em que se trata de uma ciência metodológica, o faz de forma legítima. Os econometristas costumam acreditar ser economistas neoclássicos, mas na verdade são economistas empíricos que ligam pragmaticamente variáveis econômicas e sociais (Bresser-Pereira, 2009).

financeiro, ou capitalismo financeirizado. Suas três características centrais são: a) um enorme aumento do valor total dos ativos financeiros em circulação no mundo como consequência da multiplicação dos instrumentos financeiros, facilitada pela securitização e pelos derivativos; b) a separação entre a economia real e a economia financeira, com a criação descontrolada de riqueza financeira fictícia em benefício dos rentistas capitalistas; e c) um grande aumento da taxa de lucro das instituições financeiras e, principalmente, de sua capacidade de pagamento de grandes bonificações aos operadores financeiros por sua habilidade de aumentar as rendas capitalistas.[8] Outra maneira de expressar a profunda mudança dos mercados financeiros associada à financeirização é dizer que o crédito deixou de se basear principalmente em empréstimos de bancos a empresas no contexto do mercado financeiro regular, mas passou cada vez mais a se basear em títulos negociados por *investidores financeiros* (fundos de pensão, fundos de *hedge*, fundos mútuos) nos mercados de balcão. A adoção de "inovações financeiras" complexas e obscuras, combinada com um enorme aumento do crédito sob a forma de títulos, levou àquilo que Henri Bourguinat e Éric Briys (2009:45) chamaram de "uma disfunção generalizada do genoma das finanças", na medida em que uma mistura de inovações financeiras ocultava e ampliava o risco envolvido em cada inovação. Essa mistura, combinada com a especulação clássica, levou o preço dos ativos financeiros a aumentar, ampliando artificialmente a riqueza financeira ou o capital fictício, que se expandiu a uma taxa muito mais elevada do que a da produção, ou riqueza real. Nesse processo especulativo, os bancos tiveram papel ativo porque, como destaca Robert Guttmann (2008:11), "a fenomenal expansão do capital fictício foi assim sustentada por bancos que dirigiram muito crédito aos compradores de ativos para financiar suas transações especulativas com alto grau de alavancagem e, portanto, em escala muito ampliada". Dada a competição vinda dos investidores institucionais, cuja participação no crédito total não deixou de crescer, os bancos comerciais

---

[8] Gerald E. Epstein (2005a:3), que editou *Financialization and the world economy*, define financeirização de maneira mais ampla: "financeirização significa o maior papel dos motivos financeiros, dos mercados financeiros, dos agentes financeiros e das instituições financeiras na operação das economias domésticas e internacional".

decidiram participar do processo e usar o *shadow bank system*, ou sistema bancário paralelo, que estava sendo desenvolvido para "limpar" de seus balanços patrimoniais os riscos envolvidos nos novos contratos: isso se faz pela transferência a investidores financeiros das inovações financeiras arriscadas, as securitizações, os *swaps* de inadimplência em crédito e os veículos especiais de investimento (Cintra e Farhi, 2008:36). A incrível rapidez que caracterizava o cálculo e a transação desses contratos complexos negociados em todo o mundo foram possíveis, naturalmente, graças à revolução da tecnologia da informação, com o respaldo de computadores poderosos e software inteligente. Em outras palavras, a financeirização foi alimentada pelo progresso tecnológico.

A principal contribuição de Adam Smith à economia foi a distinção entre a riqueza real, baseada em produção, e a *riqueza fictícia*. Marx, no volume III de *O capital*, enfatizou essa distinção com seu conceito de "capital fictício", que corresponde em linhas gerais ao que chamo de criação de riqueza fictícia e associo à financeirização: o aumento artificial do preço dos ativos como consequência do aumento da alavancagem. Marx referiu-se à expansão do crédito, que, mesmo em seu tempo, fazia com que o capital parecesse duplicar, ou mesmo triplicar.[9] A multiplicação, agora, é muito maior: se tomarmos como base a oferta de moeda nos Estados Unidos em 2007 (US$ 9,4 trilhões), a dívida securitizada naquele ano era quatro vezes maior, e a soma dos derivativos, 10 vezes maior.[10] A revolução que representou a tecnologia da informação foi, evidentemente, instrumental para essa mudança. E isso, não só por garantir a velocidade das transações financeiras, mas também por permitir complicados cálculos de risco, que, embora não tenham podido evitar a incerteza intrínseca envolvida em eventos futuros, conferiram aos jogadores a sensação, ou a ilusão, de que suas operações eram prudentes e praticamente livres de risco.

---

[9] Nas palavras de Marx (1894:601): "Com o desenvolvimento do capital remunerado a juros e do sistema de crédito, todo o capital parece duplicar-se e, em alguns pontos, triplicar-se, através das diversas maneiras pelas quais o mesmo capital, ou até a mesma titularidade, surge em diversas mãos sob diferentes formas. A maior parte desse 'capital-moeda' é puramente fictícia".

[10] Ver Roche e McKee (2007:17). Em 2007, a soma da dívida securitizada era três vezes maior do que em 1990, e o total dos derivativos, seis vezes maior.

Essa mudança do porte e do modo de operação do sistema financeiro esteve fortemente ligada ao declínio da participação dos bancos comerciais nas operações financeiras e à redução de suas taxas de lucro (Kregel, 1998). O equilíbrio financeiro e de lucros dos bancos comerciais baseou-se, classicamente, em sua capacidade de receber depósitos de curto prazo sem pagamento de juros. Mas, após a II Guerra Mundial, as taxas médias de juros começaram a aumentar nos Estados Unidos por causa da decisão do Federal Reserve de envolver-se mais diretamente na política monetária para manter a inflação sob controle. O fato de a capacidade da política monetária para manter a inflação sob controle ou estimular a economia ser limitada não impediu que as autoridades econômicas lhe atribuíssem elevada prioridade (Aglietta e Rigot, 2009). Com isso, os dias da tradicional prática dos depósitos gratuitos, que era fundamental para a lucratividade e a estabilidades dos bancos, estavam contados, ao mesmo tempo em que o aumento das operações financeiras de balcão reduzia a participação dos bancos no financiamento total. A participação dos bancos comerciais no ativo total detido por instituições financeiras decaiu de cerca de 50% na década de 1950 para menos de 30% na década de 1990. Por outro lado, a competição entre bancos comerciais continuava a aumentar. A reação dos bancos a esses novos desafios foi encontrar fontes alternativas de lucros, como serviços e operações arriscadas de tesouraria. Agora, em vez de emprestar depósitos gratuitos, investiam parte de seus depósitos a juros, que eram obrigados a remunerar em operações de tesouraria especulativas ou arriscadas, ou na emissão de inovações financeiras de risco ainda maior, que substituíram os empréstimos bancários tradicionais. O processo levou tempo, mas no final da década de 1980 as inovações financeiras — especialmente os derivativos e a securitização — haviam se tornado a maneira encontrada pelos bancos comerciais para compensar sua perda de grande parte dos negócios financeiros para investidores financeiros que operavam no mercado de balcão. A partir desse momento, contudo, os bancos viram-se envolvidos num *trade-off* clássico: maiores lucros à custa de maior risco. Sem distinguir a *incerteza*, que não é calculável, do *risco*, que o é, os bancos, adotando as premissas financeiras neoclássicas ou de mercados eficientes com algoritmos matemáticos, acreditaram ser capazes de calcular o risco com "elevada probabilidade de acerto". Nisso ignoraram o conceito de incerteza de Keynes e sua consequente crítica a esse cálculo preciso de probabilidades futuras. Os economistas comportamentais demonstraram claramente em testes de laboratório que os agentes econômicos não agem racionalmente, como supõem os economistas neoclássicos, e que as bolhas e as crises financeiras não são apenas o resultado dessa irracionalidade ou do "espírito animal" de Keynes, como sugerem George Akerlof e Robert Shiller (2009). É um fato básico que os agentes econômicos operam num ambiente econômico e financeiro caracterizado pela incerteza — um fenômeno que não é apenas consequência do comportamento irracional, ou da ausência de informações necessárias sobre o futuro que lhes permitam agir racionalmente (como ensina a economia convencional e querem crer os agentes financeiros), é também consequência da impossibilidade de previsão do futuro.

## FIGURA 1

### Riqueza financeira e riqueza real (em US$ trilhões)

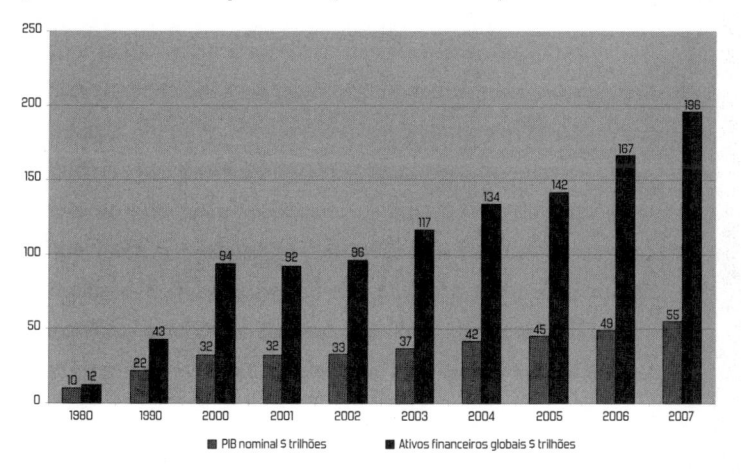

Fonte: McKinsey Global Institute.

Enquanto os bancos comerciais apenas procuravam, ainda que desajeitadamente, proteger sua participação decadente no mercado, as demais instituições financeiras e os departamentos financeiros de empresas e investidores individuais estavam na ofensiva. Os bancos comerciais e, em menor grau, os de investimento estavam sujeitos a regras de capitalização — e, especialmente no caso dos primeiros, eram típicas empresas capitalistas —, mas os investidores financeiros podiam ser financiados por rentistas e "investir" os fundos correspondentes, ou seja, financiar empresas e famílias sem estar presos a requisitos de capital. Com efeito, para investidores financeiros que sejam empresas liberais (não capitalistas), como o são as firmas de consultoria, auditoria e advocacia, capital e lucros não fazem muito sentido, na medida em que seu objetivo não é remunerar o capital (muito pequeno) e sim os profissionais, no caso os financistas, com bonificações e outras formas de renda assalariada.

Por meio de inovações financeiras arriscadas, o sistema financeiro como um todo, composto de bancos e investidores financeiros, pode criar riqueza fictícia e capturar uma fatia maior da renda nacional, ou da riqueza real. Como indicou um relatório da Unctad (2009:xii): "Um número excessivo de agentes procurava extrair retornos de dois dígitos de um sistema econômico que cresce apenas na faixa de um dígito". A riqueza financeira tornou-se autônoma da produção. Como mostra a figura 1, entre 1980 e 2007 os ativos financeiros cresceram cerca de quatro vezes mais que a riqueza real — o crescimento do PIB. Assim, a financeirização não é apenas um dos nomes feios criados por economistas de esquerda para caracterizar realidades confusas. É o processo, legitimado pelo neoliberalismo, por meio do qual o sistema financeiro, que não é apenas capitalista mas também liberal, cria riqueza financeira artificial. E mais, é também o processo pelo qual os rentistas associados aos profissionais liberais do setor financeiro conquistam o controle sobre uma parte substancial do excedente econômico que a sociedade produz — e a renda se concentra nos 1% ou 2% mais ricos da população.

**FIGURA 2**

**Proporção de países em crise bancária, 1900-2008, ponderada pela participação na renda mundial**

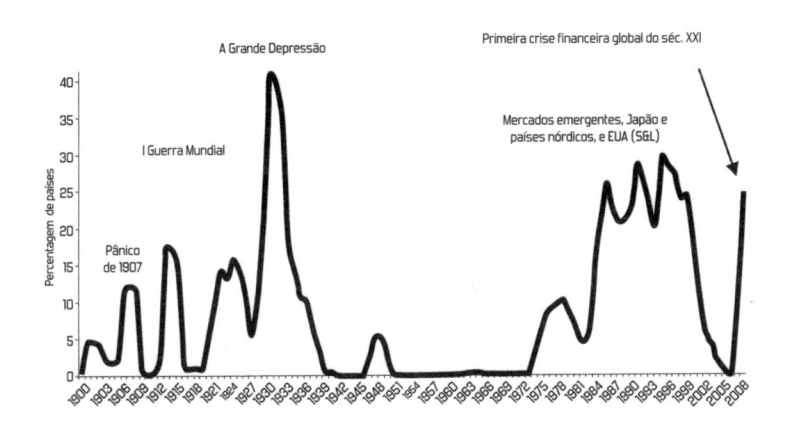

Fontes: Reinhart e Rogoff (2008:6).

Notas: A amostra abrange os 66 países listados na tabela A1 [da fonte citada] que eram países independentes no ano respectivo. Foram usados três conjuntos de ponderações pelo PIB, 1913 para o período 1800-1913, 1990 para o período 1914-1990 e, finalmente, 2003 para o período 1991-2006. Os dados de 2007 e 2008 elencam crises na Alemanha, Áustria, Bélgica, Espanha, Estados Unidos, Holanda, Hungria, Japão e Reino Unido. A figura apresenta uma média móvel de três anos.

Na era do domínio neoliberal, os ideólogos do neoliberalismo afirmavam que o modelo anglo-saxônico era o único caminho que levava ao desenvolvimento econômico. Um dos muitos exemplos patéticos dessa alegação foi a afirmação, de um jornalista, de que todos os países estavam sujeitos a um "paletó dourado" — o modelo anglo-saxônico de desenvolvimento. Isso era evidentemente falso, como demonstrava o rápido crescimento dos países asiáticos, mas, sob a influência dos EUA, muitos países agiam como se a isso estivessem sujeitos. Para medir o grande fracasso econômico do neoliberalismo, compreender o mal causado por esse comportamento global, temos apenas que comparar os 30 anos dourados com os 30 anos neoliberais. Em termos de instabilidade financeira, embora seja sempre problemático definir e medir crises financeiras, fica claro que sua incidência e frequência aumentaram muito. Segundo Bordo e outros (2001), enquanto no período 1945-1971 o mundo passou por apenas 38 crises financeiras, entre 1973 e 1997 enfrentou 139 delas, ou seja, no segundo período houve entre três e quatro vezes mais crises do que no primeiro. Empregando um critério diferente, Reinhart e Rogoff (2008:6, anexo) identificaram apenas uma crise bancária em 1947-1975 e 31 em 1976-2008. A figura 2, que apresenta dados desses mesmos autores, mostra a proporção de países com crises bancárias no período 1900-2008, ponderada pela participação na renda mundial: o contraste entre a estabilidade da era de Bretton Woods e a instabilidade posterior à liberalização financeira é impressionante. Com base no livro recentemente lançado por esses autores,[11] calculei a percentagem de anos em que países enfrentaram uma crise bancária nesses dois períodos de igual número de anos. O resultado confirma a diferença absoluta entre os 30 anos gloriosos e a era da financeirização: no período 1949-1975, a soma de pontos percentuais atingiu 18, contra 361 no período 1976-2008! Associado a isso, as taxas de crescimento caíram de 4,6% ao ano nos 30 anos durados (1947-1976) para 2,8% nos 30 anos que se seguiram. E, para completar, a desigualdade, que, para surpresa de muitos, diminuíra nos 30 anos dourados, aumentou fortemente no período pós-Bretton Woods.[12]

Boyer, Dehove e Plihon (2005:23), depois de documentar o aumento da instabilidade financeira desde a década de 1970 e, principalmente, nas décadas de 1990 e 2000, observaram que essa "sucessão de crises bancárias nacionais poderia ser encarada como uma crise global originada nos países desenvolvidos e que se alastrou para os países em desenvolvimento, os países recentemente financeirizados e os países em transição". Em outras palavras, no contexto do neoliberalismo e da financeirização, o capitalismo passava por mais do que apenas crises cíclicas: estava experimentando uma crise permanente. O caráter perverso do sistema econômico global que o neoliberalismo e a financeirização produziram torna-se evidente ao considerarmos os salários e a alavancagem no núcleo do sistema: os Estados Unidos. Uma crise financeira é, por definição, uma crise causada

---

[11] Ver Reinhart e Rogoff (2009:74, fig. 5.3).
[12] Forneço os dados aplicáveis a seguir.

pela má alocação de crédito e pelo aumento da alavancagem. A atual crise originou-se em hipotecas que as famílias tomadoras deixaram de pagar e na fraude com *subprimes*. A estagnação dos salários na era neoliberal (não explicada exclusivamente pelo neoliberalismo, mas também pela pressão sobre os salários exercida pelas importações baseadas em mão de obra barata e pela imigração) implicava um problema efetivo de demanda — um problema perversamente "resolvido" com a expansão do endividamento das famílias. Enquanto os salários permaneciam estagnados, o endividamento das famílias aumentou de 60% do PIB em 1990 para 98% em 2007.

## Uma crise "inevitável"?

Ocorreram crises financeiras no passado e voltarão a ocorrer no futuro, mas uma crise econômica tão profunda quanto a atual poderia ter sido evitada. Se, depois de sua ocorrência, os governos dos países ricos não tivessem acordado subitamente e adotado políticas keynesianas de redução de taxas de juros, aumento drástico da liquidez e, principalmente, expansão fiscal, essa crise provavelmente teria causado maior dano à economia mundial do que a Grande Depressão. O capitalismo é instável e as crises lhe são intrínsecas, mas, como muito se fez para evitar uma repetição da crise de 1929, não bastam a natureza cíclica das crises financeiras ou a ganância dos financistas para explicar uma crise tão severa quanto a atual. Sabemos que a luta por ganhos de capital fáceis e volumosos em transações financeiras e por bonificações correspondentemente grandes para os operadores individuais é mais forte do que a luta por lucros em serviços e produção. Os profissionais de finanças trabalham com um tipo muito especial de "mercadoria", com um ativo fictício que depende de convenções e confiança — dinheiro e ativos financeiros, ou contratos financeiros —, ao passo que os demais empreendedores lidam com produtos reais, mercadorias reais e serviços reais. O fato de os profissionais chamarem seus ativos de "produtos" e os novos tipos de contratos financeiros de "inovações" não altera sua natureza. O dinheiro pode ser criado e desaparecer com relativa facilidade, o que faz das finanças e da especulação irmãs gêmeas. Na especulação, os agentes financeiros estão permanentemente sujeitos a profecias autorrealizáveis, ou ao fenômeno que os representantes da escola da regulação

(Aglietta, 1995; e Orléan, 1999) chamam de *racionalidade autorreferencial* e George Soros (1998) batiza de *reflexividade*: compram ativos prevendo que seu preço irá aumentar, e os preços efetivamente aumentam porque suas compras os pressionam para cima. Então, com a crescente complexidade das operações financeiras, surgem os agentes intermediários entre os investidores individuais e os bancos ou bolsas — operadores que não estão sujeitos aos mesmos incentivos que seus agenciados; pelo contrário, são motivados por ganhos no curto prazo que aumentam suas bonificações ou suas carteiras de obrigações ou ações. Por outro lado, sabemos como as finanças tornam-se distorcidas e perigosas quando não estão orientadas para o financiamento da produção e da comunicação, mas para o de "operações de tesouraria" (um eufemismo para especulação) por parte de empresas e, principalmente, dos bancos comerciais e demais instituições financeiras. A especulação sem crédito tem alcance limitado; financiada ou alavancada, torna-se arriscada e ilimitada, ou quase, porque quando o endividamento dos investidores financeiros e a alavancagem das instituições financeiras tornam-se elevados demais, investidores e bancos subitamente percebem que o risco tornou-se insuportável e prevalece o efeito manada, como se deu em outubro de 2008: a perda de confiança que se insinuava nos meses anteriores transformou-se em pânico e irrompeu a crise.

Sabemos de tudo isso há muitos anos, especialmente desde a Grande Depressão, que foi uma grande fonte de aprendizado social. Na década de 1930, Keynes e Kalecki desenvolveram novas teorias econômicas que melhor explicavam como trabalhar com sistemas econômicos e conferiram à política econômica muito mais eficácia na estabilização dos ciclos econômicos, ao passo que pessoas sensatas alertaram economistas e políticos para os perigos dos mercados livres de controles. No mesmo sentido, John Kenneth Galbraith publicou em 1954 seu clássico livro sobre a Grande Depressão; e Charles Kindleberger publicou o seu em 1973. Em 1989, este último autor lançou seu trabalho *Manias, panics, and crashes*. Com base nesse aprendizado, os governos construíram instituições, principalmente os bancos centrais, e desenvolveram sistemas reguladores competentes, nos níveis nacional e internacional (Bretton Woods), para controlar o crédito e evitar crises financeiras ou reduzir sua intensidade e seu escopo. Por outro lado, desde o começo da década de 1970, Hyman Minsky (1972) desenvolvera a teoria keynesiana fundamental que liga finanças, incerteza e crises. Antes de Minsky, a literatura sobre ciclos econômicos concentrava-se no lado real, ou da produção — na inconsistência entre demanda e oferta. Até mesmo Keynes o fez. Assim, "quando Minsky discute estagnação econômica e identifica a fragilidade financeira como motor da crise, transforma a questão financeira de objeto em sujeito da análise" (Arruda, 2008:71). A crescente instabilidade do sistema financeiro é consequência de um processo de crescente autonomia dos instrumentos de crédito e financeiros em relação ao lado real da economia: o da produção e do comércio. No texto "Financial instability revisited", de 1972, Minsky demonstrou que não só as crises econômicas, mas também as financeiras, são endógenas ao sistema capitalista. Estava bem demonstrado que a crise econômica, ou o ciclo econômico, era endógena; entretanto, ele mostrou que as principais crises econômicas estavam sempre associadas a crises financeiras igualmente endógenas. Segundo Minsky (1982a:128), "a diferença essencial entre a economia keynesiana e as economias tanto clássica quanto neoclássica está na importância dada à incerteza". Devido à presença da incerteza, as unidades econômicas são incapazes de manter o equilíbrio entre seus compromissos de pagamento de caixa e suas fontes normais de caixa, porque essas duas variáveis operam no futuro e o futuro é incerto. Assim, "o fato intrinsecamente irracional da incerteza é necessário para a compreensão da instabilidade financeira" (Minsky, 1982a:120). Com efeito, como as unidades econômicas tendem a ser otimistas no longo prazo e os *booms* tendem a tornar-se eufóricos, a vulnerabilidade financeira do sistema econômico tenderá necessariamente a aumentar.

Isso irá ocorrer quando a tolerância do sistema financeiro a choques for reduzida por três fenômenos que se acumulam ao longo de *booms* prolongados: (1) o crescimento dos pagamentos financeiros — em balanços patrimoniais e em carteira — em relação aos pagamentos de renda; (2) a diminuição do peso relativo dos ativos externos e garantidos no valor total dos ativos financeiros; e (3) a inclusão, na estrutura financeira, de preços de ativos que refletem expectativas eufóricas ou advindas de um *boom*. O gatilho da instabilidade financeira pode estar nas dificuldades financeiras enfrentadas por uma unidade em particular [Minsky, 1982a:150].

Assim, economistas e reguladores financeiros fiaram-se na teoria e nas instituições organizacionais necessárias para evitar uma crise profunda como a que hoje enfrentamos. Uma crise financeira com as dimensões da crise global que irrompeu em 2007 e degenerou em pânico em 2008 poderia ter sido evitada. E por que não foi?

Sabe-se bem que o novo fato histórico específico que pôs fim aos 30 anos dourados do capitalismo foi a decisão do presidente Nixon, dos Estados Unidos, em 1971, de suspender a conversibilidade do dólar norte-americano. A relação entre moeda e ativos reais desapareceu imediatamente. A moeda passou a depender essencialmente da confiança. A confiança é a argamassa de qualquer sociedade, mas quando carece de um padrão ou base torna-se frágil e efêmera. Isso começou a ocorrer em 1971. Por esse motivo, John Eatwell e Lance Taylor (2000:186-188) observaram que enquanto "o desenvolvimento do sistema bancário moderno é um motivo fundamental do sucesso das economias de mercado nos últimos 200 anos [...] a privatização do risco de câmbio no começo da década de 1970 elevou enormemente a incidência do risco de mercado". Em outras palavras, a taxa de câmbio fixa de Bretton Woods era uma pedra fundamental da estabilidade econômica que desapareceu em 1971. Ainda assim, por algum tempo depois desse evento, a estabilidade financeira no núcleo do sistema capitalista parecia estar razoavelmente garantida — foi apenas nos países em desenvolvimento, e principalmente na América Latina, que se deu uma grande crise de dívida externa. Depois de meados da década de 1980, contudo, quando a doutrina neoliberal já se tornara dominante, irrompeu a instabilidade financeira mundial, desencadeada pela desregulação dos mercados financeiros nacionais. Dessa forma, acima e além das taxas de câmbio flutuantes, justamente quando a perda de uma âncora nominal (o sistema de taxa de câmbio fixa) exigia como *trade-off* uma maior regulação dos mercados financeiros, deu-se o contrário: no contexto da nova ideologia dominante — o neoliberalismo —, a liberalização financeira emergiu como uma consequência "natural" e desejável do desenvolvimento capitalista e dos modelos macroeconômico e financeiro neoclássicos, e esse evento minou decisivamente as fundações da estabilidade financeira mundial.

Há poucas dúvidas quanto às causas imediatas da crise. Encontram-se essencialmente expressas no modelo de Minsky, que, sem coincidência, foi desenvolvido na década de 1970. Elas abrangem, como destacou o relatório de 2009 do Grupo dos Trinta, más avaliações de crédito, uso descontrolado de alavancagem, inovações financeiras mal compreendidas, um sistema falho de classificação de risco ou *rating* e práticas de remuneração com bônus altamente agressivas e que incentivavam a tomada de riscos e os ganhos no curto prazo. Mas essas causas diretas não vieram do nada, nem podem ser explicadas simplesmente pela ganância natural. A maioria delas foi resultado: a) da desregulação deliberada dos mercados financeiros e b) da decisão de não regular as inovações financeiras e as práticas de tesouraria dos bancos. Havia regulação, mas foi desmontada. A crise global foi, principalmente, consequência da flutuação do dólar norte-americano na década de 1970 e, mais diretamente, daquilo que os ideólogos neoliberais pregaram e implementaram na década de 1980 sob o eufemismo de "reforma reguladora". Assim, a desregulação e a decisão de não regular as inovações são os dois fatores que explicam a crise.

Essa conclusão é de mais fácil compreensão se considerarmos que a regulação financeira competente, somada ao compromisso com valores e direitos sociais que emergiu após a depressão da década de 1930, pôde produzir os 30 anos dourados do capitalismo entre o final da década de 1940 e o começo da de 1970. Nos anos 1980, contudo, os mercados financeiros foram desregulados e, ao mesmo tempo, as teorias keynesianas foram esquecidas, o ideário neoliberal tornou-se hegemônico e a economia neoclássica e a teoria da escolha pública, que justificavam a desregulação, tornaram-se o *mainstream*. Com isso, a instabilidade financeira que, desde a suspensão da conversibilidade do dólar norte-americano em 1971, ameaçava o sistema financeiro internacional foi perversamente restaurada. A desregulação e as tentativas de eliminar o Estado assistencialista transformaram as últimas três décadas nos "30 anos negros do neoliberalismo".

O neoliberalismo e a financeirização deram-se no contexto da globalização comercial e financeira. Mas, enquanto a globalização comercial era um desenvolvimento necessário do capitalismo, na medida em que a diminuição do tempo e do custo do transporte e da comunicação respaldam o comércio e a produção internacionais, a globalização financeira e a financeirização não foram nem naturais, nem necessárias: essencialmente, foram duas perversões do desenvolvimento capitalista. François Chesnais (1994:206) percebeu isso precocemente ao observar que "a esfera financeira representa a ponta de lança do capital; aquela em que as operações atingem o mais alto grau de mobilidade; aquela em que a lacuna entre as prioridades dos operadores e a necessidade do mundo se revela mais aguda". A globalização poderia ter sido limitada ao comércio, envolvendo apenas a liberalização comercial; não precisava abranger a liberalização financeira, que levou os países em desenvolvimento, com exceção dos asiáticos em crescimento acelerado, a perder o controle sobre suas taxas de câmbio e a cair vítimas de crises recorrentes de balanço de pagamentos.[13] Tivesse a abertura financeira sido limitada, o sistema capitalista teria sido mais eficiente e mais estável. Não foi por acaso que os países asiáticos em crescimento acelerado dedicaram-se ativamente à globalização comercial, mas limitaram severamente a liberalização financeira.

A globalização foi consequência inevitável da mudança tecnológica, mas isso não significa que o sistema capitalista não seja uma forma "natural" de sistema econômico e social, na medida em que pode ser sistematicamente modificado pela vontade humana tal como expressa em sua cultura e em suas instituições. Estas últimas não são instituições "necessárias", não são condicionadas apenas pelo nível de desenvolvimento econômico e tecnológico, como crê o determinismo econômico neoliberal e afirma o marxismo vulgar. As instituições não existem no vácuo, nem são determinadas; são dependentes de valores e de vontade política, ou da política

---

[13] Em Bresser-Pereira (2010), discuto as consequências negativas da globalização financeira sobre os países de renda média. Há nos países em desenvolvimento uma tendência para a sobrevalorização da taxa de câmbio que precisa ser neutralizada para que esses países cresçam rapidamente e pratiquem o *catch up*. A supervalorização deve-se principalmente à doença holandesa e à política de crescimento com poupança externa.

em si. São social e culturalmente absorvidas e definidas e reguladas pelo Estado — um sistema jurídico e de aplicação da lei que não seja apenas uma superestrutura, mas parte integrante desse sistema social e econômico. Refletem, em cada sociedade, a divisão entre os poderosos e os impotentes — os primeiros, nos anos neoliberais, associados à coalizão vitoriosa de rentistas capitalistas ou acionistas e "financistas", ou seja, aos executivos e operadores financeiros e aos consultores que conquistaram poder à medida que o capitalismo se tornou baseado em finanças ou caracterizado pela financeirização.

## Hegemonia neoliberal

Essa crise global não era necessária, nem inevitável. Aconteceu porque as ideias neoliberais tornaram-se dominantes, porque a teoria neoclássica legitimou seus principais preceitos e porque a desregulação foi realizada irresponsavelmente enquanto as inovações financeiras (principalmente a securitização e os derivativos) e novas práticas bancárias (principalmente a atividade bancária comercial ter se tornado também especulativa) permaneceram desreguladas. Essa ação, associada a essa omissão, tornou as operações financeiras opacas e altamente arriscadas e abriu caminho para fraudes generalizadas. Como isso foi possível? Como pudemos retroceder tanto? Vimos que, depois da II Guerra Mundial, os países ricos puderam construir um modelo de capitalismo — o capitalismo democrático e social, o assistencialista — relativamente estável, eficiente e concedente, com uma redução gradual da desigualdade. Por que, então, o mundo teria regredido para o neoliberalismo e a instabilidade financeira?

A dominância ou hegemonia liberal verificada desde a década de 1980 tem duas causas imediatas e um tanto irracionais: o medo do socialismo e a transformação da economia neoclássica no *mainstream* da economia. Primeiro, algumas palavras sobre o medo do socialismo. Ideologias são sistemas de ideias políticas que promovem os interesses de classes sociais específicas em dados momentos. Embora o liberalismo econômico seja, hoje e sempre, necessário para o capitalismo por justificar a iniciativa privada, o neoliberalismo não o é. Poderia fazer sentido para Friedrich Hayek e seus seguidores porque, em seu tempo, o socialismo era uma alternativa plausível que ameaçava o capitalismo. Mas depois de Budapeste em 1956, ou de Praga em 1968, ficou evidente para todos que a competição não se dava entre capitalismo e socialismo, mas entre o capitalismo e o estatismo, ou a organização tecnoburocrática da sociedade. E depois de Berlim em 1989, ficou claro também que o estatismo não tinha chances de competir em termos econômicos com o capitalismo. O estatismo era eficaz na promoção da acumulação primitiva e da industrialização; mas, à medida que o sistema econômico ganhou complexidade, o planejamento econômico revelou-se incapaz de alocar recursos e promover a inovação. Em economias avançadas, apenas mercados regulados são capazes de se desincumbir eficientemente dessa tarefa. Assim, o neoliberalismo era uma ideologia extemporânea. Pretendia atacar o estatismo, que já estava superado e derrotado, e o socialismo, que, embora forte e vivo enquanto ideologia — a ideologia da justiça social —, não apresenta no médio prazo a possibilidade de se transformar em forma prática de organização da economia e da sociedade.

Segundo, não devemos ser complacentes com a macroeconomia neoclássica e com a economia financeira neoclássica em relação a essa crise.[14] Usando um método inadequado (o hipotético-dedutivo, que é apropriado a ciências metodológicas) para promover o avanço de uma ciência substantiva como é a economia (que exige um método empírico, ou histórico-dedutivo), os macroeconomistas neoclássicos e os economistas financeiros neoclássicos construíram modelos que não correspondem à realidade, mas são úteis na justificativa "científica" do neoliberalismo. O método lhes permite usar indiscriminadamente a matemática, e esse uso respalda sua alegação de que os modelos que propõem são científicos. Embora estejam lidando com uma ciência substantiva, que tem um objeto de análise claro, avaliam o caráter científico de uma teoria econômica não em referência à sua relação com a realidade, ou à sua capacidade de explicar sistemas

---

[14] Observe-se que excluo dessa crítica a microeconomia marshalliana porque considero a microeconomia (complementada pela teoria dos jogos) uma ciência metodológica — a teoria da decisão econômica —, cujo desenvolvimento exige um método hipotético-dedutivo. Lionel Robbins (1932) equivocou-se ao definir a economia como a "ciência da escolha" porque a economia é a ciência que busca explicar os sistemas econômicos, mas Robbins percebeu intuitivamente a natureza da grande contribuição de Alfred Marshall.

econômicos, mas à sua consistência matemática, isto é, o critério das ciências metodológicas (Bresser-Pereira, 2009). Não compreendem que os keynesianos e os economistas clássicos e antigos institucionalistas usam a matemática com parcimônia porque seus modelos são deduzidos a partir da observação de como funcionam os sistemas econômicos e da identificação de regularidades e tendências. Os modelos neoclássicos hipotético--dedutivos são castelos matemáticos erguidos no ar que não têm utilidade prática, a não ser para justificar mercados autorregulados e eficientes ou, em outras palavras, para agir como metaideologia. Esses modelos tendem a ser radicalmente irreais na medida em que presumem, por exemplo, que não pode haver insolvências, ou que a moeda não precisa ser considerada, ou que os intermediários financeiros não têm papel a representar nos modelos, ou que o preço de um ativo financeiro reflete todas as informações disponíveis relevantes para seu valor etc., etc. Escrevendo sobre o estado da ciência econômica após a crise, *The Economist* (2009a:69) observou que "os economistas podem se ver seduzidos por seus modelos, enganando--se ao pensar que o que o modelo exclui não tem importância". E se a teoria financeira neoclássica levou a enormes erros financeiros, a macroeconomia neoclássica é simplesmente inútil. A percepção desse fato — da inutilidade dos modelos macroeconômicos neoclássicos — levou Gregory Mankiw (2006) a escrever, depois de dois anos como presidente do Conselho de Assessores Econômicos da Presidência dos Estados Unidos, que, para sua grande surpresa, ninguém em Washington usava as ideias que ele e seus colegas ensinavam na academia; o que os formuladores de políticas usavam era "uma espécie de engenharia" — uma soma de observações práticas e regras inspiradas por John Maynard Keynes... Considero esse artigo a confissão formal do fracasso da macroeconomia neoclássica. Paul Krugman (2009:68) foi direto ao ponto: "a maioria dos macroeconomistas dos últimos 30 anos foi espetacularmente inútil na melhor das hipóteses e positivamente prejudicial na pior delas".

A hegemonia neoliberal nos Estados Unidos não causou apenas instabilidade financeira, menores taxas de crescimento e maior desigualdade econômica. Também implicou um processo generalizado de erosão da confiança social que é, provavelmente, o traço mais decisivo de uma sociedade sólida e coesa. Quando uma sociedade perde a confiança em suas instituições e na principal delas — o Estado, ou o governo (aqui entendido como a ordem jurídica e o aparelho que a garante) —, trata-se de um sintoma de doença social e política. Essa é uma das conclusões mais importantes a que chegaram os sociólogos americanos desde a década de 1990. Segundo Susan Pharr e Robert Putnam (2000:8), as sociedades desenvolvidas estão menos satisfeitas com o desempenho das instituições políticas que as representam do que na década de 1960. "O surgimento e a profundidade dessa desilusão variam de país para país, mas a tendência descendente é mais duradoura e clara nos Estados Unidos, onde as pesquisas produziram as evidências mais abundantes e sistemáticas." Essa falta de confiança é consequência direta da nova hegemonia de uma ideologia radicalmente individualista, como o neoliberalismo. Para lançar argumentos contra o Estado, muitos neoliberais recorreram a um "novo institucionalismo" errôneo, mas as instituições que coordenam as sociedades modernas contradizem intrinsecamente os pontos de vista neoliberais na medida em que essa ideologia procura reduzir o papel coordenador do Estado e em que o Estado é a principal instituição de uma sociedade. Evidentemente, os neoliberais ficarão tentados a arguir que, na verdade, foi o mau funcionamento das instituições políticas que levou ao neoliberalismo. Mas não há evidências que respaldem essa posição; pelo contrário, indicam as pesquisas que a confiança cai dramaticamente depois de estabelecida a hegemonia ideológica neoliberal e não antes.

## A coalizão política subjacente

Para entender por que o neoliberalismo tornou-se dominante no último quarto do século XX, precisamos saber que classes sociais, ou que coalizão política, estavam por trás dessa ideologia. Para responder a essa pergunta, cumpre distinguir, entre a classe capitalista, os capitalistas ativos, ou empreendedores, dos rentistas, ou capitalistas inativos, ou acionistas; e, na classe liberal, três grupos: a) os altos executivos e operadores financeiros, os garotos e garotas de ouro das finanças, a quem chamo de "financistas"; b) os altos executivos de grandes empresas; e c) o restante dessa classe média profissional. Além disso, precisamos considerar duas grandes mudanças ocorridas na década de 1970: a redução da taxa de lucro das empresas e uma mudança de mais longo prazo, a transição pela qual passava o capitalismo de "capitalismo burguês", ou capitalismo clássico, para o capitalismo profissional, ou regulado; de um sistema em que o capital era o fator estratégico de produção para outro em que o conhecimento técnico, administrativo e de comunicação representava esse papel.[15]

A redução das taxas de lucro e crescimento nos Estados Unidos foi consequência, por um lado, da forte pressão dos trabalhadores por salários mais elevados e, por outro, do aumento radical do preço do petróleo e de outras mercadorias após o primeiro choque do petróleo, em 1973. Foi também consequência, no longo prazo, da transição do capital para o conhecimento como fator estratégico de produção, uma vez que a oferta de capital se tornara abundante ou, em outras palavras, que a oferta de crédito por capitais inativos aos capitalistas ativos superara a demanda habitual por ele. Esses fatores de curto e longo prazos significavam que ou a taxa de lucro (e a taxa de juros, que, em tese, é parte da taxa de lucro) deveria ser menor, ou a taxa de salário deveria aumentar mais lentamente que a de produtividade, ou uma combinação das alternativas, de modo a criar espaço para a remuneração do conhecimento. Já observei que o novo papel atribuído à política monetária na década de 1960 foi instrumental para a elevação da taxa de juros, mas, ainda assim, dadas as baixas taxas de lucro verificadas da década de 1970 até meados dos anos 1980, o descontentamento aumentou, especialmente entre os capitalistas rentistas.

A solução "vencedora" para esses novos problemas foi uma nova coalizão política que se provou eficaz no aumento da remuneração dos rentistas. Enquanto nos "30 anos dourados" a coalizão política dominante se formou de capitalistas, dos executivos de grandes empresas e da nova classe média, a nova coalizão abrangeria essencialmente os capitalistas rentistas e

---

[15] Por classe "profissional" ou "tecnoburocrática" refiro-me à terceira classe social que emergiu do capitalismo, situada entre a classe capitalista e a trabalhadora. Enquanto os capitalistas ativos (empreendedores) derivam suas receitas (principalmente lucros) do capital associado a inovações, e os rentistas, ou capitalistas inativos, derivam as suas apenas do capital (principalmente sob a forma de juros, dividendos e renda de bens imóveis), os profissionais derivam suas receitas (salários, bonificações e opções de compra de ações) de seu monopólio relativo sobre o conhecimento técnico, administrativo e de comunicação.

46

DEPOIS DA CRISE

os profissionais financistas, inclusive os altos executivos financeiros e jovens ambiciosos vindos das grandes universidades com MBAs e PhDs — os garotos e garotas dourados das finanças, ou operadores financeiros. Estes últimos desenvolveram novos, complexos e inventivos produtos financeiros, maravilhosas inovações financeiras que deveriam ser consideradas "positivas", como o são as de Schumpeter. Na verdade, as inovações financeiras não aumentaram os lucros obtidos com a produção, mas, combinadas com a especulação, aumentaram as receitas das instituições financeiras, as bonificações dos financistas e o valor dos ativos financeiros em mãos dos rentistas. Em outras palavras, criaram riqueza fictícia — financeirização — em benefício dos rentistas e financistas.

Estamos tão habituados a pensar apenas em termos de classe capitalista e classe trabalhadora que é difícil perceber a participação crescente da classe profissional e, dentro dela, dos financistas no conhecimento contemporâneo ou no capitalismo profissional. Essa crise contribuiu para eliminar essa dúvida, na medida em que, entre as três principais questões que se tornaram evidentes, uma se referia às bonificações ou, em termos mais amplos, à remuneração que os financistas percebiam (as duas outras questões eram a necessidade de regular os mercados financeiros e de estabelecer limites para os paraísos fiscais). A remuneração e os benefícios nos grandes bancos de investimento são elevadíssimos. Como indicou *The Economist* (2009b:15), "no ano anterior a seu fim, o Lehman Brothers pagou pelo menos US\$ 5,1 bilhões em remunerações, o equivalente a um terço do capital que lhe restava logo antes de sua quebra". Segundo os relatórios trimestrais publicados nos termos das regras da Security e Exchange Commission, no primeiro semestre de 2009 os benefícios e salários pagos pelo Goldman Sachs (um banco de investimento que agora emerge da crise mais forte do que entrou) chegaram a US\$ 11,4 bilhões, ante um lucro líquido de US\$ 4,4 bilhões. Uma vez que, naquele ano, o banco tinha 29.400 empregados, se dobrarmos os US\$ 11,4 bilhões para chegar a bases anuais, a remuneração média por empregado era de US\$ 765 mil! Não há estatísticas disponíveis que distingam os salários e bonificações recebidos pela classe profissional e, nesse caso, por uma fração dessa classe, os financistas, das demais formas de remuneração, mas restam poucas dúvidas de que essa remuneração aumenta à medida que o conhecimento substitui o capital como fator estratégico de produção. Se levarmos em consideração o fato de que o número de empregados em bancos de investimento é menor do que em outros setores de serviços, veremos quão elevada é sua remuneração (como demonstra o exemplo do Goldman Sachs) e por que, nos últimos anos, em países ricos, a renda concentrou-se fortemente nos 2% mais ricos da população.

Embora associados a eles, os rentistas ressentem-se do poder crescente dos financistas e da parcela crescente que lhes cabe do excedente econômico total. Para os leitores de *The Economist* nos últimos 20 anos, foi curioso seguir a "luta democrática" dos acionistas (ou capitalistas rentistas) contra a ganância dos principais executivos financeiros. Os adversários dessa coalizão política de rentistas e financistas incluíam não só trabalhadores e as classes médias assalariadas, cujos salários seriam reduzidos para recompensar os acionistas, mas também os altos executivos profissionais das grandes empresas, os financistas que defino como os altos executivos das instituições financeiras e os operadores. No mesmo sentido, John E. Bogle publicou em 2005 um livro com o sugestivo título de *The battle for the soul of capitalism*, que principia com uma afirmativa dramática:

> O capitalismo vem se movendo na direção errada. Precisamos reverter sua rota para que o sistema mais uma vez favoreça os interesses dos acionistas proprietários e não os dos gestores [...] Precisamos deixar de ser uma sociedade em que a titularidade do patrimônio líquido é mantida diretamente por investidores individuais para outra composta sobremaneira de intermediários de investimento que detenham indiretamente a propriedade em nome dos beneficiários que representam.

Esse suposto conflito deveria trazer o capitalismo norte-americano de volta às suas origens e aos seus heróis, aos acionistas tomados por empreendedores schumpeterianos, que estariam dedicados a reduzir o poder da classe profissional elevada. Na verdade, os acionistas não são empreendedores; são, em sua maioria, meros rentistas — vivem de rendas capitalistas (não de rendas ricardianas). Podem ter suas reclamações contra as bonificações que recebem os altos gestores profissionais que administram as grandes empresas (e determinam sua própria remuneração) e os operadores financeiros, mas a realidade é que, hoje, esses acionistas não são mais capazes de gerir por conta própria sua riqueza: dependem dos financistas. De fato, os profissionais sabem que controlam o fator estratégico de produção — o conhecimento — e, assim sendo (o que é especialmente verdadeiro no caso dos financistas), exigem e obtêm remuneração sobre essas bases. Seus verdadeiros adversários são determinados intelectuais públicos da esquerda, que não deixaram de criticar o novo arranjo financeiro desde princípios da década de 1990, e a alta burocracia pública, que esteve sempre pronta a regular as finanças, ainda que impossibilitada de fazer isso. Seus aliados são os intelectuais públicos e acadêmicos, que foram cooptados ou tornaram-se aquilo que Antonio Gramsci (1934) chamou de "intelectuais orgânicos".

Nos países ricos, apesar das modestas taxas de crescimento, a remuneração exorbitante auferida pelos participantes da coalizão política de rentistas e financistas teve como *trade-off* a quase estagnação dos salários dos trabalhadores e do restante da classe média profissional. É preciso, contudo, enfatizar que esse resultado também refletiu a competição vinda da imigração e de exportações originadas em países de baixos salários, que reduziram os salários dos trabalhadores e da classe média. A globalização comercial, que deveria ser uma fonte de maior riqueza nos países ricos, revelou-se uma oportunidade para os países de renda intermediária, que puderam neutralizar as duas tendências do lado da demanda que abortam seu crescimento: domesticamente, a tendência dos salários de crescer mais lentamente do que a produtividade devido à oferta ilimitada de mão de obra e a tendência da taxa de câmbio à supervalorização (Bresser-Pereira, 2010). Os países que puderam realizar essa neutralização dedicaram-se a uma estratégia de desenvolvimento nacional que chamo de "novo desenvolvimentismo", como exemplificam os casos da China e da Índia. Esses países compartilharam com os desenvolvidos (que foram beneficiados por investimento estrangeiro direto ou pelo processo de deslocalização internacional) o excedente econômico incremental decorrente do crescimento de suas economias, enquanto os trabalhadores e a classe média destes últimos países viram-se excluídos ao perderem seus empregos.

FIGURA 3

49

A CRISE FINANCEIRA GLOBAL DE 2008

## Participação na riqueza do 1% mais rico nos Estados Unidos, 1913-2003

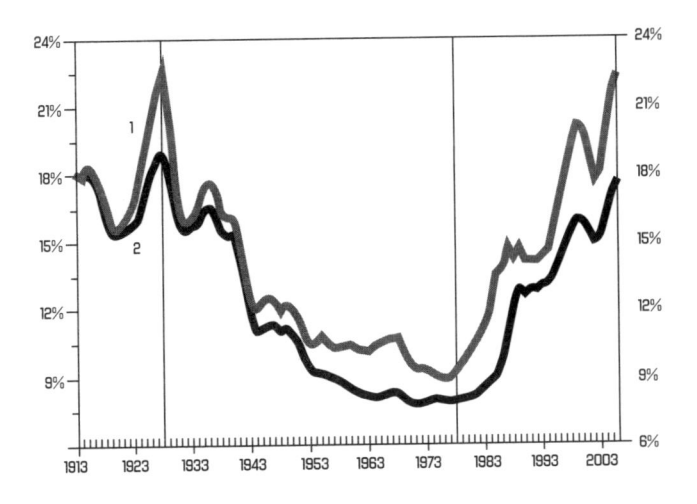

Fonte: Palma (2009:836), baseado em Piketty e Sáez (2003).

Obs.: Médias móveis de três anos, (1) incluídos os ganhos de capital realizados e (2) excluídos os ganhos de capital. Define-se renda como a renda anual bruta apontada nas declarações de imposto de renda, excetuando-se todas as transferências governamentais e antes da dedução do imposto de renda da pessoa física e dos impostos retidos na fonte e deduzidos da remuneração (mas após os impostos retidos na fonte devidos pela fonte pagadora e o imposto de renda da pessoa jurídica).

Assim, o neoliberalismo tornou-se dominante por representar os interesses de uma poderosa coalizão de rentistas e financistas. Como observou Gabriel Palma (2009:833, 840), "em última análise, a atual crise financeira é resultado de algo muito mais sistêmico, uma tentativa de usar o neoliberalismo (ou, em termos dos Estados Unidos, o neoconservadorismo) como uma nova tecnologia de poder para ajudar a transformar o capitalismo em um paraíso para os rentistas". Em seu artigo Palma salienta que não basta entender a coalizão neoliberal como uma reação aos seus interesses econômicos, como sugeriria uma abordagem marxista. Além disso, reage à demanda foucaultiana por poder dos membros da coalizão política no sentido de que, "segundo Michel Foucault, o aspecto central do neoliberalismo refere-se ao problema da relação entre poder político e os princípios de uma economia de mercado". A coalizão política de rentistas e executivos financeiros usou o neoliberalismo como uma "nova tecnologia de poder" ou como o já discutido "sistema de verdades", primeiro, para conquistar o apoio de políticos, altos funcionários públicos, economistas neoclássicos e outros intelectuais públicos conservadores e, segundo, para conquistar o domínio da sociedade.

Há poucas dúvidas de que a coalizão política tenha tido sucesso na captura do excedente econômico produzido pelas economias capitalistas. Como mostra a figura 3, nos anos do neoliberalismo a renda concentrou-se fortemente nas mãos dos 2% mais ricos da população; se considerarmos apenas o 1% mais rico nos Estados Unidos, em 1930 este controlava 23% da renda disponível total; em 1980, no contexto dos 30 anos dourados do capitalismo, sua participação caíra para 9%; mas, em 2007, retornara aos 23%!

## As consequências imediatas

Quando irrompeu a crise, os políticos, que haviam sido enganados pela ilusão da natureza autorregulada dos mercados, perceberam seu erro e tomaram quatro decisões: primeiro, aumentar radicalmente a liquidez por meio da redução da taxa básica de juros (e todos os demais meios possíveis), já que a crise implicava um grande aperto de crédito após a perda generalizada de confiança que causou; segundo, resgatar e recapitalizar os principais bancos, por serem instituições quase públicas que não podem ir à falência; terceiro, adotar políticas fiscais expansionistas, que se tornaram inevitáveis quando a taxa de juros atingiu a zona de armadilha de liquidez; e, quarto, rerregular o sistema financeiro, tanto doméstica quanto internacionalmente. Essas quatro reações apresentaram a orientação correta. Mostraram que os políticos e os formuladores de políticas logo reaprenderam o que estava "esquecido". Perceberam que o capitalismo moderno não exige desregulação, mas regulação; que a regulação não impede, mas permite a coordenação da economia pelo mercado; que quanto mais complexa for uma economia nacional, mais regulada precisa ser se desejarmos nos beneficiar das vantagens da alocação ou da coordenação de recursos pelo mercado; que a política econômica deve estimular o investimento e manter a economia estável, e não ajustar-se a princípios ideológicos; e que o sistema financeiro deve financiar investimentos produtivos, e não alimentar a especulação. Dessa forma, sua reação à crise foi forte e decidida. Como era de se esperar, foi imediata na expansão da oferta de dinheiro, foi relativamente de curto prazo em termos de política fiscal, e foi de médio prazo em relação ao problema mais complexo da regulação. É claro que foram cometidos erros. O mais famoso foi a decisão de permitir que um grande banco como o Lehman Brothers quebrasse. O pânico de outubro de 2008 foi uma decorrência direta dessa decisão. É preciso observar que a resposta dos europeus foi por demais conservadora em termos monetários e fiscais se comparada às dos Estados Unidos e da China — provavelmente porque não há um banco central para cada país individualmente. Por outro lado, os europeus parecem mais dedicados a rerregular seus sistemas financeiros do que os Estados Unidos ou o Reino Unido.

Quanto à necessidade de regulação financeira internacional ou global, parece que o aprendizado a esse respeito foi insuficiente, ou que, apesar dos avanços representados pelas ações econômicas do G-20, a capacidade internacional de coordenação econômica permanece fraca. Quase todas as medidas tomadas até o momento reagiram a um tipo de crise financeira — a crise bancária e suas consequências econômicas — e não ao outro grande tipo de crise financeira, a crise de câmbio, ou de balanço de pagamentos. Os países ricos costumam ficar livres desse segundo tipo de crise porque normalmente não tomam, mas concedem empréstimos internacionais e, quando tomam, o fazem em suas próprias moedas. Para os países em desenvolvimento, contudo, as crises de balanço de pagamentos são um flagelo financeiro. A política de crescimento com poupança externa que lhes recomendam os países ricos não promove seu crescimento; pelo contrário, envolve uma elevada taxa de substituição de poupança doméstica pela externa e causa crises recorrentes de balanço de pagamentos (Bresser-Pereira, 2010).

Essa crise não irá terminar em breve. A reação dos governos a ela em termos monetários e fiscais foi tão decisiva que a crise não irá se transformar em depressão, mas levará tempo para se resolver, por um motivo básico: as crises financeiras sempre decorrem de elevado endividamento ou alta alavancagem e da consequente perda de confiança por parte dos credores. Depois de algum tempo essa confiança pode retornar, mas como observou Richard Koo (2008), ao estudar a depressão japonesa da década de 1990, "os devedores não se sentirão à vontade com suas taxas de endividamento e continuarão a poupar". Ou, como observou Michel Aglietta (2008:8), "a crise sempre segue uma rota longa e dolorosa; com efeito, é necessário reduzir tudo que tenha aumentado excessivamente: o valor, os elementos da riqueza, o balanço patrimonial dos agentes econômicos". Assim, apesar das corajosas políticas fiscais adotadas pelos governos, a demanda agregada provavelmente permanecerá débil por alguns anos.

Embora a crise esteja afetando fortemente alguns países de renda intermediária, como Rússia e México, é essencialmente uma crise dos países ricos. Países de renda intermediária como China e Brasil já estão em recuperação. Mas, embora os países ricos já demonstrem alguns sinais de saúde recobrada, suas perspectivas não são boas. A recuperação foi principalmente uma consequência da política financeira, não de investimento privado — e sabemos que a expansão fiscal continuada enfrenta limites e representa perigos. Os países ricos há muito ensinaram àqueles em desenvolvimento que devem desenvolver-se com poupança externa. As crises financeiras dos países de renda intermediária na década de 1990, a começar pelo México em 1994, passando por quatro países asiáticos e encerrando com a profunda crise argentina de 2001, foram essencialmente consequência da aceitação dessa recomendação.[16] Enquanto os governos asiáticos e latino-americanos aprenderam com essas crises, o Leste europeu não o fez e agora se vê fortemente afetado.

Não obstante, o endividamento externo dos Estados Unidos era em sua própria moeda, e não é de se esperar que continue a incorrer em dívidas após essa crise. O dólar norte-americano comprovou sua força, mas essa confiança não pode continuar a ser indefinidamente objeto de abusos. Assim, o restante do mundo terá que encontrar fontes adicionais de demanda agregada. A China, cuja reação à crise foi forte e surpreendentemente bem-sucedida, já busca essa fonte alternativa em seu mercado inter-

---

[16] Para uma crítica do crescimento com poupança externa ou déficits em conta-corrente, ver Bresser-Pereira e Nakano (2003) e Bresser-Pereira e Gala (2007); para o argumento de que essa política econômica equivocada foi a principal responsável pelas crises financeiras da década de 1990 nos países de renda média, ver Bresser-Pereira, Gonzalez e Lucinda (2008).

no. Nisso provavelmente será seguida por muitos países, mas, enquanto isso, teremos um problema agravado de demanda insuficiente.

Finalmente, essa crise demonstrou que a verdadeira instituição "de último recurso" de cada país é seu próprio Estado; foi com o Estado que cada sociedade nacional contou para enfrentar a crise. Mas as corajosas políticas fiscais adotadas em quase todos os lugares levaram as organizações estatais a se tornar altamente endividadas. Levará tempo para restaurar índices de endividamento público sadios. Enquanto isso, as gerações atual e futura precisarão arcar com impostos mais elevados.

## Referências

AGLIETTA, Michel. *Macroéconomie financière*. Paris: La Découverte, 1995.

_____. *La crise*. Paris: Michalon, 2008.

_____; RIGOT, Sandra. *Crise et renovation financière*. Paris: Odile Jacob, 2009.

AKERLOF, George A.; SHILLER, Robert J. *Animal spirits:* how human psychology drives the economy, and why it matters for global capitalism. Princeton: Princeton University Press, 2009.

ARRUDA, José Jobson Nascimento. *A florescência tardia*. 2008. Tese (Doutorado em História) — Universidade de São Paulo, São Paulo, 2008.

BOGLE, John C. *The battle for the soul of capitalism*. New Haven: Yale University Press, 2005.

BORDO, M. et al. Is the crisis problem growing more severe? *Economic Policy*, p. 53–82, Apr. 2001.

BOURGUINAT, Henri; BRIYS, Éric. *L'arrogance de la finance;* comment le theorie financiere a produit le krach. Paris: La Découverte, 2009.

BOYER, Robert; DEHOVE, Mario; PLIHON, Dominique. *Les crises financières*. Paris: La Documentation Française, 2005.

BRESSER-PEREIRA, Luiz Carlos. A emergência da tecnoburocracia. In: BRESSER-PEREIRA, L. C. *Tecnoburocracia e contestação*. Petrópolis: Vozes, 1972. p. 17-140.

_____. *Democracy and public management reform:* building the Republican State. Oxford: Oxford University Press, 2004.

_____. The two methods and the hard core of economics. *Journal of Post Keynesian Economics*, v. 31, n. 3, p. 493-522, 2009.

_____. *Globalization and competition*. Cambridge: Cambridge University Press, 2010.

_____; GALA, Paulo. Por que a poupança externa não promove crescimento? *Revista de Economia Política*, v. 27, n. 1, p. 3-19, 2007. [Why foreign savings fail to cause growth? Disponível em: <www.rep.org.br>.]

_____; NAKANO, Yoshiaki. Crescimento econômico com poupança externa? *Revista de Economia Política*, v. 22, n. 2, p. 3-27, 2003. [Economic growth with foreign savings? Disponível em: <www.rep.org.br>.]

_____; GONZALEZ, Lauro; LUCINDA, Cláudio. Crises financeiras nos anos 1990 e poupança externa. *Nova Economia*, v. 18, n. 3, p. 327-357, set. 2008.

BUITER, Willem H. Central banks and financial crises. In: 2008 SYMPOSIUM OF THE FEDERAL RESERVE BANK OF KANSAS CITY. *Proceedings...* Kansas City, Aug. 2008. Disponível em: <www.kansascityfed.org/publicat/sympos/2008/Buiter.09.06.08.pdf>.

CHESNAIS, François. *La mondialisation du capital*. Paris: Syros, 1994.

CINTRA, Marcos Antonio Macedo; FARHI, Maryse. A crise financeira e o *shadow banking*. *Novos Estudos Cebrap*, n. 82, p. 35-55, 2008.

EATWELL, John; TAYLOR, Lance. *Global finance at risk*. New York: New Press, 2000.

*THE ECONOMIST.* Briefing the state of economics, July 18, 2009a.

*THE ECONOMIST.* Unnatural selection, Sept. 12, 2009b.

*THE ECONOMIST.* Regulating banks: the devil's punchbowl, July 11, 2009c.

EPSTEIN, Gerald A. Introduction: financialization and the world economy. In: EPSTEIN, G. A. (Ed.). *Financialization and the world economy*. Cheltenham: Edward Elgar, 2005a. p. 3-16.

_____. (Ed.). *Financialization and the world economy*. Cheltenham: Edward Elgar, 2005b.

FOUCAULT, Michel. Verdade e poder. In: FOUCAULT, M. *Microfísica do poder*. Ed. Roberto Machado. Rio de Janeiro: Graal, 1979. p. 1-14. [Ensaio originariamente publicado em 1977.]

FRANK, Robert; GILOVICH, Thomas; REGAN, Dennis. Does studying economics inhibit cooperation? *Journal of Economic Perspectives*, v. 7, n. 2, p. 159-171, 1993.

_____; _____; _____. Do economists make bad citizens? *Journal of Economic Perspectives*, v. 10, n. 1, p. 187-192, 1996.

G-20. *G-20 statement on financial markets and the world economy*. Washington: G-20, Nov. 15, 2008.

GALBRAITH, John Kenneth. *The Great Crash, 1929*. Boston: Houghton Mifflin, 1954.

_____. *The new industrial State*. [1967]. New York: Mentor Books, 1979.

_____. *The economics of innocent fraud*. Boston: Houghton Mifflin, 2004.

GRAMSCI, Antonio. *Selections from the prison notebooks of Antonio Gramsci*. Eds. Q. Hoare e G. Smith. New York: International, 1971. [Original em italiano de *c*.1934.]

GROUP OF THIRTY. *Financial reform:* a framework for financial stability. Washington: The Group of Thirty, 2009.

GUTTMANN, Robert. A primer on finance-led capitalism and its crisis. *Revue de la Régulation*, n. 3/4, 2008. [edição digital.]

HILFERDING, Rudolf. *El capital financiero*. Madrid: Tecnos, 1963. [Publicado em alemão em 1910.]

KINDLEBERGER, Charles P. *The world in depression 1929-1939*. Berkeley: University of California Press, 1973.

_____. *Manias, panics, and crashes*. New York: Basic Books, 1989.

KOO, Richard C. *The holy grail of macroeconomics:* lessons from Japan's great recession. New York: Wiley, 2008.

KREGEL, Jan. The past and future of banks. *Quaderni di Ricerche*, Roma, Luigi Einaudi, n. 21, p. 1-44, 1998.

KRUGMAN, Paul. 3rd Lionel Robbins Lecture at the London School of Economics. *The Economist*, June 10, 2009.

LASH, Scott; URRY, John. *The end of organized capitalism.* Cambridge: Polity Press, 1987.

MANKIW, N. Gregory. The macroeconomist as scientist and engineer. *Journal of Economic Perspectives*, v. 20, n. 4, p. 29-46, 2006.

MARGLIN, Stephen A. Lessons of the golden age: an overview. In: MARGLIN, S. A.; SCHOR, Juliet B. (Eds.). *The golden age of capitalism.* Oxford: Clarendon Press, 1990. p. 1-38.

_____; SCHOR, Juliet B. (Eds.). *The golden age of capitalism.* Oxford: Clarendon Press, 1990.

MARX, Karl. *O capital.* London: Penguin Books, 1981. v. 3. [Publicado originariamente em 1894.]

MINSKY, Hyman P. Financial instability revisited. In: MINSKY, H. P. *Inflation, recession and economic policy.* [1972]. Armonk: Wheatsheaf Books, 1982a. p. 117-161.

_____. *Inflation, recession and economic policy.* [1972]. Armonk: Wheatsheaf Books, 1982b.

MULGAN, Geoff. After capitalism. *Prospect Magazine*, n. 157, Apr. 2009.

OFFE, Claus. *Disorganized capitalism.* Ed. John Keane. Cambridge: Polity Press, 1985.

ORLÉAN, André. *Le pouvoir de la finance.* Paris: Odile Jacob, 1999.

PALMA, Gabriel. The revenge of the market on the rentiers. Why neo-liberal reports of the end of history turned out to be premature. *Cambridge Journal of Economics*, v. 33, n. 4, p. 829-869, 2009.

PHARR, Susan J.; PUTNAN, Robert D. Introduction. In: PHARR, S. J.; PUTNAN, R. D. (Eds.). *Disaffected democracies.* Princeton: Princeton University Press, 2000.

PIKETTY, Thomas; SÁEZ, E. Income inequality in the United States, 1913–1998. *Quarterly Journal of Economics*, v. 118, n. 1, p. 1-39, 2003.

REINHART, Carmen N.; ROGOFF, Kenneth S. *Banking crises:* an equal opportunity menace. Dec. 2008. (Nber Working Paper, 14.587.)

_____; _____. *This time is different;* eight centuries of financial folly. Princeton: Princeton University Press, 2009.

ROBBINS, Lionel. *Essay on the nature and significance of economic science.* [1932]. London: Macmillan, 1946.

ROCHE, David; McKEE, Bob. *New monetarism.* London: Independent Strategy, 2007.

SCHUMPETER, Joseph A. *Socialism, capitalism, and democracy.* [1942]. 3. ed. New York: Harper & Brothers, 1950.

SHONFIELD, Andrew. *Modern capitalism.* Oxford: Oxford University Press, 1969.

SOROS, George. *The crisis of global capitalism.* New York: Public Affairs, 1998.

UNCTAD. *The global economic crisis:* systemic failures and multilateral remedies. Geneva: Unctad, 2009.

# 2

# A resposta internacional à crise*

ROBERTO LAVAGNA

Certamente o mundo se encontra na pior crise econômica, social e financeira desde a Grande Depressão de 1930. Dissipou-se a ilusão de uma "suave aterrissagem", tal como anunciada pelo mundo das finanças até há pouco. A capitalização de mercado, que, em 2007, era de US$ 62.747 bilhões, em 2008, caiu para US$ 33.332 bilhões — uma perda equivalente a 47% do produto bruto mundial e a mais de 20% da riqueza acumulada no mundo. A saída dessa situação sensivelmente negativa em termos de bem-estar, global e particular, requer uma nova abordagem conjunta do funcionamento do sistema, antes que esses desajustes econômicos e sociais se transfiram conflitantemente para o campo político interno e/ou o plano das relações internacionais.

As tensões internas na China, onde 20 milhões de camponeses que se haviam transferido para cidades costeiras — as cidades industriais — devem voltar a seu local de origem, são uma amostra do primeiro tipo de problemas. A postura do governo norte-americano de introduzir o "compre o nacional" (*buy American*) no pacote de ajuda,[1] o aumento das taxas

---

* Este texto foi traduzido por Maria Irene Alicia Molinero Brasso.

[1] Ainda não está claro qual será o impacto da alteração final acrescentada:"de modo adequado às obrigações dos EUA em acordos internacionais".

e travas comerciais em diversos países do Sudeste asiático e da América Latina, a paralisação da Rodada de Doha, ou os comentários oficiais dos Estados Unidos sobre *currency manipulation* no caso do renmimbi chinês são um reflexo do segundo.

A saída requer uma combinação justa de inovação num mundo global, novas regulamentações consentidas pelas partes e o uso coordenado de instrumentos surgidos no mundo após 1930 e a II Guerra Mundial. A coordenação dos incentivos fiscais reais; o nível e a circulação do crédito; a reabsorção dos maus créditos; regulamentações sobre bancos, intermediários e agências classificadoras de risco; e formas de evitar o protecionismo e impedir um *crowding out* adverso nos países em desenvolvimento são certamente os seis capítulos da tarefa de recuperação. Mas, além disso, será essencial definir a "escala" justa dos aportes fiscais, o projeto das medidas heterodoxas necessárias e os "tempos" de definição e execução. Qualquer falha na escala, no projeto ou nos tempos de gestão retardará o processo de saída.

Tentações deverão ser evitadas: a de modificações meramente cosméticas, superficiais, que nada mudam e que só preparam o reinício de um ciclo essencialmente igual, ou a proposição de mudanças tão radicais que levam à discussão do próprio sistema de organização econômica e social.

Recentemente, o influente *Financial Times* publicou: "A luta a favor da regulamentação não demorará a dissipar-se e, em poucos anos, Wall Street recuperará a nostalgia de seus anos de opulência e as certezas morais do neoconservadorismo [...]. Logo ideias como a desregulamentação e a promoção da democracia serão cascalho".

No campo dos que creem em mudanças radicais, encontram-se notáveis historiadores econômicos. Na BBC, o historiador Eric Hobsbawm avaliou que a situação "é o equivalente dramático do colapso da URSS e o fim de uma era". Por seu lado, em entrevista ao *Le Monde*, Immanuel Wallerstein, historiador e sociólogo de Yale, afirmou que "a última crise similar à atual foi a queda do sistema feudal na Europa por volta dos séculos XV e XVI e sua substituição pelo capitalismo... um novo sistema terá emergido". *The Economist*, percebendo que essas posturas não eram isoladas, preparou-se para esse futuro possível com uma nota editorial: "*Capitalism is at bay, but those who believe in it must fight for it. For all its flaws, it is the best economic system man has invented yet*.[2]

Cair na tentação puramente cosmética envolveria não querer aprender com o custoso desajuste atual, que está gerando uma enorme destruição de valor e riqueza. Terminar no outro extremo, isto é, alterar todo o sistema conduziria a discussão para um plano carregado de ideologias e de suposições, abandonando certezas adquiridas sobre o funcionamento posterior a 1945, uma vez recuperada a paz, e em 1989, quando da queda do muro de Berlim. A primeira alternativa supõe uma resistência a aprender e a segunda, a decisão de esquecer o aprendido.

É preferível alinhar-se ao pragmatismo do ex-presidente do Federal Reserve, Paul Volcker, quando em outubro de 2010 escreveu no *Wall Street Journal*: "Há um reconhecimento, e assim deve ser, do papel essencial que os mercados financeiros livres e competitivos desempenham num sistema econômico vigoroso e inovador [...] É necessário entender, nesse contexto, os altos e baixos e as crises financeiras inevitáveis mesmo com políticas econômicas responsáveis e regulamentações razoáveis. Mas nunca mais se deve correr o risco de tanto prejuízo econômico por uma estrutura financeira tão frágil, tão superexpandida e tão opaca como nos últimos anos".

Tais crises são certamente inevitáveis, pois repetiram-se ao longo da história. E como Jean-Paul Fitoussi afirma, sem deixar de reconhecer que essa conjuntura é mais grave que a maioria: "As crises financeiras estão inscritas nos genes do sistema capitalista e ocorrem a intervalos mais ou menos regulares. Há pelo menos uma por década".[3]

A estrutura financeira era realmente frágil. O fundo *Long Term Capital Management*, derrubado em 1998, possuía ativos de aproximadamente US$ 129 bilhões e um patrimônio de US$ 4,7 bilhões. Em outras palavras, uma alavancagem equivalente a 27 vezes seu patrimônio. Portanto, para uma dívida constante, se o valor de seus ativos caísse apenas 3%, o fundo perdia mais de 80% de seu capital. Mas esse fundo não era uma exceção.

---

[2] "O capitalismo está em xeque, mas os que acreditam nele devem lutar por ele. Apesar de todas as suas falhas, ainda é o melhor sistema econômico que o homem já inventou."

[3] Fitoussi, Jean-Paul. "La leçon de la crise de 1929 a été tirée", *Le Monde*, 8 oct. 2008, disponível em <http://www.lemonde.fr/imprimer/article/2008/10/08/1104672.html>.

O índice de endividamento sobre o patrimônio do Morgan Stanley, por exemplo, cresceu de 23 a 32 vezes em apenas cinco anos, e algo similar ocorreu com os bancos de investimento, atores principais dessa crise, que a SEC desregulamentou em 2004. A diferença era acentuada em relação aos bancos regulamentados pelo Federal Reserve, como o J. P. Morgan, cuja alavancagem era de 12 vezes.[4]

A desregulamentação que conduziu aos modelos de autorregulamentação e autoavaliação de risco fracassou. Nas próprias palavras de um dos principais defensores do sistema, Alan Greenspan, perante o Congresso dos Estados Unidos: "Os que cremos no próprio interesse das entidades de crédito em proteger o capital dos acionistas estamos em estado de incredulidade".

Está claro que, sob o seu comando, o Federal Reserve não apreciou claramente a diferença de interesses que pode existir entre o "principal" (os donos do capital) e o "agente", que, como executivos, têm interesses próprios que nem sempre coincidem com os dos *shareholders* (acionistas) e muito menos ainda com os dos *stakeholders* (coletivo social).

Uma estrutura superexpandida sem dúvida. O ganhador do prêmio Nobel de Economia, Robert Solow, assinalou o desenvolvimento decorrente da influência da informática da engenharia financeira, que gerou montanhas de ativos financeiros que nada têm a ver com a produção. No início de outubro de 2008, os CDS (*credit swaps default*) alcançaram cifras entre US$ 60 e US$ 70 trilhões. Sendo o PIB norte-americano de aproximadamente US$ 15 trilhões e o capital total estimado de US$ 40 trilhões, concluía: "portanto, os CDS têm um valor 50% superior ao do total do capital físico da economia norte-americana".[5]

Opaca também. Os derivativos financeiros, totalmente desregulamentados, levaram a que se disseminassem pacotes financeiros de conteúdo incerto, que tiveram como resultado a difusão e a generalização da crise, desmentindo mais uma vez o ex-guru Alan Greenspan, que afirmara que

---

[4] Os pedidos de capital dos bancos atingiram em janeiro US$ 792 trilhões. A capitalização foi de US$ 826 trilhões, dos quais US$ 380 trilhões de fundos públicos.

[5] O McKinsey Global Institute estimou que os ativos financeiros globais em 1980 eram 20% maiores que o PIB mundial. Em 2007, correspondiam ao triplo desse valor.

não havia nada na regulamentação federal *per se* que a tornasse superior à regulamentação do mercado e que considerava que a possibilidade de os derivativos amplificarem e acelerarem a crise era extremamente remota.

Nesse quadro global, a América Latina deve fazer sua própria reflexão. Em todo caso, já passou o momento inicial de autocomplacência, em que alguns governos acreditavam que dessa vez estariam imunes à crise global. Embora seja verdade que os balanços de pagamentos, as reservas e a situação fiscal estão em melhores condições do que em outros episódios, vistos pela perspectiva atual como relativamente menores, hoje também está claro que a desalavancagem, a contração do crédito, o fluxo de capitais em direção aos principais mercados e os efeitos de preço e quantidade sobre o comércio internacional são maiores do que a acumulação de reservas pode suportar sem efeitos adversos.

Como reconhece a própria Organização dos Estados Americanos, a transição democrática foi concluída, porém isso não significa que a sustentabilidade democrática esteja assegurada. Há problemas de legitimidade democrática, na medida em que a democracia formal demonstrou ser uma condição necessária para a construção do bem-estar coletivo, mas, ao mesmo tempo, demonstrou não ser condição suficiente para alcançá-lo.

No âmbito econômico, porém, sem esquecer que a realidade é uma e indivisível, há diversos temas que julgo necessário incluir no debate a fim de colaborar para o fortalecimento da eficácia da democracia. Um deles tem a ver com a inter-relação que entendo como assimétrica entre economia e política; outro tema relaciona o comportamento da política econômica local com os fluxos de capital e um terceiro relaciona pobreza e instabilidade do crescimento. São eles:

- a transmissão dos efeitos econômicos sobre a esfera política;
- o ciclo de liquidez internacional e as políticas econômicas da região;
- a volatilidade do crescimento como instrumento de concentração de renda.

## A transmissão dos efeitos econômicos sobre a esfera política

O primeiro ponto a ser analisado é a inter-relação, não simétrica, isto é, com predominância ou viés para um dos lados, entre economia e política.

A importância fundamental da economia doméstica dos cidadãos sobre as atitudes, as valorações e, finalmente, sobre as decisões políticas nas eleições é um valor adquirido. Salvo em circunstâncias excepcionais, particularmente no caso de regimes não democráticos, no momento da eleição o peso do bolso dos cidadãos supera qualquer outra condição.

Numa expressão mais formal, se entre a economia e a política há uma mútua dependência (em termos de relações causais), a experiência internacional não só da região ou do mundo em desenvolvimento, mas também do mundo desenvolvido, mostra a predominância do grau de conformidade ou inconformidade no plano econômico sobre outras motivações.

Bons resultados econômicos ou bons resultados seguidos por uma situação de risco e incerteza e, por conseguinte, pela possibilidade de se perder uma posição alcançada conduzem quase indefectivelmente à confirmação dos governos. Como é óbvio, os maus resultados já detectados, os que não são apenas um risco ou uma possibilidade, mas uma realidade concreta, presente, conduzem à busca de alternativas de signo político diferente.

Há, no entanto, problemas de horizonte temporal, de consistência temporal, já que muitos desses juízos são formados com base em dados de muito curto prazo, quase sempre levando em conta um retrato do presente que ignora a dinâmica do processo econômico num horizonte temporal um pouco mais prolongado, de médio prazo.

Em termos estáticos, a economia, da mesma forma que seu correlato social, pode apresentar traços positivos, mas após uma análise estática comparativa — a comparação de "retratos instantâneos" sucessivos — ou, melhor ainda, uma análise dinâmica, essa mesma economia pode estar sujeita a desajustes estruturais, macroeconômicos, que a farão desembocar numa situação de crise. Obviamente, não cabe ao cidadão comum imiscuir-se numa análise que requer formação e conhecimentos profissionais.

Assim, o problema consiste em como explicitar, ou pelo menos pôr em discussão, casos em que os bons resultados econômicos do presente podem ser apenas o resultado de políticas econômicas simplistas, voluntaristas, voltadas exclusivamente para o curto prazo, ignorando inclusive as transformações que, em diversos planos, podem estar ocorrendo na sociedade, na região e/ou num mundo crescentemente globalizado. Então, por que discutir a sustentabilidade da democracia, se não se discute, pelo menos não num âmbito que chegue aos cidadãos, a sustentabilidade de um determinado modelo, programa ou esquema econômico?

A América Latina está repleta de exemplos de reeleições políticas que rapidamente enfrentam crises econômicas e, portanto, sociais, cuja administração fica a cargo de quem, manipulando as épocas eleitorais ou até enganando a si mesmo, é o maior responsável pelas crises mencionadas. Ou pior ainda, de situações em que novas administrações devem assumir ajustes protelados pelos governos que chegaram ao fim, hipotecando assim seu próprio período de gestão.

À temporalidade das análises e dos dados relevantes para a tomada de decisões do cidadão podem ser acrescentadas questões contextuais. É verdade, embora menos frequente, que há governos que são eleitoralmente punidos por enfrentar um conjunto negativo de dados que, na realidade, decorrem da economia internacional, de acontecimentos naturais ou de questões tecnológicas que escapam ao seu controle: elementos exógenos que, em economias de porte médio ou pequeno, possuem efeitos determinantes. O caso da súbita deterioração dos termos de intercâmbio é o mais frequente.

Assim, temos governos que vencem eleições porque o presente econômico é favorável, embora hipotequem o futuro, e governos que as perdem porque o quadro internacional é negativo. Há uma solução integral para esse problema? Creio que não, sobretudo se usarmos o termo "integral". Talvez haja, sim, formas de moderar a simples recorrência desses casos sem reagir.

Para que a política não permaneça monotematicamente prisioneira da economia doméstica de curto prazo e para que outros temas que integram a qualidade de vida presente e futura, como a cultura, a educação, a saúde, o trabalho e o meio ambiente, não desapareçam da agenda ou se convertam em meros acessórios, é necessário controlar o impacto causal da economia sobre a política.

Como já disse, não creio que haja uma solução integral. A atual crise mundial, gerada no mundo desenvolvido precisamente pelo encantamento do curto prazo, ignorando questões estruturais, mostra que inclusive aí podem predominar as "bolhas" econômicas, sociais e financeiras. Sim, há questões de grau e de frequência. E são precisamente essas questões, essas diferenças de grau entre um impacto pleno da economia sobre a política ou um impacto atenuado e sua recorrência, que fazem a diferença.

Existe vida além da economia, do mero presente, e cabe à política tentar um resgate que exceda círculos fechados e chegue ao cidadão comum.

As políticas públicas que poderiam contribuir para enfrentar a questão não se encontram exatamente no campo da economia, mas no campo amplamente definível como institucional.

Muitos países desenvolvidos, particularmente os europeus, ganharam flexibilidade por meio de sistemas parlamentares de governo com períodos ajustáveis por mecanismos institucionais de "censura". Mudanças de liderança dentro de um mesmo partido, coalizões diferentes e reduções de mandatos, entre outros, são mecanismos usuais. Isso lhes dá a possibilidade não só de descobrir, mas também de resolver rapidamente enganos, erros ou descuidos de governos mais preocupados em ganhar eleições do que em proporcionar sustentabilidade às políticas.

Outros países, como os Estados Unidos, com regimes constitucionais mais rígidos, semelhantes aos predominantes em nossa região, desenvolveram instituições de análise, controle e formulação de prognósticos de médio prazo que cumprem o papel autônomo de agir como sinal de alarme. Desenvolveram instituições fortes, representativas, independentes do Poder Executivo, como, por exemplo, o setor orçamentário do Congresso ou os centros de pensamento universitários.

Tanto uns quanto outros fazem uso de uma forma de discussão mais aberta, mais pública, que tenta chegar aos cidadãos com formulações compreensíveis. Organizações não governamentais sérias e respeitáveis e uma imprensa menos uniforme, mais pluralista, em muitos casos representativa de interesses opostos, completam o quadro e ajudam a expor ao cidadão questões econômicas com horizontes de médio prazo. O resultado é precisamente o que nossa região em geral não divulga, isto é, democracias que não eliminam, mas reduzem o risco de enganar o cidadão por pensarem apenas no bem-estar econômico do momento presente.

# O ciclo de liquidez internacional e as políticas econômicas da região

A crise deflagrada no setor financeiro em meados de 2008 e que hoje está em vias de se transferir para a esfera da atividade real, isto é, para a produção, o investimento real e o emprego, é única por sua magnitude, mas não por sua origem especulativa e visão de curto prazo.

A magnitude da crise pode ser calculada por alguns poucos indicadores, porém firmes e consistentes:

- o produto bruto mundial perdeu 1,5% durante 2008, situando-se em 3,5%, o que significa uma forte desaceleração em relação aos cinco últimos anos, isto é, uma perda em valores absolutos superior a US$ 1 trilhão. No quarto trimestre de 2008, a contração anual dos países desenvolvidos foi superior a 4%;

- no último trimestre, a produção industrial mundial caiu cerca de 15% em termos de taxa anual. As exportações industriais tiveram quedas da ordem de 30% anuais. Várias economias refletem impactos muito fortes em matéria de destruição de emprego;

- os mercados de crédito continuam muito limitados e os balanços financeiros, com insuficiência de capital;

- há saída de capitais dos mercados emergentes, e várias economias, incluindo as da América Latina, enfrentaram desvalorizações superiores a 10%. O fluxo líquido de financiamento privado, que em 2007 era de US$ 183,6 bilhões, caiu para US$ 89 bilhões em 2008 e para US$ 92,1 bilhões em 2009.[6]

Tendo em vista que a crise ainda está em pleno desenvolvimento, as perspectivas para o ano de 2009 indicam igualmente a magnitude do desajuste. O crescimento mundial previsto para 2008/2009 seria o mais baixo desde a II Guerra Mundial, expandindo-se apenas 0,5%.

---

[6] Segundo números do Institute of International Finance (IIF), o fluxo líquido de financiamento privado em 2009 foi de US$ 92,1 bilhões, em 2010 de US$ 158,7 bilhões e a previsão para 2011 é de US$ 164,7 bilhões (24 de janeiro de 2011, *Capital Flows to Emerging Market Economies*, IFF Research Note).

Se a magnitude da crise é excepcional, as causas não são menos excepcionais. Na verdade, há vários anos que o sistema financeiro, após intensos períodos de especulação financeira, parece "necessitar" de bolhas de crescimento seguidas de crises cíclicas. Não se trata aqui da existência ou não de crises, pois estas continuarão existindo, mas do fato de serem "necessárias" ou não para um setor do poder.

Em aproximadamente 25 anos, somente nos Estados Unidos houve quatro crises de importâncias diferentes: nos anos 1980, a dos *savings and loans,* sociedades de crédito; no final dos anos 1990, a das ações tecnológicas; em 1998, a do LTCM; e, mais recentemente, a das hipotecas *subprimes,* sem falar nas fraudes da Enron e World Com.

A estas se deve acrescentar, no nível global, a crise da dívida na América Latina nos anos 1980; a crise de ativos mobiliários e imobiliários da economia japonesa, até então a de maior crescimento entre as economias desenvolvidas; a derrocada bancária nas economias nórdicas (Suécia, Noruega e Finlândia) na primeira metade dos anos 1990; a crise da dívida do México e da Argentina em meados dos anos 1990; a do Sudeste asiático em 1997/1998; a crise da dívida russa em 1998; a desvalorização no Brasil em 1999; e, por último, a derrocada do regime de *currency board* na Argentina em 2001.

Por trás de cada uma dessas crises, certamente de dimensões e difusões diversas, houve "bolhas" de investimento, quer em ações de determinados setores, em bônus de dívidas soberanas, quer em outros ativos mobiliários e imobiliários. Por trás de cada uma delas houve um pequeno grupo de instituições financeiras que despontou, que inovou, que intermediou e que, finalmente, distribuiu fartamente ao sistema financeiro investimentos de alto rendimento até se dar o colapso.[7]

Em certos casos, essas instituições financeiras agiram ignorando inclusive as próprias condições de emissão dos prospectos legais sobre cuja base as emissões foram autorizadas nos principais mercados financeiros. Muitos investimentos classificados como próprios de investidores institucionais, sofisticados, foram maciçamente divulgados entre o público do varejo.

---

[7] Os lucros do setor financeiro, que equivaliam a 15% dos lucros das empresas nos anos 1970 e 1980, haviam subido para 27% no início da crise.

Por trás de cada emissão houve, além disso, agências classificadoras de risco com claros conflitos de interesses e que não tomaram conhecimento da fragilidade da situação até que esta já fosse irreversível. Nesse momento, agindo de modo pró-cíclico, e com novas classificações negativas, pioraram a situação e aprofundaram as "corridas". Tal era, e ainda é, o conflito de interesses que, como diz Paul Samuelson, se uma das três agências classificadoras se diferenciasse por assinalar riscos, imediatamente as outras duas captariam a totalidade de seus clientes.

O terceiro componente foram os órgãos de regulação, que não fizeram seu papel — regular —, primeiramente, porque negaram a existência de "bolhas" e, depois, quando estas já eram inocultáveis, por chegarem a afirmar que as "bolhas" eram autorreguláveis e compatíveis com mercados eficientes.

Houve também executivos de alto nível e jovens agentes de operações cotidianas, cujo interesse era maximizar os lucros em curtíssimo prazo para assegurar bônus fabulosos como remuneração.[8]

Dentro da lógica do capitalismo financeiro, também contribuíram para a crise governos e altíssimos dirigentes de grandes conglomerados empresariais, que preferiram ocultar a fragilidade da situação e trocaram consistência e sustentabilidade pela permanência em seus cargos e por lucros de curto prazo.

Além disso, para que as "bolhas" se desenvolvessem, os primeiros contaram com o "movimento de manada" dos operadores e investidores, uma vez que o risco de não participar da alta de certos ativos era muito maior do que o de participar e ficar preso na fase de desarticulação da "bolha".

Assim, a "exuberância irracional" do mercado, para usar a terminologia de quem comandou o Federal Reserve, deixou de ser a exceção, o anormal, para converter-se em algo natural e *necessário* ao funcionamento do sistema e à satisfação dos interesses — muito mais concentrados do que se costuma dizer — de quem tem um peso determinante na canalização de fluxos e na classificação de operações financeiras.

---

[8] Um estudo psicológico de Amy Brunell ("Leader emergence: the case of the narcissistic leader"), da Universidade de Ohio, concluiu: "Os líderes narcisistas tendem a um desempenho volátil e a tomar decisões arriscadas". Publicado em *Personality and Social Psychology Bulletin*, v. 34, n. 12, p. 1663-1676, 2008.

Chegou-se assim a uma situação em que não só se perdeu a noção do critério de "anormalidade", mas também as bolhas passaram a ser parte essencial do sistema financeiro, com seus efeitos sobre a economia real, que são positivos, aceleradores do crescimento e produzem riqueza para os que intervêm nos mercados no momento inicial das "bolhas", mas são negativos e redundam em perda de valor nos momentos finais. Esses comportamentos foram tão normais em anos recentes que, como disse John Kenneth Galbraith em *The great crash, 1929*, acabou-se acreditando que "talvez valesse a pena ser pobre durante muito tempo, para ser tão rico em um só momento".[9]

Como a informação é assimétrica, os perdedores são sempre mais numerosos que os ganhadores. Assim, quanto mais afastados do centro opaco do sistema, maiores foram as perdas.

Nessa perspectiva, a América Latina caracterizou-se por não contar com um pensamento autônomo, capaz de filtrar os impactos das finanças internacionais sobre sua autonomia. A economia da região passou a ser altamente dependente do grau de liquidez dos mercados internacionais e dos fluxos de capitais em busca de diferenciais de rentabilidade no que diz respeito ao que pudesse ser obtido nos principais mercados.

Em momentos de alta liquidez, a entrada de capitais financeiros determina a valorização das moedas nacionais nos regimes de taxa de câmbio flutuante ou garante a fixação artificial da paridade nos regimes de taxa de câmbio fixo, incluindo o caso extremo da conversibilidade ou caixa de conversão (*currency board*). A combinação de taxas internas de juros elevadas e permanente valorização das moedas nacionais, as revalorizações reais, permite a obtenção de altíssimos rendimentos em moeda forte.

O sistema torna-se, além disso, acumulativo, já que os altos rendimentos impulsionam a entrada adicional de capitais e novas tendências à valorização das moedas nacionais por excesso de oferta nos mercados cambiais. A valorização das moedas nacionais opera, por sua vez, como um instrumento de abertura da economia, desestimulando as exportações, sobretudo

---

[9] Galbraith, John Kenneth. The Great Crash, 1929. New York: Houghton Mifflin Harcourt, 1997, p. 42.

as de valor agregado, e incentivando as importações. Obviamente com consequências negativas para a produção real e o emprego.

Os países latino-americanos como um todo nos anos 1980, salvo as escassas exceções do México, da Argentina e do Brasil nos anos 1990 e novamente da Argentina em 2001, e de todos os países da região em 2008/2009, sempre aparecem relacionados a esses episódios de expansão e contração.

Já caiu no descrédito a afirmação de que, dessa vez, a região está em melhores condições para enfrentar a crise mundial, inclusive o exagero de falar na existência de países imunes. A crise está na região e o máximo que se pode dizer, pelo menos por ora, é que, dessa vez, na sequência do impacto, a América Latina não foi a primeira. Mas não existe "desacoplamento".

Esses erros de diagnóstico inicial servem indiretamente para mostrar a ausência de um pensamento e até de alguma ação regional ou sub-regional diferenciada. A região é "a lanterna" dos acontecimentos globais. Hoje não basta reclamar por maior regulamentação ou maior poder em órgãos como o Fundo Monetário Internacional, objetivos que predominaram nas posturas do Brasil e da Argentina no G-20, ou insistir, como fez o México no mesmo foro, em preservar a dinâmica dos mercados segundo diretrizes de maior transparência e supervisão.

Se todos acreditam que as crises e sua recorrência são, em alguma medida, inevitáveis, é essencial promover regras definitivamente "anticíclicas" e tratar de integrá-las a regras que determinem claramente estabilizadores automáticos.

A meu ver, há dois enfoques no que diz respeito aos ciclos de liquidez internacional: o da *disponibilidade* (*availability*) de recursos e o dos *requerimentos de capital* (*requirements*). Analiticamente, o conjunto de variáveis macroeconômicas envolvidas em cada caso é o mesmo, porém a relação causal é rigorosamente inversa.

Num modelo estilizado, no caso da disponibilidade, os recursos financeiros que um país é capaz de gerar com suas exportações de bens e serviços, acrescidos dos captados via investimentos estrangeiros diretos, créditos, investimentos financeiros e ajuda ao desenvolvimento, e descontados seus compromissos de pagamento e saída de capitais, determinam sua capacidade de importar. Essa capacidade de importar determina, por sua vez, a taxa de crescimento do produto interno bruto (PIB) num momento determinado. Trata-se de um modelo de adaptação passiva aos fluxos financeiros.

Na literatura econômica, a doença holandesa reflete o efeito sobre a estrutura produtiva interna da entrada repentina e sustentada de divisas derivada da descoberta ou da valorização de recursos naturais. Isso aumenta o valor da moeda nacional em relação às divisas de reserva, altera os preços relativos da economia e reduz a competitividade da produção local.

Alguns países de nossa região sofreram situações análogas — como em 1982 e 1995 o México, rapidamente seguido pela Argentina, foi o primeiro país a experimentar o fenômeno, poderíamos defini-lo como *doença mexicana* —, com uma diferença substancial. Em sua origem, o caso holandês nada tem a ver com política econômica, é exógeno e derivado de uma combinação mais ou menos permanente ou de longa duração de acontecimentos naturais e tecnológicos. A doença regional, no entanto, foi endógena, resultado de uma deliberada política econômica que ficou à mercê do fluxo de capitais, sem reconhecer o caráter "transitório" de curto prazo desses fluxos. O conjunto de fatores socioeconômicos e políticos que surgiram na região durante as crises de financiamento que eclodiram em 1982 e 1995 pode ser assim sintetizado:

- alta liquidez nos mercados de capitais internacionais e, *a priori*, um excesso de ofertas de capital;
- a existência, *a priori*, em países moderadamente desenvolvidos, de uma demanda global excedente, relacionada a uma demanda social por maior consumo e crescimento mais rápido, geralmente expressa por meio de maior gasto e investimento público;
- forte demanda política, formulada por políticos, com horizontes temporais de curto prazo, para satisfazer a referida demanda global mais alta que a sociedade almeja;
- um grupo de tecnocratas (agora alguns falam de tecnocratas "arrogantes") decididos a aplicar uma nova política econômica para satisfazer as condições do segundo e do terceiro itens.

Da perspectiva dos *requerimentos de capital*, o sistema funciona ao contrário. As metas internas de crescimento fixadas, os compromissos externos em matéria de dívida externa, menos as entradas de recursos oriundos das exportações determinam *a priori*, em função das elasticidades, os *requerimentos ex ante* de recursos necessários para garantir importações compatíveis com a expansão do produto bruto fixado como meta.

O crescimento do produto bruto deixa de ser a resultante do financiamento para ser a variável, objetivo que, num esquema de políticas ativas, requer medidas para alcançar os *requerimentos* de financiamento resultantes e *ex post* estabelecidos por meta. A propósito, o grau de ativismo da política econômica é muito maior nesse segundo esquema.

Diante de restrições financeiras nos mercados internacionais, no caso do enfoque das disponibilidades, o crescimento é afetado de modo imediato. É um modelo adaptável e, portanto, sem conflito entre objetivos.

No enfoque dos *requerimentos* há um conflito entre o objetivo de crescimento e o cumprimento de compromissos externos — conflito radical, se for muito inferior aos *requerimentos*, ou gradual, no caso de o custo de captação dos recursos nos mercados internacionais encarecer, mas não desaparecer de todo.

Quando a condição predominante nos mercados internacionais é a alta liquidez, o que é fácil de detectar, o modelo de disponibilidade e a economia tendem a se ajustar "para cima". Cresce-se mais rapidamente e não se dá a devida atenção ao fato de que frequentemente isso gera desajustes negativos na estrutura produtiva e ocupacional, desajustes a favor do setor de serviços e das grandes cidades, contra a agricultura e a indústria, as economias do interior e os recursos humanos relativamente menos qualificados.

Por outro lado, quando as condições de liquidez internacional são restritivas, a mera adaptação passiva é custosa em termos do nível da atividade interna, da saída de capitais e de pressões desvalorizadoras. Nesses momentos, usar o critério dos *requerimentos*, isto é, contar com políticas mais ativas, permite obter alguma margem de manobra. O custo é o *trade-off* entre as metas desejadas de expansão da economia e o grau de cumprimento dos compromissos externos em divisas fortes.

Quando os mercados voluntários de crédito desapareceram na chamada "década perdida" dos anos 1980, a América Latina como região transferiu para o mundo desenvolvido entre US$ 220 e US$ 250 bilhões.[10] Esse fato coincidiu com uma taxa de crescimento *per capita* negativa, altas taxas de inflação, fortes déficits fiscais, baixo investimento, repressão financeira interna e reiterados processos de desvalorização com taxas de câmbio relativamente altas.

A década de 1990, pelo contrário, foi uma década de financiamento fácil, de alto crescimento. Embora haja casos nacionais diferenciados, talvez esse período possa ser classificado como a "década desaproveitada", pelo menos em termos de um tema crucial para a região: atingir uma melhor distribuição de renda e melhores condições de vida. Mais de um terço da população tem renda inferior ao custo da cesta básica de bens e serviços. E mais, uma parte mantém-se abaixo da linha da pobreza extrema ou da indigência porque não dispõe de renda para pagar uma cesta reduzida de alimentos.

A pergunta a se fazer e a proposta a formular é se a região não deve analisar a questão de modo a agir de maneira mais definidamente contracíclica. Os momentos de alto financiamento internacional, nos quais predomina o critério de adaptação passiva à disponibilidade de recursos, devem ser enfocados com base no critério do *requerimento*. Ou seja, criar condições macroeconômicas, políticas ativas e regulamentações que aceitem fluxos de capitais compatíveis com os objetivos de taxa de crescimento e estrutura de crescimento setorial e territorial — espacial — estabelecidos como meta. Apenas isso. Portanto, deve-se estar disposto a controlar os movimentos de entrada de capitais que superem os *requerimentos* de médio prazo fixados.

Em contraposição, em momentos de baixa liquidez internacional, deve-se dar prioridade a políticas ativas de geração de divisas, de reestru-

---

[10] Três anos após o término da crise da dívida externa, em 1985, a América Latina fez uma transferência líquida de recursos ao exterior equivalente a 4,8% de seu PIB. Oito anos depois, em 1990, essa cifra ainda equivalia a 2,3% do PIB, segundo dados do Banco Mundial. Há casos extremos, como o da Argentina, em que essas transferências de poupança ao exterior atingiram, respectivamente, 6,6% e 5,5% do PIB do país; casos intermediários, como o do Brasil, em que as transferências foram de 5,2% e 1,7%; e casos de recuperação antecipada, como o do México, que transferiu 5,1% em 1985, mas recebeu em 1990 depósitos líquidos correspondentes a 1,2% de seu PIB.

turação de obrigações financeiras, de reestruturação de dívida etc., que incluam restrições à saída de capitais, de forma a compensar precisamente a baixa disponibilidade.

Em outras palavras, trata-se de descartar as políticas passivas, que se traduzem em inação no que tange a conta de capital do balanço de pagamentos, e, ao mesmo tempo, de dotar os mecanismos anticíclicos de estabilizadores automáticos, claramente regulamentados e institucionalmente compulsórios, isto é, com poder de *enforcement*. Se nossos países são capazes de tomar uma decisão "interna" do gênero, que, como é óbvio, tem algum ponto em comum com o assinalado no primeiro item, deveriam estar em condições de propor ideias realmente diferentes no G-20.

Certamente, esse tipo de políticas, sobretudo as referentes à conta de capital do balanço de pagamentos, até há bem poucos meses era uma heterodoxia inaceitável para o Fundo Monetário Internacional. O FMI não apenas defendia a razoável liberação da conta-corrente do balanço de pagamentos, importações e exportações de bens e serviços, mas também, e com muita e crescente pressão, a da conta de capital, que registra os movimentos dos capitais financeiros.

No quadro da crise que atualmente se desenvolve, esse caráter heterodoxo deixou de existir, sendo este justamente o momento em que os países em desenvolvimento deveriam recuperar os instrumentos de política econômica que lhes foram retirados desde a aplicação dos pontos quatro — liberalização financeira com taxa real de juros positiva — e sete — liberalização do investimento estrangeiro, inclusive do investimento de portfólio — do chamado Consenso de Washington, convertido em sugestão irrecusável para os articuladores de políticas econômicas.

É claro que, quanto mais reservas tenham sido acumuladas no momento da baixa de recursos e quanto mais claras e prefixadas forem as regras, mais fácil será executar políticas ativas de ampliação da disponibilidade de recursos de modo que esta coincida o mais possível com os *requerimentos*.

Sem uma reavaliação das regras gerais do sistema financeiro global e sem políticas regionais e nacionais diferentes, o produto bruto, o crescimento e sua estrutura interna ficam à mercê do que ocorre com a liquidez nos principais mercados. As políticas da região deveriam aceitar e promover:

DEPOIS DA CRISE

- que é essencial certo controle sobre a conta de capital dos balanços de pagamentos;
- que as políticas de atraso cambial são prejudiciais ao crescimento;
- que tais políticas são também prejudiciais à estrutura interna, produtiva e ocupacional;
- que põem em risco a sustentabilidade;
- que as dívidas devem ser manejadas com base em critérios de sustentabilidade mais do que de aceitabilidade dos mercados. Ajustar-se aos mercados e às classificadoras de risco sem calcular o efeito negativo dos condicionamentos impulsiona a dívida para níveis acima da sustentabilidade e alteram as políticas econômicas de médio prazo.

Certamente, a criação de estabilizadores automáticos nacionais e internacionais inclui os órgãos multilaterais de crédito — Fundo Monetário Internacional, Banco Mundial, Banco Interamericano de Desenvolvimento ou os bancos regionais. A região deveria refletir sobre uma ação conjunta e coordenada nesses órgãos multilaterais de crédito, especialmente para os momentos de restrição de fluxos de capital. Essa é a ocasião propícia para contar com o papel compensador desses órgãos, ao contrário do ocorrido em tempos recentes em vários países de nossa região.

## A volatilidade do crescimento e a concentração de renda

Há quem considere que a regulação dos mercados tal como assinalada na seção anterior não só é impossível, como contraproducente em termos de crescimento. E mais, nessa linha de raciocínio, o argumento da acentuada volatilidade introduzida pelos ciclos de alta e baixa liquidez seria descartado com base na ideia de que, afinal de contas, esses ciclos são "neutros" no que diz respeito ao crescimento médio.

Avaliando esse argumento, aponta-se que, no caso de algumas regiões e países, seria possível demonstrar que com taxas de crescimento cíclicas, altamente voláteis, como as apresentadas, por exemplo, pela América Latina, o crescimento "médio" não difeririria muito do que se poderia obter com esquemas de maior regulação e menor volatilidade.

Esse argumento pode ser discutido a partir de diferentes pontos de vista. Há, no entanto, um argumento que me parece de extrema importância no caso de nossa região. Mesmo supondo-se a existência de neutralidade no que diz respeito ao crescimento "médio", tal neutralidade não existe no que se refere à distribuição de renda. A volatilidade é regressiva no caso da distribuição de renda e das oportunidades de progresso e mobilidade social.

Ainda que a "média" das taxas de crescimento global e *per capita* sejam similares entre um sistema instável com acentuadas flutuações e um sistema concentrado em torno de uma tendência de crescimento definida, os efeitos sociais são notoriamente diferentes.

As recessões, e ainda mais as depressões econômicas,[11] não são simétricas. Pelo contrário, o viés é muito acentuado e seus efeitos são socialmente muito diferenciados. O impacto negativo é reduzido entre trabalhadores com formação universitária e vai aumentando à medida que se reduz o nível de instrução, sem considerar o meio familiar, a riqueza acumulada e, em muitos casos, a origem racial, religiosa ou o gênero, fatores que também contribuem para esse impacto.

Nessas condições, cada recessão contribui para a concentração de renda e, consequentemente, para o acúmulo de riqueza e também para a interrupção do progresso econômico e social, ampliando a distância social. Como a distância social existente não é a única afetada, mas também o diferencial referente a possibilidades de progresso, cria-se na sociedade uma dinâmica de crescente concentração.

Após cada crise, os setores com níveis inferiores de educação e menores possibilidades iniciam sua trajetória em níveis absolutos e relativos mais baixos e demoram mais para simplesmente recuperar seu nível absoluto prévio, que, a essa altura, já é relativamente inferior ao que tinham antes.

Em recessões moderadas, como as que ocorrem habitualmente nos países latino-americanos, demora-se de três a quatro anos para recuperar os

---

[11] No que se refere a países, convencionou-se definir como recessão a queda do produto interno bruto em dois trimestres consecutivos e como depressão econômica uma queda acumulada do PIB não inferior a 10% e com duração de pelo menos três anos consecutivos. Em termos de economia mundial agregada, o FMI considera recessão um crescimento anual inferior a 3%, enquanto outros analistas e especialistas fixam um limite entre 2% e 2,5% anuais.

níveis de produção e renda anteriores e também de três a quatro anos para que os setores sociais mais atrasados voltem ao nível precedente.

Numa região onde as crises têm sido frequentes e onde a desigualdade tem maior incidência e maior homogeneidade do que em outras regiões do mundo em desenvolvimento, decidir estabilizar o crescimento em torno de uma tendência de médio e longo prazos tem um custo "estrutural" muito acentuado. Nesse sentido, deve-se observar que não só a região como um todo pode ser classificada como altamente injusta, mas também que a desigualdade não se limita à renda — inclui ainda as condições em matéria de saúde, educação, serviços básicos, posse de terra, mobilidade social etc.

Isso significa que, do ponto de vista econômico, o tema da volatilidade econômica e como limitá-la não é socialmente neutro, merecendo ser objeto de análise e aprofundamento.

# 3
# A crise e o futuro do capitalismo

LEDA MARIA PAULANI

Teremos um novo capitalismo depois da crise? A pergunta é pertinente e é a história que lhe confere sentido. Embora necessitando de um conflito bélico global, o capitalismo, digamos assim, reformado, que surgiu depois de 1945 deveu-se em grande medida à necessidade de evitar, sob pena de comprometer ideológica e politicamente seu próprio futuro, desastres como o dos anos 1930, com a consequente repetição dos precipícios sociais que geraram, entre outros resultados funestos, a ascensão do nazismo na Alemanha. A combinação de Bretton Woods, com regulação keynesiana da demanda efetiva, Estado do bem-estar social e desenvolvimentismo produziu, como se sabe, o período mais bem-sucedido da história desse modo de produção, não por acaso conhecido na literatura como "os 30 anos dourados" ou, simplesmente, "os anos de ouro do capitalismo". Estariam agora presentes as mesmas condições? Teremos um novo paradigma? O capitalismo tende a tornar-se menos financeiro? A assim chamada globalização extrapolará o restrito âmbito dos mercados e tornar-se-á mais humana, mais social? São essas as questões que nos foram propostas.

Da plataforma teórica de que parto não é possível respondê-las sem recuperar brevemente a história do surgimento e da consolidação do capitalismo como modo de vida, sua relação com a progressão humana e as contradições envolvidas nesse processo desde o seu início. Essa reflexão nos levará à discussão sobre o devir lógico do capital (capital entendido aqui como o incessante movimento de valorização do valor) e daí à especulação em torno do futuro do sistema.

Nossa reflexão sobre a natureza intrinsecamente conflituosa da sociedade moderna desde seu nascedouro deve começar pela constatação de que aquilo que mais a distingue das demais etapas experimentadas pela história humana é a consciência do homem como gênero que ela traz. É bem verdade que essa consciência não nasceu de modo direto, mas como exigência para a efetivação de interesses determinados, interesses da ascendente classe burguesa. Nascida assim, de modo oblíquo, essa consciência carrega a marca da contradição.

Hegel foi um dos primeiros pensadores a se debruçar sobre essa problemática. Em sua *Filosofia do Direito*, ele afirma que o Estado é um espaço para a sua resolução, já que o vê como um universal concreto, como uma "corporação" particular, que é ao mesmo tempo a "corporação" geral, confundindo-se, nesse sentido, com a sociedade civil. Marx denuncia o misticismo que há aí. Louva a profundidade do mestre por tornar explícita a existência pressuposta da Constituição apenas quando chega o momento de tratar do poder legislativo (depois de já haver tratado dos poderes soberano e governamental), porque só aí é que se constrói o seu todo, mas revela o engano: o Estado que se erige a partir desse todo surrupia a essência genérica do homem e o condena à alienação política, e isso acontece porque, ao ontologizar a ideia de Estado, Hegel inverte a ordem das coisas e cria essa consciência, antes da existência de um agente que a crie.

Marx não aceita a solução que a hipóstase hegeliana patrocina. Para ele, cabe à própria sociedade civil a tarefa de realizar sua determinação genérica. O instrumento para que essa realização aconteça é a democracia — mas a democracia verdadeira, aquela que torna efetivo o poder constituinte do povo e que acaba com a contradição entre Estado e sociedade civil, que está na base do mundo moderno. A dificuldade para Marx está em que a sociedade civil, tangida por relações materiais assentadas na propriedade privada, parece pouco capaz de levar a cabo essa tarefa, pois produz, ela mesma, a alienação política que a falsidade da solução hegeliana evidencia.

Sendo esse um texto do jovem Marx, é surpreendente como ele já indica aí uma contradição cujo potencial explicativo ele vai explorar ao limite em sua obra da maturidade. Ainda sem fazer qualquer referência à antítese substantiva que ele detectará mais tarde entre o capital e o trabalho, menciona a contradição que existe entre, de um lado, afirmar a essência genérica do homem, que está sumariada no grito de guerra da Revolução Francesa e na Declaração Universal dos Direitos do Homem e do Cidadão, e, de outro, apoiar esse ecumenismo numa estrutura social que tem seus pilares fincados na propriedade privada, não genérica por definição.

Mas é no Marx do materialismo histórico que vamos encontrar a razão última da existência dessa contradição. Ao indicar a mercadoria como a célula elementar do modo de produção capitalista e ao mostrar sua constituição antitética a partir do valor de uso e do valor, Marx mostra que a consciência da essência genérica do homem, bem como a autorrealização do espírito humano que ela tem como devir têm uma base miserável, pois se assentam nas generalidades postas pelo cotidiano dos mercados. O conflito entre o geral e o particular (privado), que compromete a efetivação dos ideais da modernidade, tem sua matriz na mercadoria e nas categorias que seu desenvolvimento lógico exige — dinheiro e capital.

Ao concluir sua análise das formas do valor, tendo chegado, portanto, ao equivalente geral e ao dinheiro, Marx afirma que, no mundo das trocas, é o caráter humano geral do trabalho que constitui seu caráter propriamente social. A especificidade do modo de produção capitalista, portanto, está na posição objetiva daquilo que é geral; e é a posição das generalidades trazida por sua dinâmica que produz a consciência do homem como gênero, impedindo, ao mesmo tempo, que ela produza seus frutos.

A contradição constitutiva da sociedade mercantil põe-se, assim, desde seu início, como uma luta entre o concreto e o abstrato: a valorização do valor em geral, a compulsão irrefreável pelo acúmulo de riqueza abstrata, que constitui a definição mesma de capital, encontra sempre à frente, como um obstáculo que precisa ser ultrapassado, a concretude do valor de uso e das necessidades humanas que ele tem de atender. Não é por acaso que Marx diz que o valor de uso nunca deve ser entendido como objetivo último do capitalismo, tampouco o lucro isolado, mas apenas o incessante movimento do ganho; e que afirma também que, no capitalismo, a produção (leia-se produção de coisas úteis) não é a meta daqueles que a empreendem, mas um mal necessário para se chegar ao objetivo maior da valorização do valor.

Ora, em termos de categoria, essa luta se reproduz em vários *rounds*, que apresentam invariavelmente o mesmo resultado — a vitória das categorias mais genéricas sobre aquelas de conteúdo mais concreto. Entre o valor e o valor de uso, vence o valor, pois ele ganha uma forma, o equivalente geral, que o autonomiza da concretude e da limitação do aborrecido valor de uso. Entre a mercadoria e o dinheiro, ou seja, entre as mercadorias profanas e a mercadoria geral e absoluta, vence esta última, pois a suposta necessidade de que o dinheiro seja uma "mercadoria de verdade" é ultrapassada pelo dinheiro de papel, mero signo do valor, que desdenha sobranceiramente as pesadas, em todos os sentidos, moedas-mercadoria. Entre o dinheiro como moeda, mero coadjuvante da dança de mãos das mercadorias ordinárias que o cotidiano das trocas produz, e o dinheiro como dinheiro, livre para ser meio de pagamento geral e, enquanto tal, realizar dívidas, monetizar rendas e precificar não valores de uso como honra, consciência e dignidade, vence este último, pois é o dinheiro como fim em si mesmo e não como mediador das trocas que comanda o sistema. Entre o capital monetário padrão e o crédito vence este último, pois ele corporifica ao capitalista individual, ou àquele que passa por tal, uma disposição dentro de certos limites, absoluta, de capital em geral. Entre o capital produtivo e o capital portador de juros, entre a valorização do valor que precisa atravessar o calvário da produção e aquela que, de um ponto de vista externo, simplesmente aguarda a valorização, vence esta última, na qual, segundo Marx, a relação capital atinge sua forma mais alienada e fetichista, a mistificação do capital em sua forma mais crua. Finalmente entre o capital real e o capital fictício vence mais uma vez o último, cuja constituição etérea e ilusória possibilita a valorização sem limites, sem que seja necessário sair da esfera da circulação.

Historicamente, como sabemos, o desenvolvimento das formas sociais não acompanha *pari passu* sua evolução lógica, e aqui as coisas não se passam de modo diferente. O capital fictício, por exemplo, último elo da evolução categorial anteriormente sumariada, existiu nos primórdios do capitalismo e, ao engrossar a assim chamada acumulação primitiva, foi uma das molas propulsoras de sua consolidação. O capital portador de juros, sob a forma de capital usurário, é antediluviano e existiu bem antes de o próprio ouro assumir o papel de equivalente geral.

O momento atualmente vivido pelo capitalismo, contudo, parece mostrar que esse conflito — que o desenvolvimento categorial organiza e que a história realiza conforme seus caprichos — está, por assim dizer, "resolvido". Olhado esse desenvolvimento tal como ele hoje se coloca na dinâmica capitalista, ele parece ter chegado a seu último momento, momento que é, ao mesmo tempo, o da plena realização das potencialidades das formas sociais que estão em sua base. Se Marx diz que só enquanto meio de pagamento internacional geral é que o dinheiro ganha uma forma de existência adequada a seu conceito, podemos dizer que só hoje, pós-Bretton Woods, é que o dinheiro mundial ganha uma materialidade adequada a essa forma adequada de existência, liberto que está das correntes de ferro que antes o atavam, ainda que remotamente, ao mundo terreno e concreto da produção de mercadorias de verdade. De outro lado, a contradição entre mercadoria e dinheiro, que é o segundo momento da contradição entre valor de uso e valor, e que acaba por determinar seus movimentos futuros, também parece "resolvida", pois, em tempos de capitalismo financeirizado, a mercadoria por excelência é o próprio capital, ou seja, é o valor de uso adicional do dinheiro de gerar mais valor que se põe como objeto privilegiado de compra e venda, como a mercadoria por excelência, levando ao paroxismo sua capacidade automultiplicativa, sob a forma de capital fictício. A rapidez com que se difundiram os mecanismos de securitização na última década, bem como a fertilidade demonstrada pela assim chamada indústria de produtos financeiros, ilustra irrepreensivelmente esse andamento. Finalmente, é preciso observar que esses dois movimentos não são evidentemente independentes, sendo o primeiro condição de possibilidade do segundo.

Mas, se logicamente o capital parece ter realizado o seu devir, isso não quer dizer que o capitalismo possa agora viver em paz, livre de crises e conflitos. Bem ao contrário. A conclusão dessa fenomenologia objetiva implica uma agudização ímpar das contradições capitalistas, de cuja ferocidade a recente crise deu contundente demonstração. Mas, se é a realização plena da lógica do capital enquanto categoria que parece estar na raiz da intensidade e da profundidade da presente crise, parece forçoso concluir que não será simples sua solução. Como a roda da história não gira para trás, parece impossível que se volte ao estágio do capitalismo domesticado que sustentou os "anos de ouro", por mais que se procure agora colocar a tranca na porta, vale dizer, regular o sistema financeiro. O constrangimento quanto à eficácia dessa solução não advém apenas de que a fenomenologia concluída não admite retrocessos e de que a roda histórica gira num único sentido, mas também da constatação de que a riqueza financeira cresceu explosivamente nos últimos 30 anos e, por mais que as próprias crises tenham feito seu papel queimando parte desse capital, seu volume e a velocidade de seu crescimento continuam suficientemente fortes para jogar por terra qualquer tentativa de criar um invólucro institucional em que ela se comporte de modo mais civilizado.

Por outro lado, a grande incógnita quanto ao sistema monetário internacional continua irresolvida. Se é verdade que o dólar norte-americano está cada vez mais em xeque em sua capacidade de corporificar o dinheiro mundial, também é verdade que não existem mais as condições lógicas para se recriar a situação de um dinheiro "com lastro", bem como não parece haver nenhuma outra moeda que se coloque como candidata a ocupar esse lugar. Resta a possibilidade da criação de um dinheiro mundial sem uniforme nacional, mas para isso seria preciso um concerto mundial entre as nações, cujas condições objetivas parecem estar longe de existir.

Tudo somado, parecem absolutamente diminutas as chances futuras de que o capitalismo retome uma trajetória tranquila, em que a acumulação produtiva dê a tônica e em que o crescimento econômico tenha que se ver apenas com sua natural componente cíclica, deixando de ser entrecortado por crises agudas, derivadas da formação de bolhas de ativos financeiros. Ao contrário, o predomínio da valorização financeira deverá continuar a manter a fragilidade estrutural do sistema, em que o caráter rentista da propriedade do capital se choca com o desenvolvimento vagaroso da criação de valor excedente. As pressões exercidas sobre a esfera da produção continuarão por isso enormes, justificando toda sorte de barbarismos e retrocessos na relação capital-trabalho, como a perda de direitos dos trabalhadores e a recriação de expedientes de extração de mais-valia absoluta.

O mais grave, porém, é que, ainda que fosse provável a reconstituição de um cenário de acumulação capitalista digamos "normal", estaríamos muito longe de, em função disso, ter guarnecido o sistema de uma face mais humana e social. A principal razão dessa impossibilidade é que, se os ambientalistas estão, ainda que parcialmente, corretos, o planeta não suporta mais um modo de vida, hoje globalizado, que baseia seu sucesso na sistemática destruição de seus recursos naturais e na produção de um meio ambiente cada vez mais hostil à vida humana. Em outras palavras, parecem ter chegado ao fim os tempos em que o capital podia seguir candidamente sua rota de acumulação e em que os Estados nacionais podiam inocentemente colocar em prática arranjos de política econômica que visassem tão somente o crescimento do PIB. A grande contradição é que chegamos materialmente a esse momento numa situação em que o traço "humano" que mais se reivindica do sistema é justamente sua capacidade de, exploração à parte, gerar empregos, a qual tem no crescimento da produção e da acumulação, tenham elas a cara que tiverem, sua condição *sine qua non*. É hoje mais verdadeiro do que nunca, principalmente em tempos de ingresso de quase um terço da população mundial no modo de vida capitalista, que a enorme maioria da humanidade depende da criação de empregos para que tenha pelo menos uma chance de viver com um mínimo de dignidade. Como conciliar essas duas exigências tão diametralmente opostas?

A única resposta racional a essa pergunta seria a criação de uma estrutura social radicalmente transformada, em que a dignidade humana não dependesse mais do sucesso capitalista, que permite a vida dos contemplados por empregos, por um lado, enquanto destrói as condições de vida, por outro. Seria preciso também que a produção visasse o atendimento sustentável das necessidades humanas e não o puro e simples ganho monetário, pois só assim evitar-se-ia o desperdício gerado pelo consumismo desenfreado, que parece tão racional do ponto de vista da acumulação de capital, mas que é tão claramente irracional do ponto de vista de sua capacidade de manutenção no longo prazo e da possibilidade de preservar o planeta para as gerações futuras.

Acreditam alguns que alguma coisa parecida com essas respostas racionais seja possível, e mesmo que já esteja em curso uma revolução no plano da própria lógica capitalista. Segundo essa visão, presente, por exemplo, no livro de Élisabeth Laville *A empresa verde*, estaria fortemente questionada a ideia de que o mercado excluiria tudo que não se traduz em lucratividade, pois o leque de questões que o mundo corporativo se dispõe hoje a enfrentar seria muito mais amplo. Ademais, a colocação da sustentabilidade no centro do processo de inovação indicaria o envolvimento aí de uma dimensão política e cultural que superaria o simples objetivo de obter ganhos econômicos. Contudo, para que não pareça inocente demais em seu otimismo quanto às possibilidades de as corporações capitalistas irem contra a sua própria lógica, a autora lembra, de passagem, que é claro que a empresa não tem por vocação resolver os problemas de nossa sociedade.

Não é preciso dizer que, do ponto de vista adotado nas presentes reflexões, o relevante está na última frase, afigurando-se todo o demais como puro *wishful thinking*. Do ponto de vista materialista aqui esposado, a trama social sob cujos imperativos vivemos em tudo conspira contra as respostas racionais ao nó em que nos encontramos. Uma estrutura social em que elas fossem possíveis implicaria uma inversão completa da lógica hoje dominante; implicaria, em poucas palavras, a primazia da concretude do valor de uso ante a generalidade do valor. Ora, isso só seria possível se a sociedade civil, que nasceu com o capitalismo e a modernidade, já tivesse adquirido, por meio do desenvolvimento da verdadeira democracia, que evidentemente não se reduz às estruturas formais da representação político-partidária, a capacidade de realizar a determinação genérica do homem, cuja consciência ela mesma produziu. Mas, como concluiu o jovem Marx, há quase dois séculos, a sociedade que produziu essa consciência é a mesma que produz a alienação política que impede sua realização. Essa conclusão não é menos verdadeira hoje, quando, absolutamente só na arena ideológica, o capitalismo, tangido por formas sociais cada vez mais etéreas, continua a pilotar seus instrumentos de exploração a destruir as condições da vida humana — ou a empilhar vitórias, como costuma dizer um mestre na nossa periferia.

# PARTE II

# A China no centro do mundo

# 4
# O novo equilíbrio mundial

AMAURY PORTO DE OLIVEIRA

A crise global em curso significa realmente a transferência do centro econômico do mundo para a Ásia? No caso afirmativo, como será o mundo sob a eventual liderança da China, alternativamente à liderança dos EUA? Tentarei responder da melhor maneira ao meu alcance, frisando que eu não sou economista. Não serei capaz de apresentar belas sínteses em economês. Profissionalmente, sou apenas um observador diplomático, treinado para seguir o jogo dos Estados na grande arena das relações político-econômicas globais.

Para começar a responder às perguntas, convém remontar ao imediato pós-II Guerra Mundial, quando a esmagadora vitória dos EUA na Guerra do Pacífico reduziu aquele oceano, do ponto de vista estratégico, a um lago norte-americano. Washington ainda tentou, sem êxito, disciplinar a região sob a Organização do Tratado do Sudeste Asiático (Seato), réplica da Otan europeia. Só lhe foi possível criar uma estrutura descrita como de "centro e raios", com a aliança militar EUA-Japão servindo de fulcro, do qual se irradiavam ajustes bilaterais com a Coreia do Sul, Taiwan, Tailândia, Filipinas, Cingapura e Austrália. Até a abertura dos anos 1970, a *pax americana* assentou-se nas duas estruturas estratégicas já citadas e no predomínio mundial do chamado Sistema de Bretton Woods, que em última análise se apoiava na presunção da conversibilidade obrigatória do dólar em ouro. Em 1971, em meio a uma corrida maciça do dólar para moedas europeias, o governo norte-americano anunciou unilateralmente sua decisão de não mais ceder ouro aos portadores de dólar.

A partir de então (1971-1973), tornou-se válido falar do pós-Bretton Woods, um longo período no qual os EUA puderam substituir o regime do dólar-ouro por um sistema de câmbio global, mais eficaz para eles, e que alguns especialistas chamam de "financiamento mercantilista". Com esse sistema, o dólar pôde ser mantido como o instrumento líder das transações internacionais, ao ser usado como garante dos maciços empréstimos que os EUA passaram a levantar mundo afora. O prestígio do dólar como moeda dominante no mundo deu aos Estados Unidos amplo acesso ao capital internacional, ao mesmo tempo em que lhe assegurava grande independência monetária dentro de suas fronteiras. A visão da Ásia como o novo centro econômico do mundo decorre, antes de tudo, do colossal endividamento dos EUA diante do Japão, da China e dos países petrolíferos do golfo Pérsico. Em 2005, o déficit comercial total dos EUA alcançou 6% do PIB do país, com a China e o Japão detendo, em conjunto, 40% do total.

Nas mais de três décadas de "financiamento mercantilista" até a "aterrissagem em catástrofe" do sistema financeiro global em 2008, os EUA seguiram financiando gastos gigantescos com a manutenção da sua projeção imperial através da venda a outros países de obrigações do Tesouro norte-americano. O acúmulo de dólares não associados à produção criou no mundo um excesso de liquidez que se traduzia em violentos e enormes fluxos de capital à busca de reprodução imediata. A maior parte desses fluxos era controlada por fundos de pensão americanos, e a mundialização das telecomunicações foi-lhes dando a possibilidade de se deslocar no espaço várias vezes por dia. Desde meados dos anos 1980, sob os tambores, entre outros, do Banco Mundial, capitalistas ocidentais tenderam a investir pesadamente em países asiáticos da costa do Pacífico, em alguns dos quais os fundos estrangeiros vieram a representar 75% da acumulação local de capital. O lado asiático dessa história pode ser acompanhado pelas experiências de modernização do Japão e da China no século XX.

O Japão levara a cabo uma primeira industrialização no final do século XIX, muito inspirada no que ia fazendo a Alemanha. Os dois países compensaram a tardança com que se ajustaram ao modelo anglo-americano da primeira Revolução Industrial recorrendo à ação estatal para a mobilização e redistribuição dos investimentos, num contexto de instituições financeiras centralizadas, de níveis de consumo relativamente baixos e de poder econômico concentrado em gigantescos cartéis. A modernização era vista como processo essencialmente político, em conformidade com as teorias do economista alemão Friedrich List, até hoje estudado no Leste asiático. Como é notório, a economia industrial que o Japão levantou na passagem do século XIX para o XX foi posta abaixo pela fragorosa derrota sofrida na Guerra do Pacífico e começou a ser desmantelada pelo ocupante americano, em obediência aos ditames da Conferência de Potsdã. Os EUA foram, contudo, levados a efetuar uma "inversão de curso" quando a vitória dos comunistas de Mao Zedong pôs fim à ilusão de Roosevelt de que seria possível aliar-se aos nacionalistas de Chiang Kai-shek para a estruturação da Ásia "pacífica e democrática" do pós-guerra. O Japão foi escolhido para servir de viga mestra do edifício econômico e estratégico da *pax americana* no Pacífico ocidental. Os esforços se concentraram na construção de um Japão economicamente próspero e militarmente forte, ligado em sólida aliança aos EUA. A Guerra da Coreia, desencadeada como que por encomenda, funcionou como verdadeiro Plano Marshall para o financiamento da segunda industrialização do Japão.

Uma característica essencial do modelo de modernização adotado pelo Japão, dito desenvolvimentista, é a visão da transformação tecnológica como o processo central da industrialização. Uma consequência disso é que o Estado desenvolvimentista é dotado de vantagens comparativas por decisão política, pela acumulação dos capitais e das habilitações requeridas, no quadro de bem-implementadas estratégias nacionais. O Japão da Era Meiji já dispunha de grandes conglomerados financeiros e industriais (os *zaibatsu*), modificados sob a ocupação norte-americana nos *keiretsu*, e imitados pela Coreia do Sul, que levantou quase do zero os famosos *chaebols*. No Japão, como na Coreia do Sul, esses conglomerados vieram a ser a base da forte irrupção de japoneses e sul-coreanos nos mercados internacionais de eletrônica, de semicondutores e de automóveis. Foi no Japão, nessa época, que começou a tomar corpo o conceito de sociedade da informação, como a tela de fundo da corrida da indústria civil japonesa, impulsionada pelo Estado desenvolvimentista, em busca da liderança mundial no setor das TIs. Mas foi trágico para o Japão que a lógica e as instituições do Estado japonês tenham entrado em contradição com a sociedade da informação que o país ajudara a criar.

As elites empresarial e burocrática nipônicas não puderam ou não souberam romper com velhos hábitos e concepções a fim de se integrar à economia em globalização. Tudo isso reforçado por ações concretas dos EUA, alarmados com a ameaça que o desenvolvimento econômico e tecnológico do Japão começara a representar para a hegemonia norte-americana. Uma das primeiras manifestações dessa preocupação dos EUA ocorreu em 1983, quando do lançamento, pelo presidente Reagan, da Iniciativa de Defesa Estratégica (IDE), popularmente chamada de "Guerra nas Estrelas". O objetivo claro da IDE era contestar a ideia então em voga de que os EUA haviam "entrado em declínio". Tratava-se de restabelecer o distanciamento tecnológico-militar entre o poderio norte-americano e o restante do mundo, e Reagan obteve do primeiro-ministro Yasuhiro Nakasone um acordo administrativo (que não precisava ser submetido ao Parlamento), pelo qual poderiam ser levantadas, em favor exclusivo dos EUA, as regras da legislação japonesa de disciplinamento das exportações de valor militar, sempre que os responsáveis pela IDE manifestassem interesse em tecnologias da indústria civil japonesa. Requisições concretas logo começaram a ocorrer.

O desafio do Japão era particularmente irritante no terreno dos semicondutores e, em 1987, um relatório da Junta Científica de Defesa dos EUA praticamente erigiu em causa nacional a salvaguarda da indústria norte-americana correspondente. O Pentágono passou a investir pesadamente no setor de semicondutores e, inclusive, a promover medidas de política industrial, em princípio um anátema para o liberalismo norte--americano. A entrada em cena do Pentágono mexeu com a correlação de forças domésticas no Japão, abrindo as comportas para as correntes ultranacionalistas contrárias às políticas pacifistas e mercantilistas (doutrina

Yoshida), que tanto haviam ajudado o progresso japonês nos anos 1970 e
1980. A investida norte-americana conjugou-se com a chegada ao poder, em Tóquio, de correntes insatisfeitas com a linha Yoshida, dando impulso ao que se chamou de a economia *nichibei* (sendo *bei* a designação popular no Japão para os EUA). Poderosos grupos dos dois países convergiram para uma parceria estratégica que tomou ares de simbiose.

Outra frente da pressão para conter os avanços japoneses foi a política do iene forte, imposta ao Japão pelos colegas do Grupo dos Sete, numa reunião no Hotel Plaza, em Nova York, em 1985. Nasceu daí a famosa "bolha financeira", de cujo estouro, no começo dos anos 1990, ainda não se recuperou o Japão. Efeito direto desse estouro foi a impraticabilidade de as firmas japonesas continuarem a usar a faixa costeira da Ásia oriental como prolongamento de sua base industrial. As multinacionais nipônicas tenderam a dissociar-se da economia nacional e o Miti foi perdendo a capacidade de conduzir a política industrial do país.

Num nível mais profundo do que o dos desajustes culturais da elite japonesa e da ação restritiva dos EUA, alterações estruturais estavam revolucionando a indústria da eletrônica, abrindo caminho para o forte retorno dos fabricantes norte-americanos. Duas delas merecem realce. A primeira afetava a própria natureza dos sistemas eletrônicos, dando origem a novos produtos, cujos mercados convergiam para um fundamento tecnológico comum no nível dos microprocessadores, o que lhes permitia o entrelaçamento em redes abertas. A rivalidade comercial envolvia produtores capazes de fixar padrões de mercado, como a Microsoft e a Intel fizeram com êxito no tocante, respectivamente, aos sistemas de operação dos computadores pessoais e à arquitetura dos processadores. O mercado doméstico dos EUA tornou-se o principal absorvedor dos produtos em questão e o grande terreno para a competição entre os padrões.

Não menos importante foi a outra alteração, expressa no abandono pelas firmas norte-americanas da tradicional integração vertical em favor de um modelo de organização em redes. As velhas redes japonesas do Leste asiático passaram a sofrer a concorrência das emergentes redes norte-americanas, suplementadas pela implantação dos *chaebols* sul-coreanos; dos fabricantes taiwaneses de componentes e periféricos para computadores; e, em especial, da diáspora chinesa um pouco por toda a Ásia oriental. Apoio-me num abrangente e instigante estudo de 1997 do pesquisador Michael Borrus, da Berkeley Roundtable on the International Economy (Brie), para mostrar como a interação das redes de fabricantes norte-americanos com as redes étnicas da Ásia oriental levou à predominância das firmas americanas sobre as japonesas entre meados dos anos 1980 e meados dos 1990.

No final dos anos 1980, os fabricantes norte-americanos tenderam a concentrar seus escassos recursos na definição de novos produtos e das correlatas capacitações — desenho, arquitetura, software —, de maneira a criar, manter e desenvolver padrões de mercado. Ao mesmo tempo, passaram a fortalecer suas filiais na Ásia oriental, dando-lhes maior responsabilidade na agregação de valor aos produtos duros e processos manufatureiros. Os americanos intensificaram também a aquisição de componentes, partes e módulos submontados na região. Num desenvolvimento correspondente, os fornecedores usados pelos americanos na vasta zona da diáspora chinesa puseram-se também a aperfeiçoar e especializar suas produções, assumindo cada vez mais o controle das redes produtivas correspondentes. Nos anos 1990, premidas pela intensificação da competição regional e diante da necessidade de aumentar a escala de seus investimentos, as firmas do setor baseadas em Taiwan e em Hong Kong procederam à reorganização e à consolidação de suas atividades, montando uma extensa base local de fornecedores. Milhares de pequenas e médias empresas de desenho, componentes, partes e submontagem foram reunidas em cadeias, que se estenderam por toda a área de ocupação chinesa.

Instalou-se uma divisão de trabalho entre produtores dos EUA e do Leste asiático, com as redes japonesas divergindo gradualmente das demais. Enquanto as redes norte-americanas tendiam a ser abertas a terceiros, rápidas e flexíveis em suas decisões, as redes japonesas mantinham-se relativamente fechadas, lentas e cautelosas, além de seguirem presas às suas bases domésticas de supridores, com muito pouco valor agregado aos produtos das implantações no exterior. Já as redes que surgiam na área chinesa tinham características mistas: eram resistentes à entrada de terceiros, como as japonesas; rápidas e flexíveis, como as norte-americanas; e privilegiavam tarefas atribuíveis a grupos familiares ou mesmo a indivíduos, perfeitas para as relações interpessoais típicas da sociedade chinesa. E embora a malha produtiva chinesa se estendesse por uma ampla área do Leste asiático, inclusive Taiwan e Hong Kong, firmava-se a tendência a concentrar a produção cada vez mais na própria China.

A China preparara-se para esse resultado desde o começo dos anos 1980, quando Deng Xiaoping criou as zonas econômicas especiais (ZEEs), calculadamente localizadas para atrair chineses do ultramar, em especial de Taiwan e Hong Kong. No final da década, as indústrias de baixa tecnologia desses dois NPIs (novos países industriais) haviam-se transferido em massa para as províncias de Fujian e Guangdong, no continente. O delta do rio das Pérolas encetava sua marcha para ser a nova "oficina do mundo", mas essa evolução não satisfazia aos dirigentes de Pequim, na medida em que acarretava pouca transferência de tecnologia. Com o apoio de Deng, o primeiro-ministro da época, Zhao Ziyang, que ocupava interinamente a Secretaria-Geral do PCC, lançou a ousada tese da "integração da China no grande círculo internacional". O próprio Deng efetuaria em 1992, já quase nonagenário, um circuito por cidades do delta e Xangai, conclamando os magnatas da diáspora a investir na modernização da velha pátria. Começou aí a grande barganha com o capitalismo global, que fez da China o suporte da produção de manufaturas de baixa tecnologia, intensivas em mão de obra, para o restante do mundo, enquanto este dava apoio à produção de manufaturas de alta tecnologia, intensivas em capital, para a China.

Depois disso, tornou-se cada vez mais usual associar a ideia da Ásia como novo centro econômico do mundo ao processo de rejuvenescimento da China. Perdeu ímpeto o sistema japonês de mobilização de recursos, no qual se apoiaram a modernização e a expansão do Império nipônico e que, sob a *pax americana* do pós-guerra, ainda permitiriam a eclosão dos NPIs Coreia do Sul e Taiwan. À semelhança do Japão, esses dois países apresentavam-se como sociedades homogêneas, sem a maleabilidade das economias capazes de estimular o investimento externo, globalizar suas regulamentações econômicas, dar ênfase à competição e incentivar o empreendedorismo. É interessante verificar que economias com tais valores distinguem-se, em geral, por dispor de amplas diásporas. China e EUA são belos exemplos, seguidos a certa distância pela Índia. E não espanta que esses três países tenham começado a ser destacados nas diversas especulações sobre quem liderará a nova ordem mundial. Os EUA continuarão sendo o país mais importante, por sua pujança econômica e política e, principalmente, por seu incontrastável poderio militar, mas será inevitável o efeito reestruturante, sobre o quadro político e econômico global, da marcha da China e da Índia para o nível das atuais economias desenvolvidas. Combinados, os dois gigantes asiáticos têm 37,5% da população mundial e representam quase 7% do valor da produção do globo. O gigantismo da acumulação de capital físico e humano nas duas economias já exerce poderoso impacto sobre o restante do planeta.

Uma grande sacudida geopolítica está em curso, forçando as placas tectônicas do poder mundial a buscar novos equilíbrios. As possibilidades de reajustamento são muitas, mas parece válido afirmar que está chegando ao fim a era histórica, na qual a vida internacional pautou-se por modelos anglo-saxões — concretamente, os mais de dois séculos em que a Inglaterra e, subsequentemente, os EUA atuaram como os líderes hegemônicos do mundo. Nesse contexto, vem muito a propósito o último livro de Giovanni Arrighi, traduzido e publicado no Brasil em maio de 2008. A tese central de *Adam Smith em Pequim* é a de que cabe à China liderar o mundo como nem a Inglaterra nem os EUA foram capazes de fazer, em direção a uma sociedade de mercado baseada na crescente equalização das civilizações que convivem no planeta. Adam Smith morreu antes da eclosão da Revolução Industrial e *A riqueza das nações* foi escrita quando mal começara o eclipse da Ásia diante da expansão europeia. O Império do Meio de que se ocupou Smith atravessava um notável período de paz, prosperidade e crescimento demográfico, louvado nos escritos do Iluminismo europeu do século XVIII. Na reconstrução de Arrighi, a "sociedade harmoniosa" a que pretendem os dirigentes chineses da Quarta Geração tem mais a ver com o conteúdo humano da "Revolução Industriosa", teorizada por autores japoneses, do que com o conteúdo tecnológico da Revolução Industrial, cara aos marxistas.

O livro de Arrighi é uma investigação em torno do que vem ocorrendo no mundo, na Ásia em particular, desde o início dos anos 1990. O aparecimento contundente da China foi a grande novidade, sobretudo porque o regime chinês nunca se deixou enquadrar nos esquemas estratégicos dos EUA, conforme faziam o Japão, Taiwan e mesmo a Coreia do Sul. O poderio militar chinês empalidece ante o poderio norte-americano, e a China ainda depende muito de capitais e tecnologias norte-americanos para manter seu extraordinário crescimento econômico. Mas é igualmente grande a dependência da riqueza e do poderio dos EUA em relação à absorção de manufaturas baratas da China e às compras maciças por Pequim de obrigações do Tesouro norte-americano. A China vai tomando o lugar dos EUA como o principal motor da expansão comercial e econômica da Ásia oriental, e mais além. É como a locomotiva da nova Ásia que a China se integra na globalização, trazendo consigo o continente.

Dois importantes processos se entrelaçam aí. A consolidação de uma economia de dimensões continentais, coesamente assentada sobre uma moderna malha de transportes e telecomunicações. E o inter-relacionamento desse colosso com os países circundantes. No início dos anos 1990, células de reflexão ligadas à cúpula dos dirigentes chineses, preocupadas com o colapso da União Soviética e a reação hostil do Ocidente aos trágicos acontecimentos de Tiananmen, procederam a uma profunda reavaliação das possibilidades de êxito das reformas iniciadas por Deng Xiaoping. As principais decisões saídas dessa análise foram, precisamente, o lançamento da "Marcha para o Oeste" e a adoção do objetivo estratégico de não permitir que os EUA, ou um terceiro país com o apoio americano, viessem a frustrar a construção da China próspera e pacífica pela qual aspiram os chineses. A política da "Marcha para o Oeste" foi promulgada em 1999, com a intenção de expandir as conquistas já obtidas na faixa costeira do país para o vasto espaço que cobre as províncias ocidentais do Império do Meio e as regiões autônomas de Ningxia, Tibete e Xinjiang. Esse espaço cobre 60% do território da China, mas, como predominam nele montanhas e desertos, menos de um quarto da população do país está ali abrigado. O município de Chungquing, no curso médio do Yang-Tsé, foi elevado à categoria de município autônomo, o que lhe dá privilégios de província, para servir de fulcro para todo o esforço de modernização, como o principal nodo dos sistemas nacionais de rodovias e ferrovias, em plena expansão. Numa entrevista à imprensa, por ocasião de sua designação para comandar esse esforço, o novo vice-prefeito da área tornou clara a intenção chinesa de repetir a experiência dos EUA, que assentaram sua predominância mundial no século XX na consolidação de uma economia de dimensão continental: "Meu mandato — disse aquele funcionário — é fazer de Chungquing a Chicago da China".

Quando a "Marcha para o Oeste" começou, a Região Autônoma do Tibete (RAT) era uma das regiões mais isoladas da China, a única não servida por estrada de ferro. A construção da ferrovia Qinghai-Tibete, já em funcionamento, foi um dos projetos mais espetaculares realizados pelo governo de Pequim. Mais de 900 quilômetros de trilhos correndo a uma altura superior a 4 mil metros. Um esforço considerável está sendo também aplicado na construção de um complexo rodoviário chamado de "três linhas verticais e duas horizontais", que deverá funcionar como o núcleo de uma rede de estradas que se estenderão da Ásia central até a Ásia meridional. Será muito aumentada a capacidade do regime chinês em matéria de defesa das fronteiras e de manutenção da ordem interna, e o Tibete adquirirá importante papel mercantil e diplomático no relacionamento da China com os vizinhos das alturas himalaias: Índia, Nepal e Butão.

Esse novo papel atribuído ao Tibete enquadra-se no segundo objetivo estratégico de cercar a China com uma faixa de países amigos. Uma ativa diplomacia de boa vizinhança, dita "periférica" (*zhoubian*), tem cuidado de manter esse entorno de paz e estabilidade, através da solução negociada de divergências políticas e territoriais herdadas da História. No contexto específico da Ásia oriental, Pequim procurou promover a visão de uma comunidade asiática, vale dizer, sem a participação de países de fora como os EUA, a Austrália ou os latino-americanos, em contestação direta àquela visão já mencionada do Pacífico como um lago norte-americano. Nessa outra visão, consubstanciada na criação, em 1989, da Cooperação Econômica Ásia-Pacífico (Apec na sigla inglesa), toda a orla do grande oceano, num círculo que sobe da Oceania para o Leste asiático e desce pela costa pacífica das Américas, é tratada como a moldura de um grande sistema comercial orquestrado pelos EUA. A crise financeira asiática de 1997, no entanto, tornou patente a inaptidão da Apec para acorrer com medidas reparadoras, dando à China a oportunidade de minorar os efeitos da crise sobre as economias do Sudeste asiático, estimulando-as a se aproximarem das posições chinesas. As elites governamentais e empresariais da Associação das Nações do Sudeste Asiático (Ansea) passaram a se empenhar para o bom relacionamento da área com a China, enquanto a China usou seu novo relacionamento com a Ansea como plataforma para lançar amarras em direção ao nordeste asiático. A China conseguiu instalar e manter em marcha, nessa outra subregião, as chamadas negociações hexapartites — China, EUA, Japão, Rússia e as duas Coreias —, que têm servido de foro para a normalização da complicada e perigosa situação deixada pela Guerra da Coreia de 1950-1953, e que já permitiram especulações de que poderão servir de base para uma instituição mais permanente.

Situações semelhantes ao longo de toda a extensa linha fronteiriça chinesa têm dado ensejo a intervenções positivas da diplomacia *zhoubian*. Um dos principais veículos desse trabalho de modelagem da nova Ásia, sob a direção de Pequim, é o Foro de Boao, na ilha de Hainan, que vem assumindo ares de um "Davos asiático". Inaugurado em 2001, o Foro de Boao tem atraído anualmente líderes políticos e empresariais vindos das várias regiões do continente, ajudando a China a conquistar posições na Ásia meridional e central, por exemplo. Na última delas, ganhou impulso — com o apoio da Rússia e de quatro das ex-Repúblicas da Ásia central soviética — a Organização de Cooperação de Xangai (SCO, na sigla inglesa). O empenho da China na consolidação da SCO está muito preso à crescente importância dos países da Ásia central como fontes de hidrocarbonetos para o bom desenvolvimento chinês. Já foram construídos ou estão em construção oleodutos e gasodutos com tal finalidade. Mas a SCO começa também a revelar características de aliança militar e a atrair o interesse de países como Índia, Paquistão e Irã, aos quais tem sido permitido participar das reuniões plenárias como observadores.

Não me deterei no exame das várias situações conflituosas com que se defronta a diplomacia chinesa, mas cabe acentuar um traço comum a todas elas: a contemporização com a ordem imposta à Ásia pelos EUA. Os chineses não se submetem aos esquemas estratégicos norte-americanos, mas, desde o final dos anos 1970, com a chegada de Deng Xiaoping, têm sabido trabalhar sem se enredar no posicionamento confrontacional, ideológico, típico da era de Mao Zedong. Ganhou força o lema da "ascensão pacífica" (*peaceful rise*), elaborado precisamente para transmitir aos americanos a ideia de que a China não planeja lançar algum repto à liderança que os EUA mantêm sobre o mundo. O melhor exemplo da cautela de Pequim é o caso de Taiwan. Sem se arredar da posição básica de que se trata de um problema de ordem interna, os dirigentes chineses souberam enfrentar com firmeza o desafio lançado por um governo de inclinação independencista, estimulado pelo Pentágono de Donald Rumsfeld, até recolocar a situação nos termos originais de disputa entre correntes políticas domésticas, empenhadas em governar toda a China à sua respectiva maneira. Nos últimos quatro anos, ampliou-se muito a margem de convivência entre as duas correntes e têm prosperado as relações econômicas. Mais de 1 milhão de ilhéus vivem hoje no continente como taiwaneses, e tomam vulto as comunicações e os voos entre os dois lados do estreito.

A China aparece, então, cada vez mais, como a força dinamizadora da Ásia, mas tendo de se ajustar à ação de outros atores com peso num continente que está longe de ser monolítico. Além da presença econômica e estratégica dos EUA, a China precisa contracenar com potências menores, como a Rússia e a Coreia do Sul, nas suas regiões do Norte e Nordeste asiáticos, e a Índia, que quase se confunde com a Ásia meridional. Num livro de 2008, William H. Overholt, especialista em Ásia da Rand, frisa como é útil comparar China e Índia de forma sistemática, caso se deseje uma boa visão do presente e do futuro próximo das relações internacionais. No rol dos países, Índia e China ocupam lugar à parte pelo tamanho de suas populações, pela extensão territorial e pela projeção cultural milenar que ambos carregam. Tal como a chinesa, a civilização indiana exerceu forte e permanente influência na história humana. Nos dias de hoje, Índia e China vêm convergindo política e diplomaticamente, graças à emergência dos dois países como baluartes da economia globalizada.

O despertar dos dois gigantes asiáticos, em íntima interação com as grandes firmas transnacionais — da eletrônica em particular —, está no centro do que se começa a chamar de "globalidade": grandes firmas de toda parte competindo com todo mundo em todos os setores de negócios.

Mencionarei uma estreita faixa, na qual as duas grandes massas demográficas de China e Índia estão revolucionando o quadro global, forçando inclusive a evolução das transnacionais. As duas começam a atuar como entidades globalmente coesas, nas quais o trabalho se desloca para onde possa ser mais benfeito. Na IBM, por exemplo, as operações na América Latina estão sendo comandadas do escritório da firma em Xangai. Para além das convergências de tipo tecnológico, China e Índia atravessam uma fase de bom entendimento diplomático. Após o surto de *realpolitik*, que levou, em 1962, a um conflito armado em torno da definição de fronteiras, as relações entre os dois países atravessaram um período glacial, que se começou a romper no fim da década, quando Rajiv Gandhi foi à capital chinesa, dando início a uma troca de visitas de alto nível. Particularmente importante mostrou-se a visita a Pequim do primeiro-ministro Atal Behari Vajpayee, líder do BJP, o partido rival do velho Congresso. A "cooperação abrangente", lançada por Vajpayee, ganhou contornos práticos em 2005, quando o primeiro-ministro Wen Jiabao retornou a visita, numa estada em Nova Délhi que foi saudada pela imprensa indiana como "um dos mais importantes eventos da década na agenda diplomática da Índia".

Embora as aspirações globais de China e Índia exibam boa dose de competitividade, as pressões trazidas pelo acelerado crescimento dos dois países fazem com que se afirme uma competição virtuosa. Aos indianos agradou, por certo, o empurrão que lhes deu o segundo governo Bush, cujo relatório de segurança nacional estratégica dizia em 2002: "Partimos hoje da verificação de que a Índia está em vias de se transformar numa potência global, com a qual possuímos interesses estratégicos comuns". Essa visão da Índia como baluarte de um arco estratégico a estender-se de Suez ao Japão esteve, sem dúvida, na base da decisão de George W. Bush de passar por cima de objeções domésticas e internacionais a fim de ajudar os planos nucleares indianos. Mas Nova Délhi não se deixou envolver pela tendência de Washington de associar a Índia ao reforço da aliança militar EUA-Japão, preferindo explorar com Pequim as complementaridades nascidas da globalização. Quando Manmohan Singh visitou o Japão em fins de 2006, foi-lhe sugerido que a Índia aderisse a um "concerto democrático quadrilateral", que incluiria também os EUA e a Austrália. Em agosto seguinte, o primeiro-ministro japonês retribuiu a visita do colega indiano, voltando a insistir na ideia da cooperação quadrilateral. A Índia tem-se esquivado, porém, ao mesmo tempo em que se aproxima de posições chinesas como a compra de gás natural em Mianmar e no Irã, com a consequente negociação de gasodutos com países da lista negra de Washington.

A fome de matérias-primas e insumos energéticos dos dois gigantes tem estimulado parcerias e também rivalidades entre eles, em particular na África, daí nascendo uma renovada importância do oceano Índico como a área por onde deve transitar o grosso do comércio entre os dois lados da equação. O número de março/abril de 2009 de *Foreign Affairs* trouxe um rico artigo do cientista político norte-americano Robert Kaplan sobre o novo papel desse oceano, ali tratado como arena para conflitos globais do século XXI. O oceano Índico é dominado por duas imensas baías, o mar de Omã (da Arábia) e o golfo de Bengala, cruciais para a circulação marítima a serviço da Índia e da China, respectivamente. Os especialistas falam, assim, do "dilema de Ormuz", da Índia, e do "dilema de Malaca", da China. Pequim tem em estudo a superação geográfica do seu dilema pela abertura do canal de Kra, que cortará o istmo da Tailândia — um projeto da escala do canal de Panamá, que ligará o oceano Índico à costa pacífica da China, proporcionando às marinhas de guerra e comercial chinesas uma via de acesso direto entre a África oriental e o mar do Japão. Tanto China quanto Índia estão em vias de ampliar substancialmente suas armadas, fazendo delas, em breve, a segunda e a terceira do mundo, embora em posição distante do poderio marítimo dos EUA. Além da rota de Kra, concebida para livrar os navios chineses de constrangimentos eventuais (inclusive a pirataria) nos itinerários que cruzam os estreitos do Sudeste asiático, Pequim vai abrindo ligações entre o Índico e as terras interioranas da China, através de dutos e sistemas hidrográficos no Paquistão e em Mianmar. Os chineses instalaram na ilha Mauritius uma das sete zonas econômicas especiais por eles criadas na África e têm feito lá grandes investimentos.

Uma divergência territorial que tem resistido à ação pacificadora da diplomacia *zhoubian* é o litígio entre Japão e China a propósito das ilhas Senkaku (Montes Rochosos), no Japão, e Diaoyu (Plataforma de Pesca), na China. A disputa prolonga-se desde 1968, quando uma pesquisa geológica sob a responsabilidade das Nações Unidas sugeriu a existência de importantes recursos petrolíferos na plataforma continental do arquipélago. Cinco momentos de crise já sobrevieram sem que tenha havido avanço real para a solução do litígio, mas também sem escalada militar. Além da contestação simbólica a respeito de quem detém a soberania no arquipélago, o valor material da área circundante aumentou muito depois de 1996, quando ganhou premência o interesse em fixar os limites das zonas econômicas exclusivas de cada país. Como já assinalei, o Japão exibiu, desde o final do século XIX, dois momentos de exuberância industrial que pareceram a ponto de colocá-lo em posição de liderança. Faltou, porém, à sociedade japonesa o impulso final necessário e embora o Japão ainda apareça como a segunda maior economia do mundo, seu desempenho na Ásia passou a empalidecer diante da China. No plano bilateral, são quentes as relações econômicas entre os dois vizinhos, mas frias as relações políticas.

Após a visita do primeiro-ministro Abe à China, em outubro de 2006, e a visita ao Japão do primeiro-ministro Wen Jiabao, em abril de 2007, as relações sino-japonesas afinal saíram do impasse de mais de cinco anos criado pela insistência de Junichiro Koizumi de visitar anualmente o Santuário de Yasukuni, com suas conotações com governantes ligados à ocupação japonesa da China. Um ponto alto da troca de visitas foi o discurso pronunciado por Wen Jiabao perante a Dieta japonesa, no qual o dirigente chinês deixou claro que seu país não mais utilizaria a "carta histórica" contra Tóquio, sinalizando ao mesmo tempo a disposição da China de reconhecer o Japão como potência política regional de peso global. Abriu-se, assim, caminho para a visita de Estado ao Japão do presidente Hu Jintao, logo retribuída pela ida a Pequim dos primeiros-ministros japoneses que se seguiram no posto. Comunicados e discursos nessas diversas ocasiões têm mencionado a disposição dos dois governos de construir um relacionamento estratégico mutuamente benéfico. Para a China, essa melhora de relações tem inclusive a vantagem de atalhar manifestações nacionalistas, uma possibilidade sempre presente diante do Japão e que não interessa ao regime deixar eclodir. Ainda é cedo, porém, para dizer que as relações sino-japonesas mudaram radicalmente para melhor. Há alguns problemas estruturais, complexos em si mesmos e interconectados, que sofrem também a influência da política de defesa dos EUA. Por essa razão, a diplomacia chinesa terá sempre de buscar — como sintetiza o cientista político japonês Takashi Hoshiyama — uns quantos objetivos: enfraquecer a aliança Japão-EUA, embaraçar a capacidade de defesa do Japão, perpetuar a consciência antiguerra do povo japonês e estimular a crescente afinidade dos japoneses com a China.

Os japoneses enfrentaram, em fins de agosto de 2009, eleições gerais que podem representar uma grande mudança política, com a sólida vitória obtida pelo Partido Democrata do Japão (PDJ), fundado há 11 anos com propostas que vão na direção contrária aos propósitos do Partido Liberal Democrático (PLD), no poder praticamente desde 1995. Os observadores hesitam em afirmar que o PDJ seja capaz de abrir um novo capítulo para a atuação do Japão na Ásia, e a expectativa é ver a China consolidando sua liderança. Dados divulgados pelo governo chinês em começos do mês de setembro do mesmo ano mostram aquele país saindo galhardamente das agruras da crise econômica mundial. A economia chinesa está bem posicionada para alcançar um crescimento de 8% em 2009; 84% da meta de 9 milhões de empregos para todo o ano já foram cobertos nos sete primeiros meses; as vendas de imóveis tiveram alta de 85% em agosto, relativamente a igual período de 2008; e, finalmente, 95% dos 150 milhões de migrantes rurais que percorrem o país em busca de emprego na construção civil e em manufaturas de baixa tecnologia voltaram a obter colocação.

Na minha leitura, aliás, os transtornos econômicos e financeiros que sacudiram o mundo em 2008/2009 ganham em ser vistos mais como o fim de quase três séculos de liderança anglo-americana do que como um simples impasse no terreno da economia. Vale dizer, os transtornos não serão efetivamente superados enquanto não forem encontradas novas soluções de valor paradigmático para as exigências socioeconômicas do planeta. Os anglo-americanos estruturaram o mundo na medida de suas próprias ambições de bem-estar, sem deixar espaço para as possíveis ambições dos demais. A China está assumindo a liderança desses outros, e não haverá progresso geral enquanto os EUA não abrirem espaço para a China e os emergentes. A substância do jogo internacional, nas próximas duas ou três décadas, consistirá na busca de um já improrrogável entendimento entre norte-americanos e chineses, com vistas a novas definições para a ordem mundial. Tornou-se imperativo, por exemplo, dar ao mundo um novo perfil energético, combinando a liderança tecnológica e financeira dos EUA com os avanços bem concretos que a China vem obtendo. Ao contrário dos lugares-comuns que retratam a China como apenas poluidora, é possível recolher na mídia internacional uma abundância de informações que mostram aquele país na linha de frente da manufatura e da utilização de instrumental para a geração de eletricidade a partir das energias solar e eólica.

Nesse contexto, uma ideia que é preciso descartar vivamente é a de que a China buscará fatalmente assumir a liderança hegemônica do mundo. Não é possível antecipar, hoje, o que a China será levada a fazer mais para o fim do século, em condições históricas totalmente distintas das de agora. Parece possível dizer, contudo, que no horizonte de 2030-2050 não estão postas iniciativas chinesas do tipo em questão, inclusive porque a China não disporá dos meios necessários para bancar aventuras militares. O terreno da convergência de chineses e norte-americanos há de estar na edificação de um novo perfil energético para a economia global. A mídia internacional vem recolhendo uma abundância de informações que mostram a China se tornando, na segunda década do novo século, um país líder na manufatura e na utilização de instrumental para a geração das energias solar e eólica. Nos EUA, o presidente Obama e seu secretário de Energia, o prêmio Nobel de Física, Steven Chu, são vigorosos partidários desses dois tipos de energia.

## Referências

ARRIGHI, Giovanni. *Adam Smith em Pequim*. São Paulo: Boitempo, 2008.

BORRUS, Michael. Left for dead: Asian production networks and the revival of U.S. electronics. In: NAUGHTON, Barry (Ed.). *The China Circle:* economics and technology in the PRC, Taiwan, and Hong Kong. Washington, DC: Brookings Institution Press, 1997.

OVERHOLT, William H. *Asia, America and the transformation of geopolitics.* Cambridge: Cambridge University Press, 2008.

# 5

# A estratégia chinesa

RENATO AMORIM

Quando retornei da China, em 2004, um empresário exportador de *commodities* me descreveu o repentino impacto da demanda chinesa sobre as exportações brasileiras de produtos agrícolas e minerais com a seguinte imagem: "foi como observar leite esquentando. Num instante, você olha e nada acontece. De repente, você se distrai e ele derrama. Ninguém estava preparado para que acontecesse tão rápido". A metáfora se aplica tanto à falta generalizada de preparo, no Brasil, para lidar com a China (ou, de forma mais geral, com a ascensão econômica da Ásia oriental) quanto aos efeitos, positivos e negativos, do crescimento explosivo das relações econômicas entre os dois países.

O crescimento do comércio bilateral desde o início desta década foi impressionante, mas também contribuiu para reforçar a polarização que tem caracterizado o debate sobre a aproximação com a China. As divergências públicas entre defensores e detratores do relacionamento com a China, que atingiram seu ápice entre 2005 e 2006, têm frequentemente limitado o debate à falsa dicotomia entre ampliar as exportações de produtos primários e levantar barreiras contra importações de produtos industrializados chineses.

Essa polarização dificulta a avaliação das dimensões mais estratégicas da ascensão econômica da China para a competitividade das empresas brasileiras. Nos últimos anos, enquanto se despendeu muito tempo e energia tentando proteger alguns segmentos industriais, houve pouco espaço para a discussão — e a proposição — de políticas públicas adequadas sobre a questão de a expansão comercial chinesa não ser somente um fenômeno quantitativo, ligado à escala de produção e à musculatura industrial chinesa, mas também qualitativo, na medida em que acarreta a rápida intensificação tecnológica da base industrial (ver figura).

Para um país com um parque industrial grande e diversificado como o Brasil, uma das principais implicações industriais das evoluções de custo, qualidade e teor tecnológico das exportações chinesas é que a competição comercial não se manifesta somente através de perdas setoriais no mercado brasileiro, mas na redução da participação em terceiros mercados. Ou seja, a China compete seriamente em áreas nas quais a indústria brasileira tem boa presença internacional.

De modo geral, é alarmante quão mal preparado o Brasil se encontra para lidar com a China e quão pouco se avança nesse campo, embora algumas empresas, como Embraco, Vale e WEG, tenham individualmente implementado estratégias robustas no país, e o Conselho Empresarial Brasil-China (CEBC) tenha liderado iniciativas de formulação de uma agenda estratégica. Entre outros aspectos, o Brasil não forma especialistas em China em quantidade minimamente relevante. A ascensão econômica do país tem funcionado como um magneto para estudantes estrangeiros, e milhares de europeus e norte-americanos atualmente estudam em universidades chinesas ou estudam mandarim em cidades chinesas. Os brasileiros são cerca de uma dúzia, segundo informações do CEBC e da rede consular brasileira na China. Não há também nenhum centro de pesquisa, universidade ou *think tank* brasileiro que estude sistematicamente a economia, a política ou as relações internacionais chinesas e procure influenciar o debate público.

Neste capítulo apresento brevemente,[1] sem nenhuma pretensão de fazer uma análise exaustiva, alguns dos elementos estruturais e de política

---

[1] Por limitações de espaço, a discussão sobre o processo de crescimento econômico chinês está restrita aqui a uma avaliação superficial dos fatores que, a meu ver, são essenciais para a sua compreensão. Excelentes estudos mais abrangentes podem ser encontrados nas obras de Nicholas Lardy (1998 e 2008) e de outros, que figuram nas referências bibliográficas.

econômica que, a partir da abertura gradual iniciada em 1978, fundamentam o vertiginoso processo de crescimento chinês. Depois de uma década trabalhando com temas relacionados à economia chinesa e às relações sino-brasileiras, coleto aqui alguns pontos que me parecem particularmente importantes para compreender os fundamentos do dinamismo econômico da China e apresentar aspectos nos quais frequentemente identifico considerável confusão conceitual no Brasil.

É comum encontrar no debate sobre a China um viés negativo, alimentado por uma percepção caricatural do país derivada de informações relativas à época do dirigismo maoísta. Os controles do Estado sobre os cidadãos, a circulação de informações e a liberdade religiosa ou de organização civil são ainda brutais. Não se pode esperar muita simpatia política por um regime com as características autoritárias do chinês. Na gestão econômica e na organização da produção, no entanto, a China desenvolveu estruturas modernas, propícias a negócios competitivos, e isso é um pilar importante de seu dinamismo econômico. Não reconhecer os avanços nessa área implica distorcer a compreensão das transformações que ocorrem na China e, mais amplamente, na Ásia, além de dificultar a formulação de estratégias adequadas para lidar com essas mudanças de impacto estrutural sobre a economia mundial.

Nesta apresentação não me preocupei com a ordem cronológica da introdução das reformas econômicas nos últimos 30 anos e me limitei aos principais fatores determinantes do desempenho econômico chinês, o que levou necessariamente à omissão de elementos importantes da história econômica recente do país. Por exemplo, ao abordar a liberalização econômica no campo, omito arbitrariamente a contribuição das cooperativas municipais (*township and village enterprises*, ou TVEs, na literatura em língua inglesa), bem como as relações heterodoxas entre estas, as autoridades locais ou provinciais e os bancos públicos, possivelmente o principal elemento dinamizador da produção agrícola e industrial no interior chinês.

Da mesma maneira, embora seja importante assinalar que a China — como o Brasil — não é um bloco monolítico, mas um conjunto grande, complexo e nem sempre harmonioso de espaços econômicos, não abordarei as diferenças entre as principais regiões do país. Tampouco dedico uma seção específica aos temas de política externa,[2] inserção internacional da economia chinesa e gestão monetária ou macroeconômica. São todos temas que mereceriam tratamento individual, sem os quais a avaliação do desenvolvimento econômico chinês fica incompleta. Alguns destes são apenas brevemente mencionados em partes do texto.

Também apresento alguns dos riscos, não apenas econômicos, inerentes ao modelo chinês. A trajetória de crescimento parece inexorável, mas é importante compreender que subsistem fragilidades estruturais, algumas das quais estão crescendo em consequência do próprio crescimento econômico acelerado.

Ao avaliar as relações da China com o Brasil, dei ênfase à última década, na qual as bases da projeção econômica chinesa já estavam consolidadas, o impacto competitivo chinês se fazia sentir mais claramente em todo o mundo, e os agentes econômicos brasileiros, ainda que tardiamente em relação a suas contrapartes em economias desenvolvidas e mesmo em países como Chile, México e Peru, começavam a "descobrir" o país.

Acrescento, no final do capítulo, um anexo sobre a controversa concessão de status de economia de mercado à China em 2004, tema que ainda carece de avaliação mais abrangente. O assunto, que poderia ter se limitado a uma troca de gestos diplomáticos, adquiriu proporções que contaminaram a agenda pública e a capacidade de se avançar em direções mais positivas no relacionamento econômico. Como em vários outros episódios recentes das relações bilaterais, resultou menos em agendas construtivas do que em lamentos sobre o leite derramado.

---

[2] Um tema especialmente interessante em política externa chinesa, cuja complexidade requer estudos específicos, é o fomento do regionalismo econômico asiático. A China embarcou em intenso processo de cooperação e integração econômica com países do seu entorno, particularmente os da Asean, no início desta década. Uma comparação com o Mercosul é inevitável, na medida em que este cada vez mais esbarra em dificuldades de diálogo entre os sócios e no aprofundamento da integração. Já o modelo de regionalismo empreendido pela China com a Asean é um caso de sucesso extraordinário, seja pela velocidade com que se processa, seja pela capacidade de demonstração efetiva de resultados em termos de liberalização comercial, integração de estruturas produtivas e desenvolvimento da infraestrutura regional.

O que explica que um país economicamente devastado e socialmente traumatizado por um século inteiro de lutas e convulsões à época da morte de Mao Zedong, em 1976, seja uma das economias mais dinâmicas e admiradas — ou temidas — do mundo menos de três décadas depois? Em uma única frase, o abandono da planificação central acoplada à adoção gradual de mecanismos de mercado na gestão da economia. Outros fatores igualmente relevantes são:

- ampla abertura ao comércio internacional;
- facilitação dos fluxos de investimento estrangeiro direto;
- elevadas taxas de poupança e investimento;
- adoção paulatina de um marco regulatório facilitador de negócios;
- elevada taxa de educação primária no início do processo de abertura econômica;
- composição demográfica e migração controlada do campo para as cidades;
- reforma gradual e redefinição do papel do Estado na economia.

No início da década de 1970, a China era uma economia totalmente planificada, ainda sofrendo as consequências das experiências totalitárias do Grande Salto à Frente e da Revolução Cultural. A chegada de Deng Xiaoping ao poder permitiu uma ruptura com o clima de revolução permanente instigado por Mao. Deng iniciou um processo gradual e cauteloso de reformas a fim de deslanchar o desenvolvimento econômico, evitando soluções radicais que arriscassem jogar o país em nova fase de estagnação.

A adoção de mecanismos de mercado deveu muito de seu sucesso ao pragmatismo de Deng Xiaoping. Não seria viável iniciar uma mudança abrupta dos fundamentos da economia planificada, reformando preceitos ideológicos enraizados na própria constituição do Partido Comunista, sem se arriscar a uma forte reação contrária de segmentos importantes do partido. Como o primeiro passo no sentido da liberalização de preços teria de ser politicamente palatável para a velha guarda comunista, autorizou-se que os excedentes da produção agrícola — volumes produzidos acima das cotas definidas por órgãos de planejamento — fossem livremente comercializados.

A partir da experiência com os excedentes agrícolas, formaram-se mercados independentes dos controles oficiais, o que ampliou gradualmente a circulação interna de bens e serviços. Apesar da preservação formal de diversos mecanismos oficiais limitadores do empreendedorismo, muitos dos quais só seriam eliminados às vésperas da entrada da China na OMC, em 2001, a liberalização dos mercados agrícolas deu início a um processo de crescimento exponencial da atividade econômica privada.

O sucesso na adoção de mecanismos de mercado permitiu ainda o abandono paulatino da planificação central da produção e dos mecanismos de formação de preços. Em menos de duas décadas, o país passaria de um Estado de controle e planificação de inspiração soviética ao exemplo contemporâneo mais dinâmico de "capitalismo selvagem". Grande parte dos problemas estruturais da economia chinesa hoje — excesso de produção e estoques, redundância industrial, degradação ambiental, informalidade e violação de normas internacionais de propriedade intelectual — são efeitos colaterais do sucesso do processo de abertura, que não foi acompanhado, na mesma escala e velocidade, pela introdução de regulamentação, instituições e mecanismos de controle da atividade produtiva.

## Exportações e investimento estrangeiro direto

Deng compreendia que as pretensões de desenvolvimento autárquico de Mao não eram realistas. O país não possuía um parque industrial suficientemente diversificado, a partir do qual pudesse lançar uma nova base de crescimento, e a Revolução Cultural havia comprometido gravemente a disponibilidade de quadros profissionais e científicos. Era necessário, portanto, importar conhecimento e equipamentos. Mas como fazê-lo, se o país não dispunha de meios de troca em escala suficiente, e o único produto transacionado internacionalmente em volume significativo era o petróleo?

A resposta passava pelo desenvolvimento de uma base industrial exportadora a partir de aportes de capital estrangeiro, oferecendo aos investidores um dos poucos recursos então abundantes no país: mão de obra barata e disciplinada. No início da década de 1980, foram criadas as primeiras zonas econômicas especiais (ZEEs), nas quais empresas estrangeiras encontravam condições especialmente favoráveis para a instalação de unidades processadoras de mercadorias destinadas ao mercado externo.

A política de delimitação das ZEEs cristalizou a frase de Deng de que "algumas regiões enriqueceriam antes de outras". As primeiras ZEEs foram enclaves com condições excepcionais para a instalação de investimentos estrangeiros. Do tratamento fiscal a investimentos em infraestrutura, passando pela simplificação de procedimentos administrativos e pela disponibilização praticamente gratuita de terrenos, o Estado assegurava que as necessidades dos investidores fossem prontamente atendidas.

Paulatinamente, o conceito de ZEE foi estendido a outras cidades e regiões, tanto por determinação oficial quanto por iniciativas informais de lideranças regionais, a ponto de, na prática, quase toda a China ser hoje uma grande ZEE. As facilidades para investimento, previamente circunscritas a poucas cidades e regiões, agora são encontradas em praticamente todo o país. Governos locais e provinciais competem pela captação de investimento estrangeiro, e é comum encontrar em cidades de todos os tamanhos instituições destinadas à facilitação de trâmites de instalação e operação de empreendimentos estrangeiros.

A combinação de grandes investimentos em infraestrutura, facilidades burocráticas, mão de obra disciplinada e barata, fomento a um ambiente empresarial extremamente competitivo e acesso a um mercado consumidor potencialmente enorme induziu a formação de um gigantesco parque industrial em poucos anos. Por exemplo, o estuário do rio das Pérolas, em Cantão, hoje tem a maior concentração de indústrias do planeta, e de lá saem porções significativas, quando não a maior parte, da produção mundial de vestuário, brinquedos, eletrônicos e vários outros artigos de consumo.

A formação dessa estrutura industrial propiciou saltos quantitativos e qualitativos na produção chinesa, cujos efeitos repercutem hoje em todo o mundo, seja por meio do acirramento da competição em diversos segmentos industriais, seja pelo efeito deflacionário que o acesso a produtos chineses tem para os consumidores, especialmente em países desenvolvidos. A eficiência exportadora chinesa é frequentemente associada aos baixos custos de mão de obra, mas esta seria uma explicação incompleta da competitividade industrial da China.

Os custos do trabalho podem ter sido o fator determinante do sucesso nos primeiros anos de abertura comercial e captação de investimentos estrangeiros, quando as ZEEs atuavam essencialmente como etapa final da montagem de produtos de baixo teor tecnológico originados em terceiros países. Embora a mão de obra ainda seja muito barata na China em relação aos padrões médios verificados em países em semelhante estágio de desenvolvimento ou em países desenvolvidos, outros fatores são mais determinantes para a competitividade. Destes, os mais relevantes são pesados investimentos em infraestrutura, simplificação burocrática e desoneração fiscal do produtor/exportador, facilitação dos procedimentos de licenciamento e aprovação de investimentos, desenvolvimento de enormes *clusters* produtivos, formação maciça de técnicos e engenheiros.

## Evolução dos padrões de comércio exterior

O estabelecimento de um parque industrial grande e diversificado na China não só induziu mudanças importantes nos padrões de produção internos, mas também forçou a reconfiguração de arranjos produtivos internacionais. Internamente, a expansão da indústria foi acompanhada por uma rápida evolução e diversificação da produção nacional. Embora uma parcela enorme das exportações ainda se limite a manufaturas simples e produtos cuja montagem final ocorre na China, com pouca adição de valor no estágio chinês de sua produção, há um claro movimento no sentido de uma agregação maior de valor e do aumento do grau de sofisticação tecnológica das exportações.

A figura ilustra qualitativamente a dinâmica de crescente sofisticação das exportações. O país ainda é extremamente competitivo em vários setores intensivos em mão de obra (têxteis, calçados, manufaturas simples), mas que não mais representam a porção central nem constituem a parcela mais dinâmica do valor exportado pelo país. Seja em razão de investimentos estrangeiros em segmentos mais sofisticados, seja pelo surgimento de atores nacionais em indústrias de maior intensidade tecnológica, em menos de três décadas ocorreu uma transformação profunda no perfil industrial chinês.

A partir de meados da década de 1990, a consolidação do parque industrial chinês começou a induzir mudanças na configuração produtiva internacional, sobretudo na Ásia. *Grosso modo*, vários países, em especial os membros da Asean, modificaram seus padrões de produção e comércio exterior em razão tanto do fortalecimento da indústria exportadora chinesa quanto da fragmentação da origem de componentes e serviços inerentes ao processo de globalização. Parte da produção de outros países asiáticos anteriormente destinada a mercados desenvolvidos, por exemplo, passou a ser processada na China, resultado de suas melhores condições estruturais, menores custos e maior agilidade logística.

A reorientação dos eixos de comércio internacional não significou necessariamente um declínio do comércio exterior nos países do entorno chinês. As indústrias de vários deles se adaptaram a fornecer componentes a operações na China, às quais geralmente competem os estágios finais de montagem de produtos para exportação. Nessa configuração, a China estimula e consolida a formação de uma espécie de correia transportadora conectando a produção asiática a mercados externos.

## FIGURA 1
## Evolução da sofisticação tecnológica das exportações chinesas

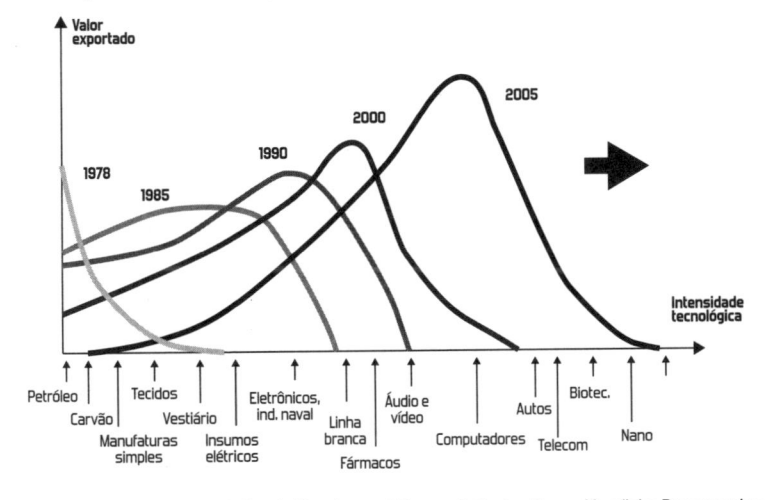

Fonte: Pesquisa do autor; dados do Development Research Center, Banco Mundial e Dragonomics. Escala do gráfico meramente ilustrativa.

Os efeitos desse arranjo produtivo em rápida evolução são vários. Enquanto a China acumula superávits comerciais gigantescos e continuamente crescentes com os Estados Unidos, a relação com os parceiros comerciais asiáticos é em grande parte deficitária, uma vez que estes passam a constituir estágios iniciais ou intermediários na montagem de produtos destinados a países desenvolvidos e que serão finalizados em território chinês. Porém, a maior eficiência inerente a essa distribuição produtiva eleva a competitividade chinesa, sendo parte da razão pela qual o saldo comercial deu um salto a partir de 2002.[3]

Além da esfera imediata de influência da China, esse padrão de evolução produtiva e de inserção internacional afeta as condições de sobrevivência e a própria viabilidade de cadeias produtivas em muitos países. A China é uma grande importadora de bens de capital, o que é particularmente vantajoso para exportadores de países como Alemanha, França, Japão e Estados Unidos. A intensidade de tecnologia e conhecimento de seus produtos exportados para a China, sobretudo bens de capital, os posiciona fora da zona de ameaça competitiva de concorrentes chineses. Já indústrias mais tradicionais e dependentes de custos de mão de obra, especialmente em países de médio grau de desenvolvimento, como México, Brasil e Turquia, têm maior potencial de danos ante o crescimento das exportações e da competitividade asiáticas.

## Poupança e investimento

Nas duas últimas décadas, a China foi o maior recipiente de investimento estrangeiro direto (IED) entre os países em desenvolvimento. Do início do processo de abertura econômica até 2007, acumulou um estoque de cerca de US$ 700 bilhões em investimentos estrangeiros, fortemente concentrados em segmentos exportadores.

O investimento estrangeiro tem importantes implicações para o incremento da eficiência produtiva e o aprimoramento tecnológico da base industrial chinesa. Além de efeitos difusos e *spillovers* do ingresso paulatino

---

[3] Desde meados da década de 1990, a China registrava regularmente saldo positivo de US$ 20 bilhões a US$ 30 bilhões na balança comercial. A partir de 2002, houve um salto para aproximadamente US$ 100 bilhões. A razão principal não é a adesão à Organização Mundial do Comércio, em dezembro de 2001, mas o amadurecimento de investimentos em diversos setores mais sofisticados da indústria e a consolidação do papel do país como polo agregador da produção regional destinada a países desenvolvidos e indutor de maior eficiência produtiva em várias cadeias industriais, sobretudo no Sudeste asiático.

de capital e tecnologia para a modernização do parque industrial, houve situações, sobretudo na fase inicial da abertura econômica, em que o governo condicionou o ingresso de grandes grupos no país ao cumprimento de exigências complexas de transferência tecnológica. Tal foi o caso de alguns setores voltados estrategicamente mais para o então ainda incipiente mercado de consumo interno do que para o processamento de exportações, como o de automóveis.

Embora o volume de IED impressione, ele não basta para explicar o rápido desenvolvimento da competitividade industrial chinesa e é pequeno em relação ao total de investimentos no país. Nas últimas duas décadas, o volume anual de IED efetivamente realizado tem sido da ordem de 4% do PIB; já o investimento total na formação de capital fixo tem sido superior a 40%.

Diferentemente dos países latino-americanos nas décadas de 1960 e 1970, a China optou por evitar o crescimento com endividamento externo, alternativa viável diante dos padrões de poupança nacionais. As famílias e empresas chinesas poupam anualmente mais de 40% do PIB, patamar que deriva de circunstâncias estruturais da economia. O mercado de capitais no país ainda é relativamente imaturo, apesar dos significativos avanços em serviços financeiros nos últimos anos. Muitas empresas locais tendem a poupar grande parte de seus lucros, pois não têm acesso a alternativas financeiras mais robustas disponíveis em outros mercados.

Já o nível de poupança das famílias, elevadíssimo tanto em termos absolutos quanto se considerado o padrão de renda ainda baixo predominante na China, é em parte explicado pela inexistência de uma rede de seguridade social no país. Para um país dito "comunista", a China é curiosamente parcimoniosa na oferta de mecanismos de bem-estar social a seus cidadãos. Nas áreas de educação, saúde, previdência e outros programas sociais, o gasto governamental total é da ordem de 4% do PIB.

Na fase de desenvolvimento de molde soviético, a unidade de produção (*danwei*), fosse ela um serviço público ou uma grande planta industrial estatal, era a provedora de todos os benefícios sociais cabíveis ao trabalhador. Desde cuidados médicos, educação e moradia à assistência aos aposentados, as *danwei* exerciam uma função social bem delineada, justificável na concepção ideológica então vigente. A função social e estratégica da empresa precedia a geração de lucros, e os bancos estatais atuavam como provedores de liquidez para entidades que, em outras circunstâncias, seriam em sua maioria insolventes.

A introdução de mecanismos de mercado de gestão econômica inviabilizou o pesado modelo da empresa provedora de bem-estar social. Em regiões como o Nordeste chinês, onde o modelo soviético de industrialização foi mais fortemente aplicado, há extensos corredores de indústrias abandonadas. A função social por elas exercida, contudo, não foi suplantada por mecanismos alternativos à medida que o país abandonava a planificação central e sucateava cadeias inteiras de empresas estatais. Os trabalhadores ativos e aposentados daquelas unidades viram-se gradualmente abandonados à própria sorte ou, quando muito, passaram a receber compensações modestas do Estado.

O peso desses exemplos, aliado à introdução da política do filho único em 1978, tem implicações profundas sobre o comportamento do poupador chinês. Tradicionalmente, a grande família era a base de sustentação do cidadão chinês idoso. Hoje, a pirâmide se inverteu, e um jovem trabalhador urbano[4] deve contribuir para a sustentação de seus pais e quatro avós na velhice destes. Sem acesso a uma rede de seguridade social, resta às famílias chinesas poupar muito diante de um futuro incerto.

O nível elevado de poupança permitiu à China desenvolver, principalmente na faixa litorânea, no intervalo de apenas uma geração e com baixo endividamento público, uma infraestrutura comparável às condições encontradas em economias avançadas, o que é parte indissociável da competitividade industrial do país. Por outro lado, como ficou evidente na crise financeira de 2008, o fomento ao modelo industrial exportador e a necessidade estrutural de poupar grandes porções da renda familiar inibiram a formação de um mercado interno de grandes proporções. O

---

[4] No campo, onde ainda vivem cerca de dois terços dos chineses, a aplicação da diretriz do filho único por casal é menos severa, e todo casal de trabalhadores rurais tem direito a ter dois filhos. Não há restrição de número de filhos para as minorias étnicas, que constituem cerca de 9% da população.

consumo das famílias chinesas se expandiu significativamente na última década, mas ainda está longe de ser um elemento central de dinamização da economia.[5]

Fomentar o consumo interno será um passo essencial para tornar a economia chinesa mais robusta e menos dependente da demanda de países desenvolvidos, aos quais destinava dois terços de suas exportações antes da crise financeira internacional. Isso passa pelo desenvolvimento de um amplo conjunto de serviços sociais, e o governo chinês vem gradualmente implementando uma malha de seguridade social. As metas são ambiciosas, mas tais iniciativas se encontram em estágio incipiente, de forma que seus efeitos sobre os padrões de poupança e consumo não são ainda facilmente observáveis (o crescimento da oferta de crédito bancário nos últimos anos tem sido um fator relevante de fomento ao consumo, sobretudo entre profissionais jovens nos centros urbanos).

## Dinâmica demográfica

Apesar de a China já ter um volume de exportações idêntico ao alemão e de seu PIB ser comparável ao japonês, não se pode perder de vista que ainda se trata de um país pobre, com população predominantemente agrária. A gigantesca transformação socioeconômica por que passa tende a aliviar o quadro de pobreza, mas introduz desequilíbrios e riscos de desestabilização social.

No final da década de 1970, cerca de 80% dos chineses viviam no campo; hoje, ainda são mais de 60%. Em um país onde apenas 11% do território são de terras aráveis, essa distribuição ainda implica enorme pressão sobre o uso da terra, pois a abundância de mão de obra inibe a introdução de maiores capital e tecnologia na produção agrícola. No início desta dé-

---

[5] Dos produtores britânicos de tecidos dos séculos XVIII e XIX, fascinados com as perspectivas comerciais de "cada chinês aumentar a manga de sua camisa em uma polegada", aos exportadores latino-americanos de café, seduzidos pela ideia de "cada chinês consumir uma colher de café", a China tem revelado grande consistência na frustração de tentativas de acesso a seu mercado interno empreendidas ou desejadas por produtores de mercadorias destinadas ao consumo de massa. É evidente que há casos extraordinários de sucesso, e um interessante relato das dificuldades de acesso àquele mercado é apresentado em *The China Dream*, de Joe Studwell (2002).

cada, a família média de agricultores possuía apenas 0,4 hectare para seu usufruto, e a produção em larga escala estava restrita a fazendas industriais de propriedade do Estado.

É amplamente sabido e divulgado o fato de que as reformas chinesas ajudaram a resgatar da pobreza absoluta mais de 200 milhões de indivíduos. Não há precedente histórico de tamanha transformação socioeconômica, embora as condições no campo chinês ainda sejam precárias, o que é ilustrado tanto pela "população flutuante" de cerca de 100 milhões de trabalhadores rurais, que apenas encontram ocupação sazonal,[6] quanto pelos índices muito mais baixos de crescimento econômico registrados no meio rural do que nas cidades nas três últimas décadas.

No contexto de pobreza rural contrastada a crescimento vertiginoso da produção industrial, principalmente na faixa litorânea, pode causar surpresa que a China não tenha registrado inchaço urbano em suas grandes cidades. Essa situação anômala em relação aos casos de crescimento urbano com intensa favelização na América Latina, Índia e África é explicada pelas características autoritárias do Estado chinês e pelo sistema de *hukou*.

Na década de 1950, Mao Zedong introduziu um sistema de registro civil, o *hukou*, visando a limitar a capacidade de movimentação interna do cidadão e, em particular, evitar a saturação das cidades pelo influxo de camponeses miseráveis. O *hukou* atrela o cidadão a seu local de nascimento e condiciona diversos aspectos práticos da vida, como autorizações de moradia e trabalho, acesso a escolas públicas e serviços médicos, obtenção de documentos.

Até recentemente, para os habitantes de centros urbanos, mudar de uma cidade para outra implicava a obtenção de uma autorização específica de alteração do *hukou* ou de residência temporária fora do local de origem. Já para os portadores de um *hukou* rural, a obtenção de autorizações para migrar para cidades era uma barreira extremamente complexa, e fazê-lo sem a devida documentação incorria no risco permanente de expulsão.[7]

---

[6] A "população flutuante" do campo é omitida das estatísticas oficiais de desemprego.

[7] Na prática, o sistema de *hukou* criou um país com duas castas, aspecto da formação social chinesa pouco comentado na literatura especializada e que molda comportamentos ao introduzir uma clivagem artificial entre residentes do campo e das cidades.

Muitos dos controles de migração interna e a rigidez do *hukou* foram abolidos ou reduzidos nos últimos anos, embora persista a cultura de restrição da migração de camponeses em direção às cidades.

A vigência do sistema de *hukou* foi decisiva para que, como havia sugerido Deng, diferentes velocidades de crescimento econômico permitissem que algumas regiões crescessem antes de outras com razoável estabilidade social. Os desequilíbrios resultantes são um desafio para a sustentação do crescimento chinês, mas por ora não são fortes a ponto de ameaçar a preservação da expansão econômica ou de gerar instabilidades significativas.

A implicação para o mercado de trabalho é que os controles e restrições à movimentação interna asseguram um fluxo estável de trabalhadores de baixa qualificação para os centros industriais. Com uma oferta virtualmente ilimitada de mão de obra barata e diante da inexistência de sindicatos representativos (embora haja "sindicatos oficiais", atrelados à estrutura governamental), o fluxo migratório deprime permanentemente os custos do trabalho. Ademais, a situação irregular de grande parte dos migrantes os sujeita a trabalhar sob condições frequentemente degradantes, com baixíssimo acesso a mecanismos de proteção dos direitos do trabalhador.

Embora os custos de mão de obra tenham crescido nos últimos anos nas grandes cidades, as características demográficas sugerem que a competitividade chinesa em produtos intensivos em mão de obra tende a permanecer elevada. Mesmo com mudanças estruturais na economia, com o crescimento da intensidade de capital aplicado nas indústrias e a elevação de custos provavelmente decorrentes da introdução de maiores mecanismos de seguridade social ao longo dos próximos anos, essa situação não tende a se alterar.

A competitividade chinesa e, em particular, a atratividade da China como destino de IED em uma ampla gama de áreas industriais não se explicam apenas pela mão de obra barata, senão vários países africanos e os menos desenvolvidos do Sudeste asiático seriam destinos atraentes para o investimento estrangeiro em segmentos intensivos em mão de obra.[8] Os

---

[8] Surpreendentemente, Laos, Camboja, Vietnã e Indonésia começam a receber investimentos de empresas chinesas produtoras de artigos intensivos em mão de obra, como calçados e vestuário. Isso deriva não só da constatação de que os custos da mão de obra estão crescendo

salários dos trabalhadores chineses podem ser baixos, mas sua produtividade média também o é. Os pesados investimentos em infraestrutura são parte essencial e evidente do diferencial chinês, bem como o potencial de acesso ao mercado de consumo local. Os níveis de educação, porém, são um diferencial estruturalmente importante e geralmente subestimado em avaliações da competitividade chinesa.

## Educação

Quando a China iniciou seu processo de abertura econômica, cerca de 60% da população adulta chinesa possuíam educação básica, sendo o índice mais alto nas grandes cidades. Tratava-se de um patamar elevado em relação a países latino-americanos em semelhante estágio de desenvolvimento econômico. Nos primórdios da abertura, para o investidor estrangeiro, isso representava pronto acesso a um vasto contingente de trabalhadores razoavelmente qualificados para o aprendizado de processos industriais de trabalho.

De modo semelhante ao que ocorre no Japão e nos Tigres Asiáticos, as famílias chinesas atribuem muita importância à educação como requisito de emancipação e sucesso do indivíduo. Hoje, o acesso à educação é praticamente universal, apesar da baixa qualidade média, e há grande ênfase na formação em massa de profissionais urbanos — o país forma mais de meio milhão de engenheiros por ano. Adicionalmente, apesar da falta de bolsas de estudo e outros estímulos oficiais em escala significativa, é relativamente comum as famílias se cotizarem para financiar o envio de parentes jovens a universidades em países desenvolvidos. Há dezenas de milhares de chineses realizando programas de pós-graduação na América do Norte, Austrália e Europa, e o crescimento acelerado da economia vem provocando uma diáspora reversa nos últimos anos: muitos profissionais que trabalham nos países em que estudavam estão regressando à China.

Como nas trajetórias de desenvolvimento econômico do Japão e da Coreia do Sul, a ampla disseminação de educação e formação profissional

---

na China, mas também de um posicionamento estratégico ante a tendência de levantamento de barreiras protecionistas contra o ingresso de produtos chineses, especialmente em países desenvolvidos, na medida em que estes deslocam produtores tradicionais dos países importadores.

tem efeitos diretos sobre a intensidade e a velocidade do progresso tecnológico. Especialmente a partir de meados desta década, já são discerníveis a criação de redes de inovação em indústrias nacionais, o registro crescente de patentes[9] e um processo de criação de marcas e produtos nacionais que competem com as grandes casas estrangeiras em bens de consumo com grau de sofisticação tecnológica de médio a alto.

## Marco regulatório

Nos primeiros anos de abertura econômica, investir na China, principalmente fora das ZEEs, era uma aventura de alto risco. A legislação era extremamente restritiva e obscura, vigoravam todas as dificuldades possíveis e imagináveis, a burocracia estatal era sufocante para a atividade econômica. Em menos de duas décadas, a China avançou aos saltos no sentido da modernização e da simplificação da legislação econômica e comercial, criando um arcabouço ágil e eficiente para o desenvolvimento de negócios.

Isso não significa que a China tenha se tornado um lugar fácil e seguro para a realização de negócios. As circunstâncias legais e institucionais melhoraram muito, a ponto de o país hoje oferecer um arcabouço legal muito propício ao empreendedorismo, mas uma das principais dificuldades estruturais ainda é a inexistência de um Judiciário independente. Como no Brasil, a ineficiência das instâncias de controle legal faz com que algumas leis "não peguem": a introdução de regras modernas e bem estruturadas em nível central nem sempre representa uma garantia imediata de sua aplicação em jurisdições regionais ou municipais.

A sujeição do Poder Judiciário ao Executivo, atrelada à obrigatoriedade de formação de *joint ventures* com empresas locais que vigorava até o início desta década, produzia — e ainda produz — uma situação recorrente para investidores estrangeiros: ao entrar em disputas com os sócios ou autorida-

---

[9] É bem conhecida a leniência das autoridades chinesas em relação ao desrespeito à propriedade intelectual. Os avanços esperados nesse campo em decorrência do ingresso na OMC foram decepcionantes. Recentemente, no entanto, o combate à pirataria de produtos e marcas ganhou um aliado de peso: o inovador chinês detentor de patentes e as empresas nacionais em segmentos de alta tecnologia, interessados em preservar os ganhos potencialmente decorrentes do acesso a um sistema mais robusto de proteção de patentes e defesa dos direitos de propriedade intelectual.

des locais, o investidor se depara com severas dificuldades para fazer valer seus direitos, principalmente nos casos, muito comuns, de associação com empresas estatais ou ligadas ao governo local. Ou seja, entrar no país e operar é relativamente fácil. Já resolver contenciosos e aplicar penalidades a infratores, principalmente quando há interesses políticos envolvidos, é um desafio quase intransponível.

O mesmo processo de liberalização econômica que, durante as décadas de 1980 e 1990, combinou a determinação do governo central e a velocidade de crescimento econômico na formação de um ambiente eficiente para a realização de negócios gerou um efeito colateral que agregou extrema complexidade ao marco regulatório econômico. Órgãos de nível ministerial, províncias e municípios também embarcaram num esforço regulador, produzindo regras, padronizações e controles frequentemente contraditórios entre si.

O ingresso na Organização Mundial do Comércio foi usado magistralmente para disciplinar o caos regulatório. Previamente ao ingresso na OMC, em dezembro de 2001, o governo chinês investiu em vasta campanha de sensibilização pública acerca da importância e dos benefícios da participação na entidade. As negociações para a acessão da China foram longas e complexas, exigindo muitas concessões politicamente sensíveis. Para o público, no entanto, o processo foi apresentado como uma conquista de importância transcendental: o país passaria a ser aceito como um membro "normal" da comunidade internacional. Durante todo o ano que precedeu o ingresso formal da China, assisti a manifestações, eventos, declarações de autoridades e celebrações que sugeriam mais um clima de vitória na Copa do Mundo do que a adesão a um órgão multilateral de comércio. A julgar pela propaganda oficial de 2000 e 2001, a OMC seria a panaceia que livraria a China de todos os seus problemas econômicos.

Qual seria o sentido de tamanha celebração para um país que, já dotado de uma indústria extremamente competitiva e registrando robustos superávits comerciais, não derivaria da participação na OMC maior acesso a mercados relevantes e, na verdade, seria obrigado a fazer enormes concessões aos demais membros da organização? O clima de conquista esportiva fazia parte de uma hábil campanha que, ao estimular o orgulho nacional e o crescente nacionalismo, permitia ao governo central avançar em reformas políticas e regulatórias essenciais.

Primeiramente, o ingresso na OMC, ao exigir o alinhamento da legislação nacional com os padrões aceitos internacionalmente, colocava nas mãos do governo central uma justificativa única e poderosa para empreender um completo rearranjo da legislação econômica e comercial em todos os níveis, modernizando, reestruturando, reformando e eliminando contradições e superposições entre regiões, municípios, ministérios e outras entidades. Passaria a haver somente padrões legais compatíveis com as regras da OMC. Ou seja, não eram o governo central ou o partido que "inventavam" o novo ordenamento, o que acarretaria resistências políticas, mas se tratava de uma condição *sine qua non* para que a China fizesse parte do tão desejado clube internacional.

Em segundo lugar, a campanha de apresentação do ingresso na OMC como um passo de importância simbólica, que afetava o mais profundo sentimento de orgulho nacional, criava também uma oportunidade política muito sutil. A China agora se definia como um *global player*, um cidadão internacional engajado nos principais fluxos de comércio e investimento internacionais. O livre-comércio tornava-se a nova ideologia nacional, o novo credo da próspera nação chinesa, validado numa extensa campanha pública. Enquanto ele entrava pela porta da frente, com fanfarra e honrarias, a retórica marxista-leninista era discretamente jogada nas lixeiras da história.[10] De comunista, hoje, resta o nome do partido.

A transição da China rumo à compatibilização de seus padrões legais internos às regras da OMC durou cinco anos e foi um processo relativa-

---

[10] As referências à luta de classes, ao imperialismo e a outros estandartes do jargão revolucionário praticamente não são mais encontradas no discurso oficial a partir do ingresso na OMC. O governo habilmente modificou a ideologia de Estado, eliminando o conflito estrutural entre ideologia oficial e implicações do processo de abertura e crescimento econômico. Embora ainda haja alas do Partido Comunista identificadas com o ideário redistributivo da revolução, é difícil afirmar o que constitui a atual ideologia da elite do governo/partido. Trata-se de um sistema em evolução, e suas características predominantes são um crescente nacionalismo associado a preceitos de eficiência tecnocrática na gestão do Estado como elemento legitimador da ação política ou governamental. Em 2003, por exemplo, as Constituições do partido e do país foram modificadas a fim de, num movimento de cooptação das novas elites nacionais, autorizar o ingresso de empresários no partido.

mente bem conduzido. Houve certa seletividade na aplicação das novas regras em áreas sensíveis para os interesses comerciais brasileiros, especialmente na aplicação de controles sanitários e fitossanitários a produtos agrícolas, e o país ainda reluta em abrir mais amplamente seu mercado em segmentos como carnes e óleos vegetais. De qualquer forma, é inegável que houve avanços em razão da adesão da China ao sistema multilateral de comércio, apesar das persistentes deficiências do sistema jurídico nacional.

## Reforma do Estado

A reforma e a profissionalização do Estado chinês são um processo em contínua evolução, e os avanços registrados desde o fim do modelo totalitário de Mao Zedong são notáveis. O tema é vasto e compreende aspectos relevantes nas áreas social, agrícola, de política externa e defesa, de gestão comercial e macroeconômica, da relação da máquina governamental com o Partido Comunista. Aqui, porém, abordo poucos itens, relacionados a eficiência econômica, competitividade e inserção internacional das empresas chinesas.

As reformas legais dos últimos anos, aceleradas pelo ingresso na OMC, constituíram um passo necessário para a uniformização da legislação econômica e comercial. Não foram suficientes, contudo, para reduzir as ineficiências e redundâncias produtivas geradas pelo excesso de investimentos, consequência de décadas de crescimento acelerado, abundância de crédito nos bancos estatais e ineficácia de mecanismos de coordenação e controle.

A racionalização do aparato produtivo nacional passaria pela redefinição do papel das empresas estatais, a fim de completar as reformas destinadas a retirar o governo da gestão cotidiana da produção. Após o ingresso da China na OMC, as instâncias de planejamento central rapidamente perderam poder e foram extintas ou absorvidas por novas entidades. A principal é a Comissão Nacional de Desenvolvimento e Reforma (NDRC, na sigla em inglês), criada em 2002, espécie de superministério econômico que articula ações entre as diversas pastas ministeriais e agências encarregadas da economia, estabelecendo diretrizes estratégicas para as principais áreas da economia, porém sem o caráter dirigista das entidades que a precederam.

Em 2003, foi criada a Comissão para Supervisão e Administração do Patrimônio Estatal (Sasac), entidade à qual se subordinam as empresas estatais. Resumidamente, a comissão visa a reorganizar as empresas estatais por meio do estabelecimento de estratégias setoriais e parâmetros de gestão e eficiência, atuando como uma espécie de *holding* controladora do patrimônio produtivo do Estado.

Quando a Sasac foi criada, a China tinha 170 mil empresas estatais. Destas, cerca de 70 mil eram inviáveis e seriam simplesmente fechadas. Das 100 mil restantes, a Sasac se encarregaria da supervisão de 189 estrategicamente relevantes. As demais seriam vendidas, reestruturadas ou fundidas com outros grupos. O processo de reorganização ainda durará alguns anos, e as empresas sob a tutela da Sasac são gigantes como a Sinopec. A lógica é que os grandes grupos atuem como vetores do desenvolvimento em seus respectivos setores e, como tal, estimulem o desenvolvimento comercial e tecnológico de suas cadeias de suprimento.

Ao afetar cadeias produtivas por meio de estratégias setoriais, e não mais metas do planejamento central, a Sasac e a NDRC têm também por objetivo fomentar, em torno das grandes estatais, *clusters* de empresas menores capazes de competir internacionalmente, porém funcionando sob responsabilidade do capital privado ou em parceria com investidores estrangeiros. É importante assinalar que a Sasac procura preservar a competição e a complementaridade entre atores em setores estratégicos, em detrimento da criação de grandes monopólios. Exemplos dessa orientação estão presentes nos segmentos de petróleo e petroquímicos — Sinopec, CNPC, CNOOC, Sinochem —, siderurgia e metais — Baosteel, Tangshan, Shougang, Chinalco, Minmetals etc. — e telecomunicações.

As grandes empresas supervisionadas pela Sasac são cada vez mais estimuladas a se internacionalizar. Os primeiros movimentos de internacionalização ocorreram na área de recursos naturais, principalmente petróleo e gás. Nos últimos anos, houve uma rápida diversificação dos alvos estrangeiros para investimento e aquisições. Os eixos dominantes na alocação de recursos no exterior por empresas chinesas têm sido a obtenção de acesso seguro a recursos naturais — investimentos em Angola, Sudão, Peru e Cazaquistão, entre outros, bem como tentativas frustradas no Canadá,

EUA e Brasil — e a busca por tecnologias avançadas e marcas conhecidas internacionalmente — Maytag, IBM e, mais recentemente, montadoras de automóveis europeias e norte-americanas.

O processo de internacionalização foi reforçado com a criação do fundo soberano chinês em 2006. Inicialmente dotada de US$ 250 bilhões, a Corporação de Investimentos da China (CIC) tem fornecido recursos para investimentos no exterior a um amplo espectro de empresas, não apenas em recursos naturais,[11] e adquirido participações em veículos financeiros. Algumas das primeiras apostas da CIC, como a compra de 10% do fundo Blackstone, foram movimentos de sentido financeiro e estratégico questionável. Da mesma forma, algumas operações apoiadas pela CIC ou pela Sasac, como as fracassadas tentativas de compra da norte-americana Unocal e da canadense Noranda (e, mais recentemente, de parte da anglo--australiana Rio Tinto), foram objeto de fortes reações políticas nos países de origem das empresas-alvo.

A CIC ajustou rapidamente sua atuação, sendo um passo de grande sofisticação estratégica a aquisição de 20% do sul-africano Standard Bank em 2007. Principal banco atuante no continente africano, o assento no conselho de administração do Standard Bank confere ao Estado chinês acesso privilegiado a mercados e projetos de seu interesse, bem como influencia atores políticos ou empresariais em sua corrida por recursos naturais na África, sem, entretanto, arcar com o ônus político do controle absoluto da instituição. Essa parece ser uma tendência impulsionada pela CIC, na medida em que empresas chinesas têm-se mostrado mais flexíveis em seus objetivos de aquisição no exterior, isto é, não buscam mais necessariamente o controle, mas aceitam ter participações minoritárias em empresas ou projetos.

Embora o esforço de reforma das estatais seja um elemento essencial da estratégia de desenvolvimento chinesa, não se desenrola sem obstáculos significativos. As iniciativas de racionalização da produção conduzidas

---

[11] Embora a aquisição da divisão de computadores pessoais da IBM pela Lenovo seja um marco simbolicamente importante no processo de internacionalização das empresas chinesas, esta não foi uma operação apoiada pela CIC, e a Lenovo é uma empresa privada, portanto fora do escopo da Sasac.

pela Sasac encontram resistências em alguns setores e regiões. Da mesma forma, desde 2004, a NDRC vem procurando frear o ritmo de formação de capital fixo em segmentos da economia que avalia como muito aquecidos, tais como siderurgia, alumínio e cimento, esforços em que obtém sucesso apenas parcial. As dificuldades se explicam pelo significado político de muitas indústrias e projetos. Parte da redundância produtiva chinesa decorre de governos provinciais e municipais com acesso facilitado a crédito nos bancos estatais terem investido, nas últimas três décadas, sem planejamento adequado nem grandes considerações para com as condições do mercado.[12] O resultado é um acúmulo de projetos e plantas industriais cuja origem é mais motivada pela busca de prestígio político ou geração forçada de empregos viabilizada pelo crédito bancário farto do que embasada em lógica econômica ou comercial.

Fechar, reestruturar ou vender projetos aos quais se associa prestígio político não são propostas facilmente palatáveis para as lideranças provinciais e municipais. Ademais, o desempenho dos administradores públicos perante o governo e o partido, por meio do qual suas carreiras são avaliadas, é atrelado ao crescimento da economia e da produção em suas respectivas jurisdições, além da preservação da estabilidade social. Sem oferecer soluções para os incentivos das lideranças político-administrativas locais e regionais, nem introduzir mecanismos de amortecimento dos efeitos da racionalização produtiva sobre o desemprego, é provável que as diretrizes da NDRC e da Sasac continuem esbarrando em bolsões de resistência importantes. O efeito das reformas recentes, no entanto, tem sido positivo para a racionalização e a inserção de maior eficiência produtiva e maior competitividade nas empresas estatais, bem como para a exposição crescente destas aos fluxos internacionais de comércio e investimento.

---

[12] Por exemplo, no início desta década, a China possuía 123 montadoras próprias de automóveis e mais de 600 usinas siderúrgicas, muitas das quais com tecnologias obsoletas e sem escala de produção que justificasse sua existência. O setor petroquímico, que anteriormente passara por reforma, chegou a registrar um pico de cerca de 800 unidades industriais na década de 1990.

## Desafios, riscos e fragilidades

As seções anteriores expõem resumidamente algumas das causas estruturais que propiciaram o impressionante dinamismo econômico da China durante as três últimas décadas. Parecem estar lançadas as bases de sustentação para um intenso e prolongado crescimento, e o governo tem objetivos de longo prazo que persegue de forma coerente. Grandes desafios políticos, sociais e econômicos, no entanto, precisam ser resolvidos a fim de reduzir os riscos estruturais à preservação da trajetória de crescimento intenso. Cito a seguir alguns que me parecem especialmente importantes.

É inevitável que um processo de crescimento com as características do chinês gere diversos e sensíveis desequilíbrios. As proporções destes, contudo, acarretam riscos sistêmicos consideráveis para o funcionamento do Estado e a governabilidade do país, a percepção de legitimidade do regime de partido único e a preservação da estabilidade social.

O primeiro desequilíbrio é geográfico. Os benefícios do crescimento econômico concentraram-se fortemente no litoral, em detrimento das regiões interioranas, onde reside a maioria da população. Enquanto cidades como Xangai, Xiamen, Pequim, Guangzhou e outras exibem a exuberância resultante de décadas de pesados investimentos em infraestrutura urbana e industrial, o interior avança em ritmo muito mais lento, com baixa inserção nas economias nacional e internacional.

A diferença de ritmos entre o interior e o litoral é consequência do modelo fortemente orientado à produção para mercados externos. Em 2002, a fim de reduzir os hiatos de crescimento, o governo lançou uma campanha de desenvolvimento da "Região Oeste", mas o emparelhamento com as regiões costeiras será necessariamente lento. Chongqing, com sua facilidade logística e população gigantesca, tem vantagens consideráveis para os investidores. Outras regiões do interior, no entanto, não têm a mesma atratividade e, mesmo com estímulos do governo, terão dificuldades para se equiparar com o litoral. O atraso econômico do interior será cada vez mais um problema, seja por questões estruturais e de competitividade em relação ao litoral, seja pela provável polarização política entre as províncias de diferentes graus de desenvolvimento.

O segundo desequilíbrio é um reflexo do primeiro na esfera social: os meios urbano e rural na China são mundos distintos. Enquanto a renda média dos cidadãos urbanos cresceu mais de 10% ao ano em razão da abertura econômica, o país assiste à rápida emergência de sua classe média e esta cada vez mais se beneficia da modernização econômica e tecnológica, a renda no campo cresceu 2,5% anuais durante os primeiros 20 anos de abertura. Nesta década, houve uma ligeira aceleração, mas a renda no campo ainda cresce em velocidade inferior à metade da registrada nas cidades.

Desequilíbrio semelhante ocorre entre os trabalhadores industriais, como reflexo das desigualdades de educação e treinamento. As diferenças de remuneração entre profissionais qualificados e a massa menos preparada crescem em ritmo intenso. Somados às deficiências dos mecanismos de seguridade social, esses fatores, tanto entre os trabalhadores urbanos de diferentes níveis de qualificação quanto entre os urbanos e rurais, induzem um forte crescimento da concentração de renda. A China parece estar se "latinizando" socialmente, evoluindo mais no sentido da consolidação de desigualdades extremas, como na América Latina, do que rumo a distribuições mais equilibradas e homogêneas de renda, como a coreana ou a japonesa.

O terceiro problema estrutural é o impacto ambiental do crescimento chinês. É amplamente sabido, entre outros fatos, que 16 das 20 cidades mais poluídas do mundo são chinesas, que o país caminha para uma provável crise de abastecimento de água potável, que a matriz energética pesadamente dependente de carvão mineral não contribui para soluções rápidas do problema, que a ineficácia dos controles públicos produz episódios recorrentes de contaminação com produtos tóxicos em larga escala. Segundo estimativas do Banco Mundial e de outras entidades, entre dois e três pontos percentuais da expansão anual do PIB chinês poderiam ser descontados em razão da acumulação de passivos ambientais. Adicionalmente, o fenômeno tem-se tornado mais sensível para as contas públicas e de empresas, na medida em que a saúde dos trabalhadores é cada vez mais afetada pela poluição.

As precárias condições ambientais são uma contrapartida ao crescimento econômico desenfreado, para cujo sucesso não apenas se criou um arcabouço legal favorável ao desenvolvimento de negócios, mas também se minimizaram os obstáculos legais e burocráticos. Embora o governo tenha, nos últimos anos, reforçado o aparato institucional encarregado de políticas e controles ambientais, estimulado o desenvolvimento e a adoção de tecnologias menos agressivas ao meio ambiente, e conceitos como sustentabilidade comecem a povoar a retórica oficial, a prioridade do Estado é continuar promovendo intensos crescimento econômico e geração de empregos. Ou seja, apesar de avanços reais e potenciais em várias frentes, a China tende a continuar sendo por muito tempo um problema ambiental de alcance global.

A questão ambiental na China está estreitamente associada às características de acesso do país a recursos naturais, além de ineficiências no uso de energia. Embora relativamente pobre em outros recursos naturais, a China possui vastas bacias carboníferas, e 70% da eletricidade provêm de termelétricas alimentadas a carvão. Em média, o país tem inaugurado uma usina por semana. Há programas e estímulos para a adoção e o desenvolvimento de novas energias e para o aperfeiçoamento do equipamento industrial, mas esses ainda são incipientes.

O quarto desafio é a sustentabilidade da convivência entre um desenvolvimento industrial fortemente orientado para as exportações e um mercado interno atrofiado. Como a crise financeira global deixou claro, flutuações na demanda dos países desenvolvidos podem afetar severamente o desempenho de vários setores industriais chineses. E a alternativa de inundar o mundo com estoques de produtos não absorvidos pelos mercados norte-americano e europeu, além de produtos de base não absorvidos internamente (como aço, metais e petroquímicos) tampouco é viável, na medida em que acarreta um risco significativo de reações protecionistas por parte de vários países.

É essencial que a China estimule o consumo interno de forma estrutural. Há um delicado equilíbrio a estabelecer entre mudanças nos hábitos de consumo e poupança, reformas no sistema de seguridade social e introdução de mais e melhores mecanismos de crédito ao consumo. O problema é que, à exceção da ampliação do crédito bancário, nenhuma dessas mudanças poderá ser rápida o suficiente para alterar hábitos de consumo e poupança. Sem reformas estruturais, a contribuição chinesa para o fortalecimento da demanda mundial por bens de consumo só chegará ao patamar das economias desenvolvidas em prazo longo demais para atenuar os efeitos globais da desaceleração econômica iniciada em 2008.

A demanda chinesa tem sido, e continuará sendo, extremamente importante em segmentos associados à formação de capital fixo, com impacto sensível nos mercados de recursos naturais e bens de capital. O consumo de famílias e do governo chinês, por outro lado, ainda é muito inferior aos padrões das economias desenvolvidas ocidentais ou da japonesa. Afinal, não obstante o gigantesco volume do comércio exterior chinês, o país ainda tem pouco peso sobre a demanda nos mercados globais de bens de consumo: enquanto os Estados Unidos consumiram cerca de US$ 10 trilhões em 2007, a cifra chinesa foi de US$ 1,6 trilhão.

No campo das liberdades civis, é pouco provável que a China consiga preservar o sistema de repressão à medida que o padrão de vida da população melhore. Uma mudança profunda de regime político ou sistema de governo a médio prazo é pouco plausível, mas a criação de válvulas de escape sociais é cada vez mais necessária. Por ora, parece haver um acordo tácito de coexistência pacífica entre a classe média emergente e o governo/partido, uma vez que a legitimidade deste está fortemente atrelada ao desempenho econômico do país. Os desequilíbrios sociais e econômicos crescentes, no entanto, tendem a aumentar as áreas de tensão social e o questionamento da eficácia e da legitimidade governamentais. Da mesma forma, uma eventual redução da capacidade de manter altas taxas de crescimento poderá acarretar mudanças importantes na percepção política da classe média.

O Partido Comunista chinês é mais sofisticado e maleável do que seu antigo congênere soviético e, desde a implosão da União Soviética, tem estudado meticulosamente e implementado mecanismos com o objetivo de evitar um colapso semelhante. Em 2003, por exemplo, mudanças na Constituição permitiram a até então proibida adesão de empresários ao partido, inovação destinada a cooptar para o processo decisório político uma das principais forças dinâmicas da sociedade.

A abertura em direção aos empresários, contudo, não basta para arrefecer o descontentamento popular, principalmente no interior do país e nas camadas urbanas menos favorecidas pelo dinamismo econômico. São cada vez mais comuns protestos contra o governo, principalmente com relação a corrupção, desvios e abusos de poder no nível municipal, problemas exacerbados pela falta de independência do Poder Judiciário. Não há registro de manifestações em escala nacional ou regional desde o massacre na praça Tiananmen, em 1989, e a viabilidade de qualquer movimento nesse sentido é baixíssima em razão dos controles governamentais sobre os meios de comunicação e da repressão a esforços de mobilização social organizada. Já as manifestações espontâneas no interior, geralmente violentas, são uma constante.

Em 2004, o governo começou a publicar estatísticas relativas a manifestações e protestos populares. Em 2006, por exemplo, foram aproximadamente 84 mil registros em todo o país. As principais causas reportadas referem-se a abusos de autoridade e corrupção por parte de autoridades locais. Essa iniciativa não visa necessariamente a conferir mais transparência às tensões sociais, mas a forçar os governos provinciais e locais a fazer algo a respeito do descontentamento popular. Independentemente da motivação política, o fato é que, principalmente nas regiões menos desenvolvidas do país, há um nível significativo de tensão social, e as manifestações públicas são cada vez mais perceptíveis.

Também importante como fator desestabilizador, e em virtude da alta visibilidade internacional e do constrangimento político que atrai para o governo, é o aumento dos conflitos étnicos.[13] Entre outros focos localizados de tensão, tem aumentado a incidência de manifestações violentas nas províncias de ocupação recente: Tibete e Xinjiang (literalmente, "nova conquista").[14] Principalmente em Xinjiang, a política de imigração maciça de hans e a discriminação à minoria muçulmana uigur produzem enfrentamentos explosivos ocasionais. É pouco provável que a China confira

---

[13] A população chinesa divide-se em 58 etnias. A han corresponde a cerca de 91% da população. Às minorias étnicas são concedidos alguns benefícios oficiais, como educação nos próprios idiomas, além do mandarim, e isenção em relação à política de um filho por casal. Na prática, no entanto, são frequentes os registros de abusos e de discriminação contra várias das minorias.

[14] Oficialmente, são chamadas de "regiões autônomas". Ambas estão na órbita de influência chinesa há séculos e gozaram de independência de fato em distintos períodos de suas histórias. Na década de 1950, as duas foram anexadas ao território chinês.

mais autonomia a essas regiões, ricas em recursos naturais e que ocupam posição estratégica na geopolítica centro-asiática.

Uma força perigosa em ascensão e que merece ser observada é o nacionalismo, que se consolida como traço importante do comportamento popular na mesma medida em que cresce a relevância internacional do país. Por ocasião do bombardeio da embaixada chinesa em Belgrado, em 1999, e de episódios relativos ao revisionismo histórico japonês, em 2005, o governo chinês autorizou manifestações em algumas cidades contra os Estados Unidos e o Japão, respectivamente. Ambos os casos podem ser interpretados como experiências em larga escala de manipulação dos sentimentos populares. O problema é que, ao estimular as percepções das interações internacionais da China como se fossem um jogo de soma zero, recorrendo a sentimentos populares de orgulho nacional e a lembranças de humilhações passadas, liberam-se forças que podem tanto escapar do controle quanto semear maior polarização ideológica no processo de tomada de decisões estratégicas do governo.

Em suma, apesar de as condições estruturais, legais e institucionais sugerirem a viabilidade de manutenção do ritmo elevado de crescimento, a China precisa resolver sérios problemas internos a fim de conferir maiores estabilidade e previsibilidade a seu desenvolvimento socioeconômico. Cenários de grandes crises e conflitos internos induzindo retrocessos no processo de crescimento e abertura a médio prazo — ou um colapso governamental semelhante ao soviético — são pouco plausíveis, apesar da tendência de aumento de manifestações locais. O crescimento chinês deverá continuar robusto por vários anos, e seu papel nos fluxos globais de comércio e investimento será cada vez mais relevante. Não se deve subestimar, contudo, a importância das forças sociais em constante movimento e que apresentam desafios crescentes à estabilidade do regime político.

## As relações econômicas sino-brasileiras — em busca de um sentido estratégico?

Durante as décadas de 1980 e 1990, o comércio sino-brasileiro manteve-se estável, oscilando em torno de um intercâmbio anual da ordem de US$ 1 bilhão. A partir de 1999, começou um crescimento explosivo. Em 2003, por exemplo, o valor das exportações brasileiras para a China aumentou 80% em relação a 2002. Em 2008, o fluxo de comércio bilateral foi de US$ 36 bilhões, um aumento de 56% em relação a 2007, ou mais de 30 vezes superior ao volume registrado 10 anos antes.

Apesar da relevância que a China assumiu para o Brasil, disputando com a Argentina a posição de segundo maior destino de exportações e chegando a superar os Estados Unidos no primeiro semestre de 2009, o debate acerca das relações bilaterais se caracteriza por forte polarização em torno de oportunidades e desafios decorrentes da ascensão chinesa e pela dificuldade de formular agendas robustas para lidar com a China e as novas circunstâncias econômicas internacionais por ela induzidas.

Quando o presidente Luiz Inácio Lula da Silva esteve na China em maio de 2004 — primeira visita de um presidente brasileiro desde 1995 —, levou consigo a maior delegação empresarial já registrada, reflexo do entusiasmo com o crescimento do comércio bilateral. Nos meses anteriores à visita, a China povoava o imaginário brasileiro como uma panaceia econômica. Falava-se na formação de uma "nova geografia do comércio mundial"; que empresas chinesas estariam destinando dezenas de bilhões de dólares a investimentos no Brasil; que finalmente se daria sentido prático à "parceria estratégica" enunciada pelo primeiro-ministro Zhu Rongji[15] em sua visita ao Brasil na década anterior; e que a China apoiaria um assento brasileiro no Conselho de Segurança das Nações Unidas.

A necessidade de tratar a China com menos euforia e mais pragmatismo tornou-se clara dias antes do início da visita presidencial, quando se aplicou um embargo à soja brasileira sob a alegação de irregularidades fitossanitárias. Se a soja, cujas exportações cresciam aos saltos e alimentavam a onda de entusiasmo, levava a expectativas de formulação de uma aliança para tornar o Brasil um fornecedor privilegiado de alimentos para a China,

---

[15] Embora haja sentido em uma aproximação estratégica bilateral em diversas frentes, tanto econômica quanto em política externa, Zhu Rongji formulou esse rótulo numa época em que a China ainda enfrentava o ostracismo internacional ao qual fora submetida após o massacre da praça Tiananmen, em 1989. A partir de 1992, a busca de aproximação com diversos países em desenvolvimento fazia parte do esforço de reinserção diplomática do país. Ou seja, o enunciado de Zhu foi um *slogan* atraente, mas que carecia — e ainda carece — de substância.

aquele gesto era um indício de que as relações bilaterais não se pautariam por preferências ideológicas e de que Pequim defenderia seus interesses com as ferramentas que julgasse apropriadas.[16]

O momento escolhido para aplicação das sanções à soja indicava que a China se reservava o direito de escolher os termos das relações comerciais bilaterais. Afinal, embora seja um aliado politicamente necessário para um *global player* diplomático como a China, o Brasil não tem recursos de projeção de poder como outros parceiros relevantes da China, não se encontra em uma das principais zonas de interesse geoestratégico para Pequim e, já que se falava em criação de uma "nova geografia do comércio", era forçoso reconhecer que o intercâmbio com o Brasil mal representa 1% do comércio exterior chinês. Sem reconhecer essas circunstâncias, é impraticável propor arranjos estratégicos significativos. Dito de outra forma, em que medida interessa à China atribuir maior peso à relação com o Brasil?

A China avança gradual e cautelosamente no sentido de se tornar uma superpotência. É necessário, portanto, compreender que é seletiva em relação aos arranjos internacionais dos quais deseja fazer parte. O país procura dissociar-se do rótulo de "país em desenvolvimento", apesar de suas persistentes fragilidades estruturais. Interessa a um ator com os pesos político e econômico da China fazer parte de agrupamentos como o G-8, o G-20, a OCDE e a OMC, além de outros foros dominantes da governança global, mas não ao G-77 ou a alianças Sul-Sul.[17] Como me disse um membro da Academia Chinesa de Ciências Sociais em 2006, "não entendo por que tantos países em desenvolvimento insistem em rotular nossas relações no

---

[16] De forma semelhante a crises com as importações de soja brasileira, argentina e norte--americana que ocorreram anualmente a partir de 2001, aquele episódio envolvia alegações tecnicamente pouco plausíveis. O resultado, entretanto, foram perdas para exportadores e importadores, prejuízos para os consumidores chineses e impacto negativo sobre a formação internacional de preços da *commodity*.

[17] No contexto da crise financeira global, para cuja solução se espera uma importante contribuição da China, fala-se na constituição de um novo mundo bipolar, cuja instância efetiva de governança seria um G-2 sino-americano. Embora haja um foro instituído para a concertação entre as duas superpotências contemporâneas — o diálogo econômico e estratégico —, a diplomacia chinesa evita associar a imagem do país a um foro como o hipotético G-2. Além de essa fórmula não agregar muito aos arranjos de fato que já existem entre Estados Unidos e China, ele sugeriria a necessidade de arcar com os custos e responsabilidades da liderança internacional, ônus que o país não está disposto a ter por ora.

contexto de uma dinâmica Sul-Sul; além de a China caminhar firmemente na direção de se tornar um país desenvolvido, nós não nos situamos no hemisfério sul".

No final de 2004, além do súbito reconhecimento da China como economia de mercado (ver anexo), intensificaram-se as queixas contra a "invasão" de produtos chineses. A escalada de importações em vários setores era significativa, e os problemas de competição com equivalentes chineses eram amplificados por uma série de práticas ilícitas de comércio.[18] O aumento das importações da China teria inevitavelmente impactos setoriais, localizados ou sistêmicos, mas a reação pública de alguns setores pouco competitivos dificultou a formulação de respostas mais estruturais e estratégicas ao desafio competitivo que a China começa a apresentar. Nesse ambiente de polarização política em meio ao contínuo crescimento do comércio bilateral, começaram a distinguir-se quatro grandes linhas de atuação das empresas e do governo.

A primeira foi a frustração em relação às promessas de investimentos chineses no Brasil. A grande maioria dos projetos anunciados em 2004 foi cancelada. Destes, muitos esbarraram em dificuldades de licenciamento; outros não sobreviveram a avaliações mais criteriosas de suas premissas, uma vez que haviam sido concebidos apressadamente a fim de serem inseridos na programação das visitas presidenciais. Após essas frustrações iniciais, um movimento mais bem estruturado de investidores chineses, articulado a partir de informações de maior qualidade sobre a economia brasileira, parece começar a se formar, mas ainda é cedo para avaliar os rumos que tomará. Ademais, entidades oficiais, como o fundo soberano (CIC) e o Banco de Desenvolvimento da China (CDB), começam a se

---

[18] Além do contrabando de produtos chineses, como os itens de baixa qualidade que alimentam o comércio informal em cidades brasileiras, são comuns ocorrências de desvio de comércio, falsificação de documentos e utilização de empresas de fachada. As estatísticas oficiais de comércio são um reflexo do problema: sistematicamente, as exportações chinesas, conforme o Ministério do Comércio e o serviço aduaneiro da China, são registradas em volumes muito diferentes das importações de produtos chineses que chegam ao Brasil, de acordo com estatísticas da Secretaria de Comércio Exterior do Ministério do Desenvolvimento, Indústria e Comércio Exterior (MDIC). O problema da harmonização estatística vem sendo tratado pelas autoridades, mas parece decorrer em parte da abundância de práticas ilícitas no comércio bilateral.

organizar para atuar de forma mais estruturada no Brasil e em outros países latino-americanos.

A segunda grande tendência foi uma onda, mais discreta, de investimentos brasileiros na China. Além da pioneira Embraco, que em 1995 adquirira uma unidade em Pequim, a Embraer, a Vale e a WEG instalaram ou adquiriram unidades na China nos últimos anos. Uma série de empresas menores começaram a estabelecer presença na China a partir de 2005 e, hoje, um conjunto expressivo de empresas inclui a China em seus movimentos internacionais e processos de planejamento estratégico.

As empresas brasileiras ainda não têm forte presença na China, como ocorre no caso de empresas oriundas de países-membros da OCDE, e o Brasil carece de instituições que, seja com capacidade operacional, seja com recursos de inteligência, ofereçam apoio estruturado a empresas nacionais para que aproveitem oportunidades de investimento e complementação de suas redes globais de produção em território chinês. No entanto, é evidente que a China ingressou firmemente nas considerações estratégicas das empresas brasileiras e, em diversas cadeias produtivas, não considerar seriamente os desafios e oportunidades apresentados pela ascensão chinesa pode revelar-se um erro grave.

A terceira — e muito visível — grande linha foi a reação pública de empresas afetadas pela "invasão" de produtos chineses. Segmentos das indústrias têxtil, de calçados e vários outros, não apenas os intensivos em mão de obra, passaram a sentir os efeitos do crescimento subitamente acelerado das importações de concorrentes chineses e a pressionar o governo para adotar medidas defensivas. A julgar pelo tom da cobertura jornalística do fenômeno, principalmente em 2005 e 2006, estaria ocorrendo uma hecatombe industrial, a China seria uma competidora desleal, e soluções deveriam passar necessariamente por barreiras comerciais. No entanto, o fenômeno é complexo, e vários aspectos relevantes do crescimento das importações chinesas não são adequadamente estudados.

O aumento da inserção internacional de produtos chineses afeta praticamente todos os setores da indústria nacional. Parte importante desse aumento, porém, ocorreu em substituição a outros fornecedores estrangeiros. A partir de 2002, a fatia de participação chinesa nas importações brasileiras ocupou progressivamente espaços anteriormente dominados por produtos originados em países desenvolvidos, principalmente Estados Unidos, Europa ocidental e Japão. Conforme demonstraram vários estudos realizados pelo Conselho Empresarial Brasil-China, bem como avaliações semelhantes do Ipea, a suposta invasão chinesa representou, em grande medida, uma redistribuição das fatias de mercado em razão do amadurecimento de investimentos estrangeiros na China.

Em segmentos como componentes industriais eletrônicos ou mecânicos, bem como uma porção significativa de bens de consumo, parte do que é importado da China não é mais produzida em países desenvolvidos. Uma das implicações do modelo de inserção internacional da China — que empresas como a Embraco e a WEG levaram em consideração — é o país ter-se tornado a base competitiva por excelência para a instalação de unidades produtoras de artigos comoditizados, cuja produção em outros países deixou de ser ou se torna cada vez menos competitiva. Ou seja, a redistribuição geográfica dos centros globais de produção provocada pela China é refletida no comportamento das importações brasileiras de uma vasta gama de artigos industriais e bens de consumo.

A substituição de fornecedores mais tradicionais, no entanto, explica apenas em parte o comportamento das importações de manufaturas chinesas. Seria um erro supor que a industrialização chinesa se dá somente mediante o transplante de capacidade produtiva anteriormente instalada em países mais desenvolvidos. Embora esse processo de fato ocorra e seja a chave de modernização em vários segmentos industriais do país, há nuances importantes a considerar. A primeira é que empresas multinacionais, sobretudo de países desenvolvidos, costumam transferir para a China linhas de produtos comoditizados que não veem mais sentido competitivo em preservar no país de origem. A segunda é que os empreendedores chineses aprendem rapidamente, e equivalentes nacionais desses produtos chegam ao mercado em prazos cada vez mais curtos. Num ambiente de competição acirrada entre indústrias e de ampla heterodoxia na aplicação de regras de proteção à propriedade intelectual como o chinês, uma consequência fundamental é o aumento da sofisticação dos produtos exportados por indústrias instaladas no país, independentemente da origem do capital. Ou seja, o crescimento econômico chinês tem impactos estruturais nos padrões de competição industrial e de formação de cadeias de suprimento globais, e esse fenômeno está se acelerando (ver novamente a figura).

As implicações para a indústria brasileira são várias. A ocupação de fatias de mercado por produtos chineses não decorre apenas de substituição das posições relativas de países investidores na China, mas também de redução significativa de custos e, contrariamente à habitual caricatura de uma China que só produz artigos de baixa sofisticação, também aumento da qualidade. Setores industriais importadores de insumos (como tem sido o caso de produtores de telefones celulares e outros artigos eletrônicos na Zona Franca de Manaus) têm registrado ganhos competitivos em razão da utilização intensa de componentes chineses. Já os produtores nacionais concorrentes de chineses precisam se adaptar, o que é dificultado pelas características do "custo Brasil".

Tais mudanças estruturais, de volume, custos e origem geográfica, acarretam uma redistribuição competitiva que desloca produtores tradicionais em diversas cadeias produtivas. A China passou a preencher vorazmente espaços nos quais atuavam anteriormente empresas tradicionais de outros países. O México é um caso em que esses efeitos são particularmente dramáticos, dada a exposição de suas indústrias ao mercado norte-americano,[19] onde perderam parcelas consideráveis de mercado para concorrentes chineses. No Brasil, a consequência é um acirramento da competição e a perda de mercados externos em vários setores, efeito que, a médio e longo prazos, tende a ser tão ou mais danoso para a competitividade da indústria do que os efeitos das importações chinesas no mercado local.

A ascensão comercial chinesa produz e produzirá efeitos dramáticos em diversas economias, sobretudo aquelas cujas indústrias tenham baixa sofisticação tecnológica e elevada dependência de mão de obra barata. Para economias complexas como a brasileira, conforme sugerem Devlin

---

[19] Nas negociações de acessão da China à OMC, o México apresentou uma das maiores listas de produtos e setores nos quais desejava obter concessões especiais, com 1.400 itens (o Brasil apresentou uma das menores, com três). Foi um dos últimos países a concluir negociações bilaterais no processo de acessão.

e Estevadeordal (2005), trata-se de "um gigantesco alarme" tocando cada vez mais alto, sugerindo a necessidade de mudanças profundas em matrizes produtivas e no arcabouço regulatório. Para muitas indústrias, a China é uma forte candidata tanto para a localização de parte de sua capacidade produtiva quanto para integrar competitivamente sua cadeia de suprimentos. Para outras, inviabiliza os arranjos produtivos em que se baseiam, o que sugere a necessidade de reorganização industrial ou, em alguns casos, de extrema dificuldade a impossibilidade de competição. Atuar nesse contexto depende muito de estratégias empresariais específicas, mas também da adoção de políticas públicas adequadas.

A formulação de políticas públicas e estímulos à competitividade no Brasil não tem atentado rigorosamente para as mudanças em curso nas cadeias produtivas e nas redes de inovação globais, nas quais a China e outros países asiáticos são elementos fundamentais. E isso nos traz ao quarto e último grande elemento a considerar nesta análise: a medida em que a reação governamental à ascensão chinesa carece da articulação de abordagens estratégicas consistentes. Do ponto de vista da política comercial, a formulação do relacionamento com a China concentrou-se muito em uma agenda de cunho protecionista, em detrimento da organização de reações mais estruturadas de estímulo à produção e à competitividade internacional.

Segmentos pesadamente afetados pela competição chinesa merecem toda a proteção que o Estado possa lhes conferir dentro das regras da OMC. Isso, contudo, não pode obscurecer a compreensão de mudanças mais profundas no quadro da competição comercial internacional. No auge das disputas comerciais com a China, em 2005, conforme indicavam análises da Secretaria de Comércio Exterior e do Conselho Empresarial Brasil-China, os produtos que levavam à montagem de uma agenda predominantemente negativa, com propostas de barreiras, salvaguardas, investigações antidumping e adoção de restrições voluntárias, correspondiam a menos de 1% das importações da China.

O governo chinês, embora ainda perplexo com o retrocesso no reconhecimento do país como economia de mercado, estimulou setores específicos, como o de brinquedos, a negociar restrições voluntárias a exportações, a fim de preservar o ambiente de relações com o Brasil. A exemplos dessa natureza, no entanto, tem faltado a contrapartida de estímulos ao aumento da competitividade ou de revisão das estratégias dos setores brasileiros afetados.

A falta de compreensão dos desafios da competição comercial com a China sob uma ótica mais ampla tem também o potencial de acarretar problemas para diversas indústrias, brasileiras ou multinacionais, que operam aqui e cuja produção se origina em parte de unidades chinesas. A adoção de barreiras afeta desnecessariamente a competitividade de cadeias que consomem insumos de origem chinesa em seus processos produtivos, postura que pode levar a retaliações comerciais, declaradas ou não, com potencial significativo de prejuízos para vários setores.

As limitações do debate acerca do relacionamento com a China, à luz das características da composição do comércio bilateral, revelam-se, entre outros aspectos, no fortalecimento de uma falsa dicotomia sobre o perfil exportador do Brasil (resumidamente, produtos de base *versus* manufaturas). O fato de um país ser grande exportador de recursos naturais e insumos industriais básicos, não obstante considerações de política cambial e efeitos como a "doença holandesa", não é necessariamente excludente de sua competitividade industrial. A Austrália, apesar de demográfica e economicamente muito menor que o Brasil, compete bem em ambas as frentes.

A verdadeira questão a debater não seria uma dicotomia tão limitante, mas a dimensão do papel estratégico que o Brasil pode vir a ter — e em grande medida já tem — no abastecimento da indústria chinesa com produtos de base essenciais (minérios e metais, petróleo, madeira, papel e celulose, alimentos e óleos vegetais), inclusive em arranjos que beneficiem setores industriais específicos por meio de acordos preferenciais ou outros mecanismos. A voracidade com que a China busca assegurar acesso a produtos de base no exterior, voracidade que molda várias de suas premissas econômicas, geopolíticas e de segurança nacional, sugere estar o Brasil particularmente bem situado para oferecer uma efetiva e mutuamente vantajosa parceria estratégica. Mas isso precisaria ser muito bem articulado entre governo e empresas, considerando sua implantação no longo prazo. Uma iniciativa dessa natureza poderia ainda aumentar a proteção a produtores nacionais contra tentativas do governo chinês de influenciar o mercado quando lhe convém.[20]

Do ponto de vista da articulação formal do relacionamento bilateral, o desempenho brasileiro tem-se caracterizado pela baixa capacidade de gerar propostas robustas e por dificuldades em assegurar o acompanhamento ou a implementação de decisões das instituições públicas envolvidas. Apesar de os dois países terem instituído um mecanismo de alto nível formalmente liderado, no lado brasileiro, pelo vice-presidente da República (inaugurado em 2006), e um mecanismo de "diálogo estratégico" (2007), as propostas brasileiras têm sido tímidas, fruto da inexistência de massa crítica especializada em China e da baixa incidência de consultas ao setor privado acerca de seus interesses. Esses foros sequer conseguem manter uma agenda significativa de reuniões de trabalho, diferentemente de outros países, que atribuem grande importância a tais foros e os utilizam como mecanismos efetivos de concertação bilateral.[21]

Finalmente, não obstante os deslocamentos que a China e parte da Ásia provocam em estruturas produtivas e na geometria da competição comercial internacional, fator que tem estimulado ou acelerado reformas de políticas públicas em vários países, o governo brasileiro não tem articulado mecanismos para assegurar o fortalecimento da competitividade de indústrias relevantes para o país na velocidade que a ascensão da China — ou da Ásia, de forma mais ampla — sugere ser necessária. As indústrias que se posicionam competitivamente nesse novo contexto o fazem por mérito e iniciativa próprios, apesar do "custo Brasil". Mas um conjunto muito maior pode se tornar rapidamente exposto de forma prejudicial à ascensão da China.

Diferentemente dos casos de outros países em desenvolvimento, que não lograram diversificar seu parque industrial nas últimas décadas, as

---

[20] Além dos citados episódios relativos às exportações de soja, o governo tentou constranger os três maiores exportadores de minério de ferro — BHP Billiton, Rio Tinto e Vale — em fevereiro de 2006, fazendo vazar um memorando supostamente secreto do Ministério do Comércio no qual acusava as empresas de colusão e dava instruções às siderúrgicas nacionais sobre as negociações de preços de minério então em curso. Após fortes protestos do governo australiano e gestões diplomáticas mais discretas do Brasil, o próprio primeiro-ministro Wen Jiabao veio a público desculpar-se pelo incidente.

[21] Chile e Peru são dois exemplos em nossa região.

empresas brasileiras têm condições de atuar competitivamente tanto no mercado chinês quanto em relação a concorrentes chineses em terceiros mercados. Isso passa necessariamente, contudo, pelo desenvolvimento de maior inteligência e capacidade de compreensão das mudanças estruturais em curso, pela elaboração de estratégias e alianças adequadas, por investimentos pesados em infraestrutura, estímulos à competição e à inovação, e por políticas públicas que propiciem um ambiente menos desequilibrado em relação aos novos atores asiáticos.

## Referências

BERGSTEN, Fred (Ed.). *China, the balance sheet*. New York: Public Affairs, 2006.

CONSELHO EMPRESARIAL BRASIL-CHINA. *Carta da China*. 2004-2009 (vários números). Disponível em: <www.cebc.org.br>.

DEVLIN, Robert; ESTEVADEORDAL, Antoni. *The emergence of China: opportunities and challenges for Latin America and the Caribbean*. Inter-American Development Bank, 2005. Disponível em: <http://docs.iadb.org/wsdocs/getdocument.aspx?docnum+447111>.

ECONOMIST INTELLIGENCE UNIT. *China hand, the complete guide to doing business in China*. Hong Kong, 2007.

GOLDMAN, Merle; MAcFARQUHAR, Roderick. *The paradox of China's post-Mao reforms*. Cambridge, Mass.: Harvard University Press, 1999. (Harvard Contemporary China Series, 12).

HALE, David. Reconsidering revaluation. *Foreign Affairs*, v. 87, n. 1, 2008.

IKENBERRY, John. The rise of China and the future of the West. *Foreign Affairs*, v. 87, n. 1, 2008.

LARDY, Nicholas. *China's unfinished economic revolution*. Washington: Brookings Institution Press, 1998.

_____. *Integrating China into the world economy*. Washington: Brookings Institution Press, 2002.

LEONARD, Mark. *What does China think?* London: Fourth Estate, 2008.

PEI, Minxin. *China's trapped transition* — the limits of developmental autocracy. Cambridge, Mass.: Harvard University Press, 2006.

SANTISO, Javier (Ed.). *The visible hand of China in Latin America*. Paris: OECD, 2007.

SHAMBAUGH, David. *China's Communist Party:* atrophy and adaptation. California: University of California Press, 2009.

SHENKAR, Oded. *The Chinese century*. New York: Wharton School, 2005.

STUDWELL, Joe. *The China dream* — the quest for the last great untapped market on Earth. New York: Atlantic Monthly Press, 2002.

## Anexo
### A concessão do status de economia de mercado à China

Poucos episódios na história recente da política externa brasileira foram tão controversos quanto o reconhecimento da China como economia de mercado. Em novembro de 2004, o presidente Hu Jintao visitou o Brasil. A coreografia foi semelhante à da visita do presidente Lula à China no semestre anterior, com vasta delegação empresarial e promessas de aprofundamento da "parceria estratégica". A grande diferença em relação à primeira visita presidencial, no entanto, foi o fato de o governo chinês ter um único objetivo central a solicitar a suas contrapartes brasileiras: obter o reconhecimento do país como economia de mercado.

Ao ingressar na OMC em 2001, a China concordou em não ser tratada como economia de mercado durante um longo período de transição. Nos termos da OMC, economias não reconhecidas como de mercado são submetidas a critérios especiais em investigações antidumping. Em termos práticos, o país proponente de uma investigação pode usar os preços de referência vigentes em um terceiro país, no qual julgue haver condições semelhantes de produção.[22]

Uma vez dentro da OMC, a China iniciou uma campanha para ser reconhecida individualmente por outros membros da organização como uma economia de mercado. Tratava-se de esforço de mínimas implicações práticas em termos de acesso a mercados, mas havia certa importância simbólica, na medida em que o status de economia de mercado era associado a percepções de aumento do prestígio internacional da China.

Nos meses anteriores à visita de Hu ao Brasil, todas as delegações preparatórias oficiais, e mesmo representantes de grandes empresas estatais, insistiam sistematicamente no status de economia de mercado. A inclinação do governo brasileiro era atender à solicitação, em troca da também

---

[22] Diversas distorções na formação de preços vigoravam na China, consideradas as particularidades de sua história econômica das últimas décadas e o papel do Estado na gestão da economia. No entanto, a experiência de países que empreenderam investigações antidumping na década de 1990, como Austrália e Canadá, indica que prevaleçam, em vários setores produtivos, condições muito próximas das existentes em um mercado livre. Autores como Nicholas Lardy também apontam para a elevada liberdade de formação de preços vigente no país, diferentemente dos mecanismos vigentes no início do processo de abertura econômica.

simbólica — e dificilmente exequível — promessa de apoio à candidatura brasileira a um assento permanente num hipoteticamente reformado Conselho de Segurança da ONU, reforma esta que não interessa ao governo chinês à luz das configurações atuais de poder mundial.

Houve falha do governo brasileiro tanto em reconhecer que a insistente demanda chinesa poderia ser objeto de uma barganha comercial significativa, dado que o Brasil poderia vir a ser o primeiro país de peso relevante a conceder à China o status desejado, quanto em identificar uma abordagem estratégica em consultas com setores envolvidos nas relações comerciais e de investimentos bilaterais. Embora empresários tenham apresentado uma lista de demandas às vésperas da visita do presidente Hu,[23] o documento firmado pelos dois governos atendia prontamente ao interesse chinês, mas sem mecanismos de verificação de implantação das contrapartidas demandadas pelo Brasil, nem metas concretas de implementação de compromissos.

A forma pela qual o Brasil reconheceu o status de economia de mercado da China exacerbou resistências setoriais em relação ao país. Naquele momento, já se materializavam os efeitos nocivos da competição sobre diversos setores produtivos, especialmente aqueles intensivos em mão de obra, como calçados[24] e têxteis. Para piorar a percepção acerca do crescimento das importações, aumentava rapidamente o contrabando e outras práticas ilícitas envolvendo produtos chineses, como subfaturamento e desvios de comércio. Também tomaram vulto, a partir de 2005, queixas a respeito da composição do comércio bilateral — diferentemente da situação com outros parceiros comerciais, o Brasil exportava produtos primários para a China com baixa agregação de valor e importava produtos manufaturados, em alegado prejuízo da indústria nacional.

---

[23] O Conselho Empresarial Brasil-China apresentou ao presidente Luiz Inácio Lula da Silva, uma semana antes da chegada do presidente chinês ao Brasil, uma lista com várias sugestões de interesses concretos de empresas brasileiras, a maioria envolvendo abertura do mercado chinês a determinados produtos ou exigindo maior estabilidade e transparência em controles não tarifários.

[24] No caso da indústria de calçados, parte da produção gaúcha se deslocara para a China na década de 1990. Uma vez que não julgavam inviável competir com as condições de produção chinesas, empresários gaúchos mudaram-se para a cidade de Dongguan, em Cantão (Guangdong), onde a produção é supervisionada por centenas de técnicos brasileiros.

Diante da forte resistência de entidades empresariais brasileiras ao status da China como economia de mercado, o memorando pelo qual o governo brasileiro fazia o reconhecimento jamais foi enviado para a ratificação do Congresso. O que se seguiu foi um inusitado vácuo jurídico: caso empresas brasileiras desejassem abrir investigações antidumping contra importações chinesas, como propunham alguns segmentos da indústria, havia dúvidas acerca dos procedimentos a utilizar. As regras da OMC eram claras, e a falta de ratificação pelo Congresso tornava inócuo o ato do Executivo que reconhecia a China como economia de mercado. No entanto, não aceitar as consequências jurídicas daquele ato produziria significativo constrangimento político com a China.

Na China, o imbróglio em torno do reconhecimento ou não do país como economia de mercado contribuiu — e continua contribuindo — para, além de gerar enorme perplexidade, erodir a credibilidade das instituições brasileiras junto a suas contrapartes chinesas. A solução de compromisso encontrada a fim de serem evitadas longas batalhas jurídicas, por meio de negociações entre as associações setoriais de brinquedos, produtos têxteis, calçados e outras, foi a busca de acordos de redução voluntária temporária de exportações em determinados segmentos industriais, de forma que os atores brasileiros pudessem se adaptar a novas condições de competição. Lentamente, o tema perdeu visibilidade pública em ambos os países, mas continua sendo um fator relevante de desgaste nas relações bilaterais.

# 6

# Um novo centro econômico do mundo?*

LUIZ AWAZU PEREIRA DA SILVA

Quando falamos da Ásia[1] como o "novo centro do mundo" a narrativa que nos vem à mente é normalmente a seguinte: as taxas de crescimento alto persistentes durante as últimas décadas derivam da crescente importância da região no mercado global, na produção de manufaturados e nas exportações, o que permitiu que a região aumentasse sua participação nos investimentos diretos externos (IDEs) mundiais, promovesse mudanças importantes na estrutura de produção doméstica e na riqueza, aumentasse a produção industrial e a acumulação significativa de reservas internacionais, especialmente na China e no Japão. Esse crescimento inegável de poderes financeiros e econômicos poderia ser considerado o começo de uma nova mudança geopolítica na economia global, onde a Ásia (em particular a China, se bem que "discussão" semelhante se deu a respeito

---

* Tradução de Luciana M.V. de Mattos.

[1] Cabe primeiro especificar se me refiro à Asia desenvolvida, de alta renda (como Japão e Coreia do Sul, Taiwan, Hong Kong e Cingapura), e/ou à Ásia em desenvolvimento, ou seja, a China e outros países em desenvolvimento do Leste asiático (Tailândia, Indonésia, Malásia, Vietnã etc.) e se o Sul da Ásia está ou não incluído (como Índia). Usarei Ásia, incluindo os países desenvolvidos (Japão, Coreia do Sul etc.) e, em seguida, especificarei o Leste asiático e os países da Associação de Nações do Sudeste Asiático (Ansa), quando necessário.

do Japão na década de 1980)[2] substituiria os Estados Unidos e o Oeste europeu no "centro" ou no núcleo.[3] Com relação ao papel crescente da Ásia na economia global, surgem principalmente duas questões, à luz da atual crise global financeira:

- O sucesso asiático, com seu modelo de crescimento e desenvolvimento específico, envolverá mudanças generalizadas nos paradigmas de desenvolvimento e em quadros políticos convergindo para uma estratégia de desenvolvimento asiático? Ou, ao contrário, a atual crise financeira mundial revelou novos problemas do modelo asiático (por exemplo, dependência excessiva de exportações em relação aos EUA, valorização de ativos denominados em dólares etc.) que precisam ser abordados? Especificamente, como o processo de ajuste dos desequilíbrios globais (como menor consumo nos EUA) após a crise afetaria o modelo asiático e quais as possíveis consequências desse processo para a Ásia, os Estados Unidos e os países em desenvolvimento?

- Como o papel mais expressivo da Ásia no comércio internacional, na produção industrial e nas finanças na economia global afeta outros países em desenvolvimento (particularmente da América Latina)? Qual seria o *trade-off* entre uma maior demanda (asiática) de produtos dos países em desenvolvimento (por exemplo, *commodities*) e o aumento da concorrência em terceiros mercados de outros pro-

---

[2] Após a II Guerra Mundial, o Japão foi a maior economia da Ásia e a segunda maior do mundo durante várias décadas, depois de superar a União Soviética (em produto interno líquido) em 1986 e a Alemanha em 1968. No final dos anos 1980 e início dos 90, o PIB do Japão era quase tão grande (pelo método ajustado pela taxa de câmbio atual) quanto o do restante da Ásia combinado. Em 1995, a economia japonesa quase se igualou à dos Estados Unidos e se equiparou à maior economia do mundo por um dia, após a moeda japonesa atingir um recorde de alta de 79 ienes por dólar.

[3] Essa discussão assemelha-se à análise de Braudel (1979) sobre a rotatividade das lideranças econômicas da Europa durante os séculos XV-XVIII, agora aplicada à economia global moderna. O ponto de vista de Braudel sobre a "rotatividade" resultou de uma série de fatores e apresentou vantagens comparativas para cidades mercantis maiores, como Gênova, Veneza, a Liga Hanseática, Amsterdã etc. Mais tarde, os Estados-nações tornaram-se, por sua vez, "centros" da então economia global-europeia capitalista. A concorrência e o sucesso dependiam da localização geográfica, da mudança de rotas de comércio, dos efeitos da aglomeração no papel dos centros urbanos, da capacidade de financiamento, do papel dos governos, instituições etc.

dutos de exportação dos países em desenvolvimento (como produtos manufaturados)?

Adoto aqui uma abordagem pragmática. Na seção a seguir, reconheço que a Ásia tem crescido no que diz respeito a uma série de critérios econômicos e financeiros. Na terceira seção, analiso detalhadamente esse modelo de crescimento e desenvolvimento asiático, especialmente seus pontos fortes e fracos, e, em particular, os efeitos da recente crise no comércio e nas finanças internacionais. Na quarta e quinta seções, analiso a vulnerabilidade da região — especialmente da China — em relação à recente crise financeira e as consequências para o modelo de crescimento da Ásia e de outros países em desenvolvimento. Por fim, apresento algumas conclusões acerca dos cenários de desaceleração do crescimento global e asiático para outros países em desenvolvimento, incluindo o Brasil.

## A ascensão da Ásia em termos de critérios econômicos e financeiros[4]

Nas últimas décadas, a Ásia vem crescendo com relação a uma série de critérios econômicos e financeiros — como crescimento elevado persistente, participação no comércio internacional e nas exportações de manufaturados, participação na produção global de manufaturados, posição de credor internacional líquido, posição positiva em conta-corrente positiva líquida etc.

[4] De certo modo, a China e a Índia estão simplesmente recuperando suas antigas lideranças na economia mundial. Antes da Revolução Industrial, China e Índia eram provavelmente as duas maiores economias do mundo (ver Maddison, 2006). Durante o primeiro milênio, a Índia tinha possivelmente o maior PIB e cerca de 30% do PIB mundial. Por volta de 1500, a China passou a Índia. Ao longo do século seguinte, as duas potências se revezaram entre o primeiro e o segundo maior PIB, até que a Europa ocidental e depois os EUA ultrapassaram os dois países durante a Revolução Industrial, nos séculos XVIII-XX. Historiadores e economistas questionam por que as descobertas científicas empíricas não foram integradas em processos produtivos na Ásia e por que a Revolução Industrial aconteceu na Europa e não na Ásia. Lin (1995) argumenta que o cenário institucional e de incentivos não favoreceu o domínio da ciência e da tecnologia para o avanço profissional da burocracia asiática e dos sistemas de poder.

**FIGURA 1**

## Crescimento do PIB em médias móveis (% ao ano)

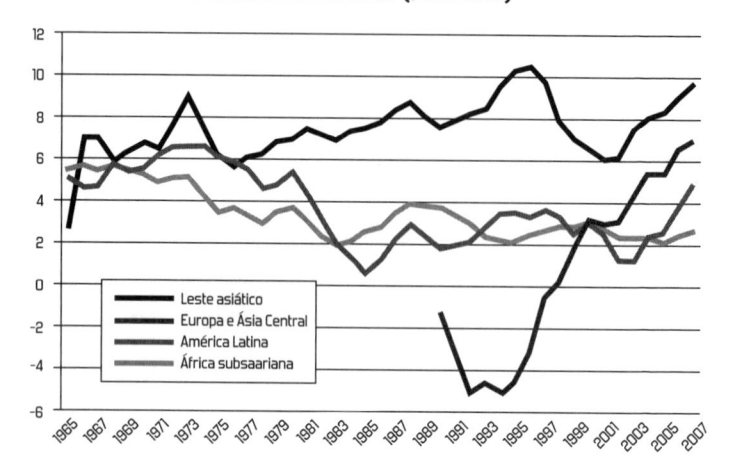

Fonte: Banco Mundial.

Desde meados dos anos 1970, o PIB da Ásia cresceu mais, embora de maneira ainda volátil, do que o de outros blocos e regiões econômicas. Por volta dos anos 1980-1990, a região experimentou forte e persistente crescimento, devido às "novas economias industriais" conduzidas pelo Japão — o que foi identificado como o "milagre do Leste asiático" — e posteriormente compostas pelos países emergentes do Leste asiático e China, que se beneficiou de seus próprios esforços de reforma no final da década de 1970. A crise do Leste asiático em 1997/1998 afetou a região, mas a recuperação foi forte e *V-shaped*, resultando em um crescimento robusto acima de 10% no final de 2007.

## FIGURA 2

**Crescimento real das exportações nos países emergentes da Ásia (variação percentual anual)**

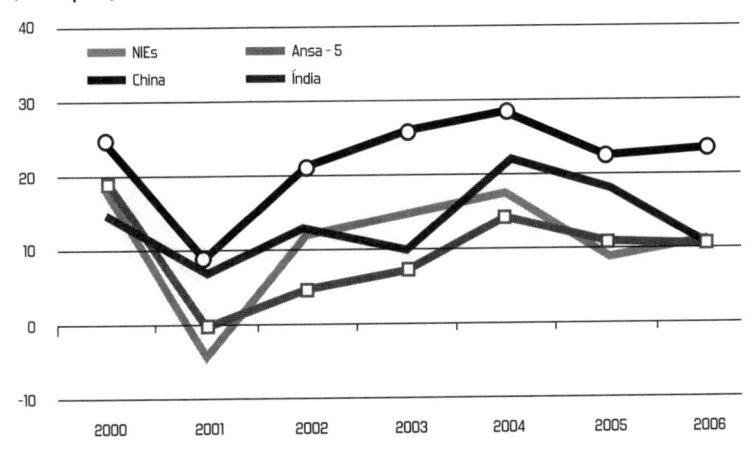

Fontes: FMI, banco de dados do *World Economic Outlook*.

O forte crescimento no século XXI pode ser em grande parte atribuído ao crescimento das exportações, que caracterizou o desempenho econômico asiático. Mesmo com a desaceleração ocorrida em 2001 — com o estouro da bolha da internet e a crise de confiança nos EUA —, o crescimento das exportações girou em torno de uma tendência anual superior a 10% nos primeiros anos do século. É importante salientar o extraordinário desempenho das exportações chinesas (acima de 20% de crescimento real ao ano), essencialmente de produtos manufaturados. Cabe notar, contudo, que outras regiões também apresentaram crescimento significativo de comercialização na última década, contrariando o senso comum. A Europa, a América Latina e o Sul da Ásia apresentaram forte crescimento nas exportações de manufaturados na década de 1990 e nos anos 2000, mas com tendência de queda. A característica peculiar do desempenho das exportações de manufaturados do Leste asiático na década de 2000 está relacionada a um aprofundamento do modelo de crescimento liderado por exportações.

## FIGURA 3

**Crescimento da exportação de manufaturados, por regiões, em 1991-2005 (%)**

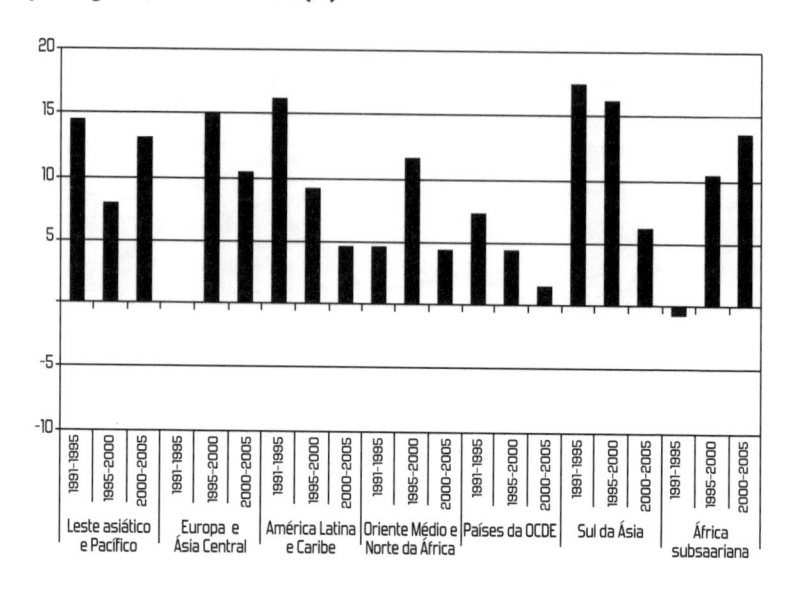

Fonte: Unido (2009).

Há, particularmente, uma maior correlação entre o crescimento das exportações inter-regionais na Ásia e as importações de produtos não petrolíferos dos EUA no período pós-1999, o que sugere uma aceleração no processo de integração regional. Krumm e Kharas (2004) relatam que as transações comerciais intrarregionais no Leste asiático cresceram de 42% para 54% entre 1990 e 2003. Para efeito de comparação, as transações comerciais inter-regionais representaram apenas 10% do comércio do Mercosul em 1990, passando para 15% em 2003. Essas cifras sugerem também que o ciclo de comercialização norte-americano teve uma influência expressiva no desenvolvimento das exportações asiáticas.

# FIGURA 4

**Exportações intrarregionais da Ásia emergente e importações não petrolíferas dos EUA\* (variação percentual de ano para ano)**

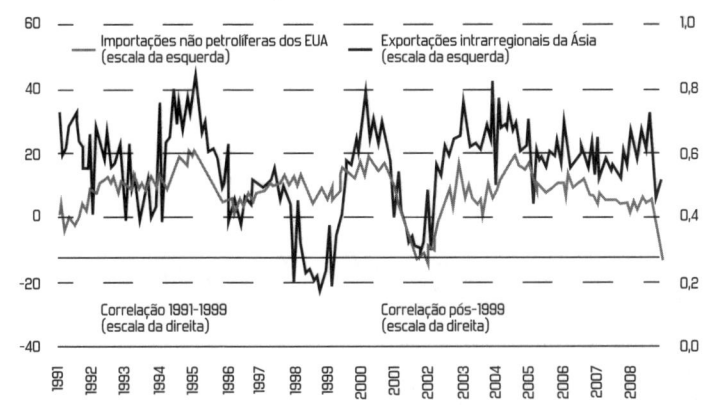

Fonte: FMI.

\* Inclui China, Hong Kong, Coreia do Sul, Cingapura, Indonésia, Malásia, Filipinas e Tailândia.

# FIGURA 5

**Mudanças no padrão de exportação do Leste asiático, 1994-2004**

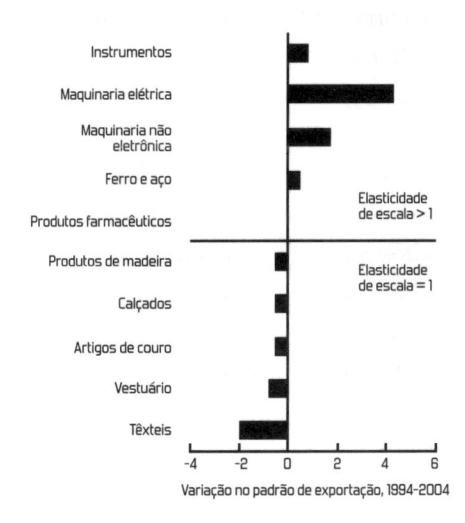

Variação no padrão de exportação, 1994-2004

Fonte: Krumm e Kharas (2004).

Qualitativamente, entre 1994 e 2004, o padrão de exportação do Leste asiático mudou em relação aos produtos com maior potencial de ganhos de escala na produção (por exemplo, maquinaria). As principais mudanças relativas à participação das exportações do Leste asiático ocorreram naqueles produtos que exigem mão de obra menos qualificada associada a custo baixo e baixa tecnologia. Estes experimentaram uma diminuição relativa nas exportações da região, incluindo a China. O Leste asiático começa a adotar uma estratégia de exportação de produtos com mão de obra mais qualificada e de alta tecnologia, o que possibilita ganhos de escala industriais, empresariais e econômicos.

Portanto, as exportações asiáticas estão associadas ao avanço da integração regional. Tal integração é confirmada quando observamos a mudança estrutural no padrão de comercialização do Leste asiático e o crescimento significativo das importações de partes e componentes entre 1999 e 2003 para todos os países da região.

## FIGURA 6

### Produtos mais sofisticados no Leste asiático

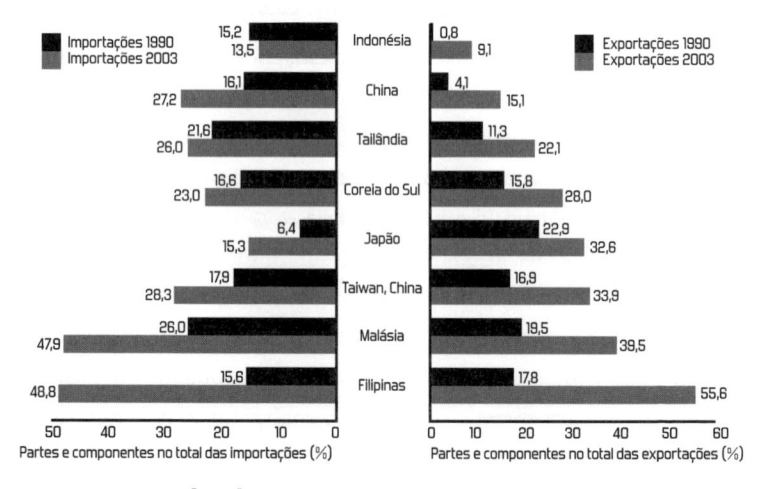

Fonte: Krumm e Kharas [2004].

**FIGURA 7**

**Diversificação geográfica na produção de manufaturados para exportação,[5] por região, 1991-2005 (%)**

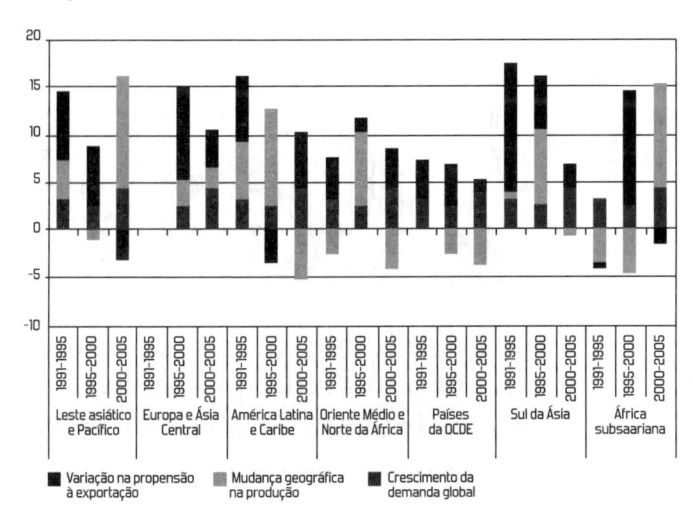

Fonte: Unido (2009).

Tais mudanças estruturais no padrão das exportações de manufaturados são importantes para se compreender a nova dinâmica na economia mundial. A Ásia é cada vez mais o centro de produção da economia global. A região foi o principal destinatário dos fluxos de investimento direto externo (IDE) na década passada, com crescimento de fluxos líquidos de US$ 45 bilhões em 1999 para aproximadamente US$ 117 bilhões em 2007. Portanto, não é uma coincidência que a mudança geográfica na produção para a Ásia seja a maior fonte de crescimento das exportações de manufaturados de 1991 a 2005. Embora a demanda global tenha desempenhado um papel significativo, o crescimento das exportações do Leste asiático reflete uma mudança global na produção industrial em relação aos países da região.

---

[5] Ver Unido (2009). Crescimento nas exportações = crescimento na demanda global + mudanças geográficas na produção + mudanças na tendência das exportações, onde: o crescimento da demanda global é obtido pela taxa de crescimento da produção do produto no mundo; a mudança geográfica na produção é dada pela diferença entre a taxa de crescimento da produção do produto em cada país e a taxa de crescimento da produção mundial do produto; e a mudança na tendência de exportação é obtida pela diferença entre a taxa de crescimento das exportações de cada país e a taxa de crescimento da produção.

Regionalmente, sobretudo no caso da China, o forte desempenho das exportações nos anos 2000, após a crise asiática, se traduziu em um comércio líquido positivo, assim como em uma posição positiva em conta-corrente. No período pós-crise de 1997/1998, a posição positiva externa líquida correspondeu também a um nível menor de investimentos em todo o Leste asiático, com a exceção da China, enquanto a poupança doméstica era mantida nos níveis precedentes (no caso da China, as reservas e os investimentos cresceram significativamente, e a poupança ultrapassou os investimentos, gerando superávit em conta-corrente no período 2002-2008).

Assim, durante os primeiros cinco anos do século XXI, os países asiáticos em desenvolvimento construíram uma posição internacional credora líquida positiva, seguindo o exemplo do Japão na década de 1980. Uma das consequências disso foi o nível confortável de proteção alcançado externamente contra paradas súbitas: as reservas acumuladas de divisas da maioria dos países asiáticos subiram para quase 600% das necessidades de financiamento externo (para a China), ficando bem acima do patamar de 100%.

## FIGURA 8
### Saldo agregado da Ásia em desenvolvimento (em bilhões de US$)

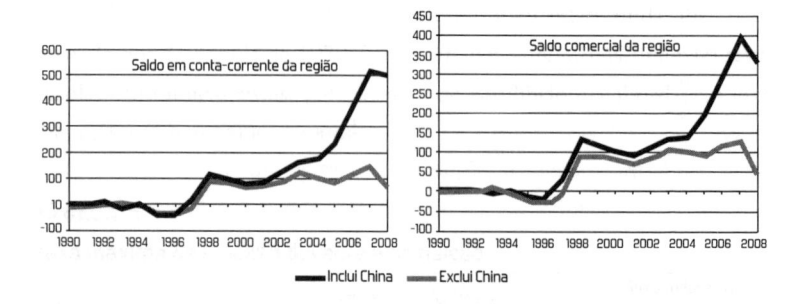

Fonte: Prasad (2009).

Obs.: A Ásia em desenvolvimento inclui: Bangladesh, Camboja, China, Cingapura, Coreia do Sul, Filipinas, Hong Kong, Índia, Indonésia, Malásia, Paquistão, Sri Lanka, Tailândia, Taiwan e Vietnã. No caso do saldo comercial, os números para 2006 e 2007 não incluem Bangladesh, e os para 2008 não incluem Bangladesh, Camboja, Sri Lanka e Vietnã, dada a falta de dados.

**FIGURA 9**

**Robusta posição internacional de reservas: reservas internacionais em relação às necessidades de financiamento externo (%)**

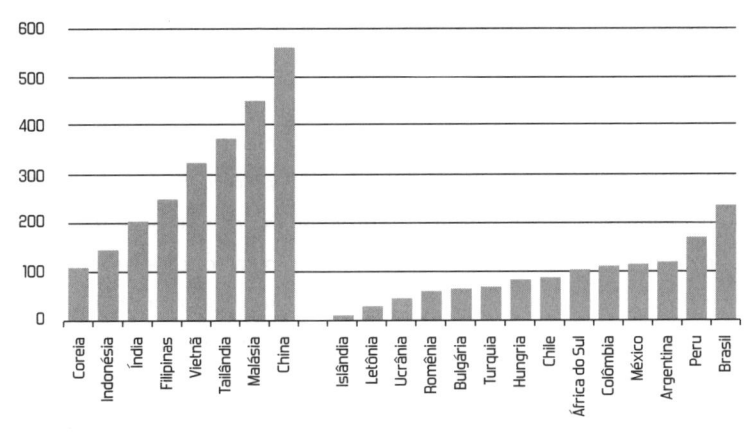

Fonte: FMI.

Obs: Cálculo a partir das reservas internacionais brutas (dez./2008), como proporção da dívida externa projetada com vencimento em 2009 acrescida do déficit em conta corrente projetado para 2009 (zero, se a conta corrente for superavitária).

A imagem que surge dessa visão geral é a de uma Ásia em evolução, que foi capaz de arquitetar a transformação de seu modelo inicial de exportação, baseado em baixos salários, para uma integração regional mais intensa, e que conseguiu atrair uma parcela considerável da capacidade produtiva de manufaturados do mundo através de IDE, do crescimento das exportações de produtos manufaturados mais sofisticados e da sustentação de uma posição externa forte, com níveis de segurança sem precedentes contra paradas súbitas, mediante a acumulação de altos níveis de reservas internacionais.

## O modelo asiático de crescimento e desenvolvimento
### Sucesso e pontos fortes

Além das evidências já mencionadas, há muitas outras relacionadas ao sucesso inegável do modelo asiático de crescimento. É certamente grande o interesse em se entender o desempenho econômico da Ásia nos anos 2000 (especialmente da China), assim como as altas taxas de crescimento dos países em desenvolvimento asiáticos desde a metade dos anos 1990, um fator importante por trás do seu sucesso econômico. Há hoje uma vasta literatura sobre o desenvolvimento e o crescimento do Japão, de países do Leste asiático e, mais recentemente, da China.[6] "O padrão de crescimento asiático, conhecido como 'milagre' no início dos anos 1990, começou a impactar profundamente a teoria do crescimento bem antes que seu alcance fosse totalmente percebido. Os primeiros trabalhos concentravam-se principalmente nos 'quatro pequenos tigres asiáticos', por vezes acrescentando ao 'milagre' países como Indonésia, Malásia e Tailândia. China e Índia só passaram a protagonistas na segunda metade da década de 1990. As taxas de crescimento extremamente elevadas da China, desde 1980, e da Índia, desde meados da década de 1990, acaloraram as discussões de teóricos e políticos. Se essas taxas de crescimento extraordinárias persistissem por duas ou três décadas alterariam radicalmente o panorama da economia global." Muitos estudos assinalaram que as taxas de crescimento da Ásia em desenvolvimento, persistentemente elevadas por muitas décadas, partiram claramente de hipóteses dos modelos convencionais neoclássicos de crescimento e acrescentaram novos aspectos políticos e institucionais ao conhecimento convencional existente (como, por exemplo, o Consenso de Washington). Uma das questões mais debatidas foi determinar empiricamente qual o principal responsável pelo grande crescimento, se aumentos nos insumos ou na produtividade total dos fatores.[7] O papel das políticas públicas (tanto macroeconômicas, quanto intervenções setoriais, em especial no setor industrial) no fomento e na promoção do crescimento econômico sustentável foi outra controvérsia relacionada à discussão do modelo asiático.

Mas, eventualmente, muitos concordaram que o alicerce das estratégias de desenvolvimento asiático estava na conquista e na manutenção da estabilidade macroeconômica (por exemplo, inflação relativamente baixa e um quadro favorável em termos de finanças públicas). O consenso dominante entre os tomadores de decisões era que esses fundamentos eram importantes para criar incentivos duradouros de investimento, exportações etc., com retornos previsíveis.

---

[6] Ver, por exemplo, World Bank (1993); Birdsall e Jaspersen (1997); Krumm e Kharas (2004); Yusuf, Altaf e Nabeshima (2004); e também Rodrik (2005); e Fogel (2009).

[7] Ver, por exemplo, Young (1993); e Krugman (1994 e 1998).

**FIGURA 10**

159

**A estratégia asiática de substituição de importações (ESI)**

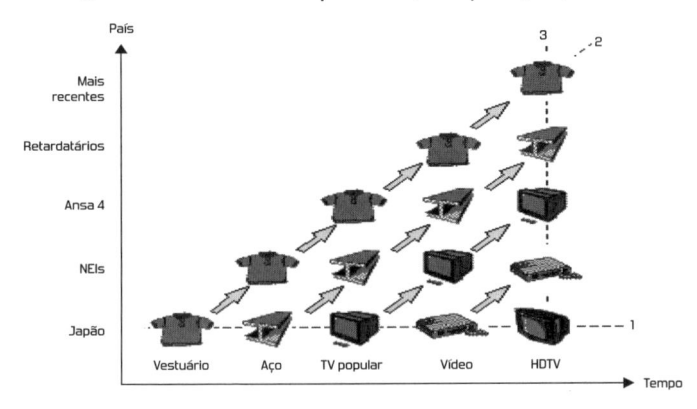

Fonte: Lin (2009).

Com tais políticas "macro" (incluindo políticas de substituição de importações), o processo de industrialização pode ocorrer, fazendo-se o *upgrade* industrial de acordo com uma estratégia gradativa — por exemplo, a conhecida metáfora do "voo dos gansos" de Akamatsu (1961). A liderança econômica regional (isto é, o Japão) dá início ao processo com investimentos em setores de baixa tecnologia (por exemplo, vestuário). Quando é chegado o momento de ultrapassar a próxima fronteira tecnológica (por exemplo, a indústria de metal e aço), o investimento direto externo (IDE) realoca a capacidade de produção para o grupo seguinte de países asiáticos com custos mais baixos (as NIEs), enquanto o país líder continua se movendo para um segmento industrial mais sofisticado. O processo se repete em relação aos grupos de países e aos novos segmentos da indústria de manufaturados.

Essa estrutura simples (do lado da oferta), que se apoia essencialmente em vantagens comparativas de mão de obra, sugere um papel muito maior para o governo; como facilitador da estratégia de substituição de importações (ESI), ele age como uma "mão visível" na alocação de crédito, criação de barreiras, tarifas etc., no direcionamento de investimentos e incentivos para setores específicos e em intensidades diferentes.[8] Cabe notar que o *upgrade* gradual "planejado" de tal estrutura não parece ser totalmente compatível com os resultados reais (por exemplo, alguns bens manufaturados de alta tecnologia "avançada" são produzidos por países retardatários — China —, contrariando o cenário planejado). Em comparação com a ESI latino-americana, as duas principais diferenças são: a) o processo de seleção de comercialização para a identificação e a verificação de vantagens comparativas do país (ou seja, competitividade nas exportações) para estimular um segmento industrial específico (em vez de se basear em um mercado doméstico relativamente grande e normalmente protegido para expandir a produção); e b) o peso diferente da política econômica local na Ásia, onde os destinatários de subsídios que não podem obter resultados satisfatórios não são protegidos. Tal rigor não se concretizou em muitas outras experiências de ESI, o que aumentou o custo total de intervenções orçamentárias que apoiam as ESIs, e eventualmente resultou em distorções significativas com consequências macroeconômicas (como déficit fiscal, aumento da dívida pública, contingências passivas etc.).

Portanto, para alguns autores, a solidez da estratégia de crescimento asiático está em sua capacidade de combinar políticas de estabilidade macroeconômica com intervenções públicas específicas e "eficientes" em áreas como política industrial e modernização. Além disso, tal estratégia era flexível o bastante para que se admitisse uma variação muito grande entre as intervenções de Estados fortes (como Japão, Coreia) e regimes relativamente liberais (como Hong Kong). Outra característica importante do modelo asiático aumentou a competitividade inicial das exportações com base nos custos baixos de mão de obra por uma política operacional de câmbio (normalmente por intermédio de um regime de indexação "subavaliado"), que manteve a taxa de câmbio estável. Para que tal objetivo fosse alcançado, o ritmo de integração financeira foi coordenado de maneira a se evitar a abertura prematura de contas de

---

[8] Ver Wade (1990) ou Amsden (1989) acerca da discussão sobre se tais intervenções públicas foram "eficazes" ou apenas "uma questão de sorte".

capital e garantir o controle do fluxo de capital.[9] O papel da educação e da qualificação foi também um componente essencial para o sucesso da modernização industrial. Naturalmente, a sustentabilidade da estratégia foi possibilitada pelos altos níveis estruturais de reservas, o que resultou em níveis baixos de déficit em conta-corrente. Em geral, tais características se autofortaleciam, e levaram a Ásia ao progresso já descrito em termos de crescimento, ampliação de exportações e do setor de manufaturados, através da comercialização e da integração regional, e de um ciclo virtuoso de desenvolvimento.

Após algum ceticismo, o crescimento da Ásia de certo modo tornou-se um novo paradigma para as estratégias de desenvolvimento, substituindo a antiga ESI, que falhara durante a crise da dívida da década de 1980, e trazendo mensagens de uma versão asiática "pragmática" e intensificada do Consenso de Washington, que combinava crescimento novo com nova geografia econômica.

## Pontos fracos revelados pela crise

Os pontos fracos do modelo asiático começaram a ser revelados pela recente crise global e, como esperado, resultaram de seus próprios pontos fortes. A crise atual é especialmente preocupante para a estratégia de desenvolvimento da China (modernização industrial gradual e planejada, especialização em manufaturados, orientação para exportações), que talvez esteja começando a enfrentar seus próprios limites.

---

[9] Os primeiros países do Leste asiático a passar por crises cambiais e financeiras foram justamente as exceções (como a criação do Bangkok International Bank Facility — BIBF, em meados da década de 1990 na Tailândia).

**FIGURA 11**

**O efeito da crise mundial na comercialização: crescimento do PIB no 4° trimestre de 2008**

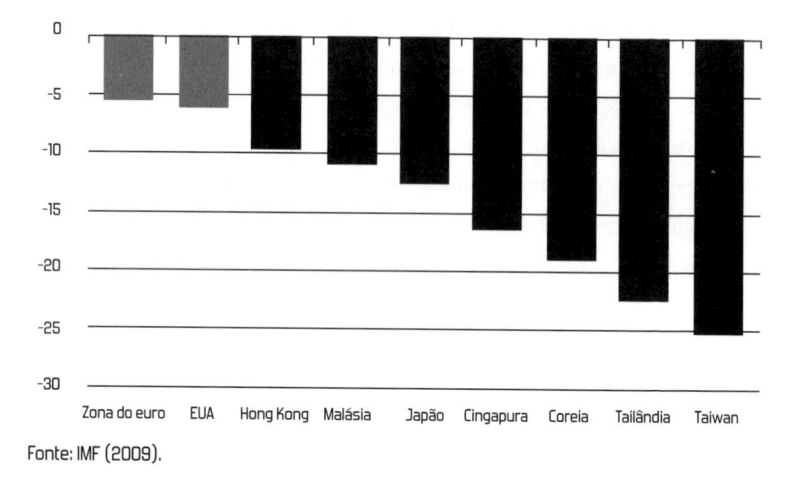

Fonte: IMF (2009).

O sucesso da forte integração com a economia global, especialmente com o G-2 (EUA e Área do Euro), afetou diretamente, através dos canais comerciais e financeiros, o desempenho do crescimento asiático, com quedas muito elevadas no crescimento da produção no último trimestre de 2008. Em média, a exposição da Ásia ao G-2 (no tocante a exportações e comércio inter-regional) aumentou durante a última década, chegando a mais de 20% em 2000-2008 — aproximadamente 25% dos países da Associação de Nações do Sudeste Asiático (Ansa) e quase 40% das economias recém-industrializadas (NIEs). Uma pesquisa recente do Banco Mundial sugere que a queda comercial mais brusca em relação às crises anteriores pode até certo ponto refletir uma resposta, ou uma elasticidade, muito maior de comercialização em relação ao PIB, em vez de apenas um declínio acentuado no PIB, o que causaria uma queda maior na comercialização. Tal pesquisa mostra forte aumento na elasticidade do comércio mundial em relação ao PIB, de menos de dois nos anos 1960 para mais de 3,5 atualmente, além de uma resposta maior durante períodos de crise do que em períodos de tranquilidade. Uma justificativa mencionada antes para esse grande aumento na elasticidade do comércio é o surgimento de processos modernos de produção fragmentada (como o da Ásia), que resultam no fluxo entre fronteiras de insumos intermediários usados na produção de qualquer produto final. A importância de tais processos na economia e no comércio mundiais cresceu bastante nas últimas décadas. Quedas no comércio hoje provavelmente refletiriam quedas menores no valor de produção agregado do que durante os anos 1960 e *a fortiori* mais ainda em 1929.

## FIGURA 12

### O efeito financeiro da crise mundial, variação nos ativos bancários internacionais contra a Ásia (4º trim./2008)

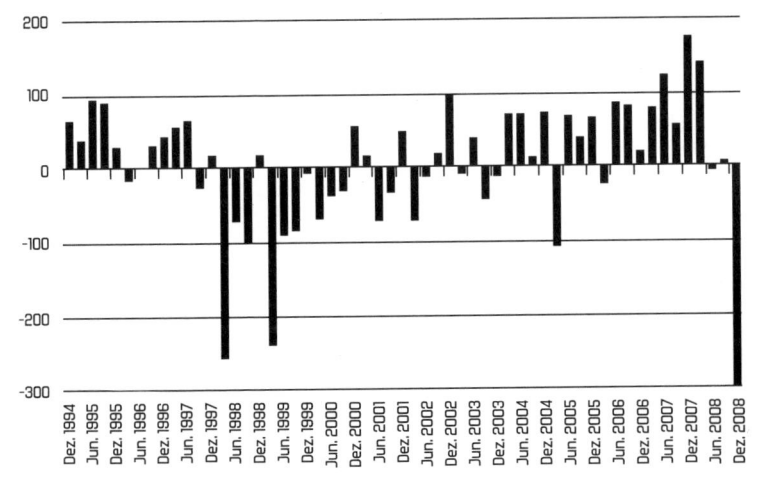

Fonte: IMF (2009).
Obs.: Efeito medido em bilhões de dólares, a partir da amostra de bancos que reportaram ao BIS, incluindo ajustes para as variações cambiais.

O sistema financeiro asiático teve pouca exposição direta aos produtos *subprime* dos EUA. No entanto, os efeitos indiretos da crise financeira mundial foram proporcionais à grande integração da Ásia aos mercados financeiros internacionais, especialmente ao G-2. A dependência de fluxos de financiamento foi aumentada pelos bancos asiáticos, e, quando o fluxo de financiamentos internacionais ficou negativo, a região foi atingida. Isso também implicou a redução de fundos para os mercados emergentes asiáticos e em um acesso mais restrito ao financiamento de títulos e saídas generalizadas de mercados de capital regional, que afetaram especialmente os mercados de capitais asiáticos.

Consequentemente, o modelo de crescimento e desenvolvimento da Ásia também apresentou, especialmente durante a crise mundial financeira, vulnerabilidades ironicamente relacionadas a sua capacidade de integração positiva à economia mundial através de ligações comerciais e financeiras.

## As crises e o modelo asiático de crescimento e desenvolvimento: diferentes crises, efeitos e respostas

Enquanto as crises anteriores, apesar de graves, não puseram em dúvida a lógica da orientação externa, ou seja, o modelo de crescimento orientado para as exportações, a atual crise global levantou a questão da permanência dessa estratégia e da sustentabilidade do crescimento para o último — e mais importante — membro do clube asiático de países com crescimento elevado, a China.

*A crise da "década perdida" japonesa* começou em 1990 com o estouro de sua bolha imobiliária, que conduziu o país a dificuldades e à estagnação financeiras. Durante a bolha econômica do Japão, de 1986 a 1990, o mercado imobiliário e os preços das ações subiram muito. O colapso da bolha durou mais de uma década e os preços das ações se recuperaram apenas depois de 2003. A bolha foi um resultado típico de crescimento elevado, grandes reservas de comércio, excesso de liquidez, empréstimos arriscados em uma economia madura e desenvolvida, e apreciação gradual do iene, firmada em 1985 durante o Acordo do Plaza[10] para reequilibrar — *inter alia* —

---

[10] O *Plaza Accord* ou o Acordo do Plaza foi firmado em 22 de setembro de 1985, no Hotel Plaza em Nova York, entre a França, a Alemanha, o Japão, os Estados Unidos e o Reino Unido, para a desvalorização do dólar norte-americano em relação ao iene japonês e ao marco alemão, através de intervenções nos mercados de câmbio. O valor do dólar em relação ao iene caiu 51% entre 1985 e 1987. Ao contrário de outras crises financeiras da década de 1990, tal desvalorização, planejada e feita de maneira preestabelecida e anunciada, não causou pânico nos mercados financeiros mundiais. A desvalorização do dólar norte-americano tinha dois objetivos: reduzir o déficit em conta-corrente dos EUA, que chegava a 3,5% do seu PIB, e ajudar a economia norte-americana a se reerguer de uma séria recessão que teve início no começo dos anos 1980. O Acordo do Plaza foi bem-sucedido em relação à redução do déficit comercial dos EUA com as nações da Europa ocidental, mas falhou redondamente em relação ao seu objetivo principal de aliviar o déficit comercial entre EUA e Japão, porque tal déficit era provavelmente resultado de condições estruturais e não de condições monetárias. Os produtos manufaturados norte-americanos não conseguiam se estabelecer no mercado doméstico japonês por causa da alta produtividade japonesa e de restrições às importações. Os efeitos recessivos do iene fortalecido na economia dependente de exportações japonesa

as relações comerciais entre os EUA e o Japão. Embora a região tenha sido atingida pelos efeitos da crise através de seu líder econômico regional, o modelo asiático não foi questionado. O processo de ajuste exigiu uma longa reestruturação financeira do Japão, a depreciação da moeda, uma forte resposta contracíclica de políticas nacionais monetária e fiscal e mais aumentos nos investimentos estrangeiros diretos (IEDs) japoneses em países da Ansa e na China. Koo (2008) ressalta que o colapso da bolha não resultou — graças ao elevado gasto público — no encolhimento depreciativo da produção japonesa após 1990. O autor acrescenta que a crise provocou uma mudança de comportamento nos consumidores e nas firmas privadas (por exemplo, *desalavancagem*), afetando a transmissão e o papel da política monetária no Japão.

*A crise de 1997/1998 no Leste asiático* foi, em essência, uma crise financeira típica de mercados emergentes, desencadeada pela Tailândia, em decorrência de uma defasagem de moeda nos balanços bancários de vários países do Leste asiático. No início de julho de 1997, a crise atingiu fortemente a Ásia, devido à contaminação (à semelhança entre padrões financeiros e regimes de taxa de câmbio), e suscitou temores de um colapso econômico mundial por causa da contaminação financeira. A crise começou na Tailândia com a taxa flutuante forçada e a consequente depreciação do *baht* tailandês. A economia tailandesa desenvolveu uma bolha imobiliária e no mercado de ações, alimentada pela entrada de capitais, especialmente depois da criação do Bangkok International Banking Facility (BIBF — Banco Internacional de Bangkok), no âmbito da liberalização do mercado financeiro nacional, no início dos anos 1990. O BIBF, uma entidade bancária *offshore*, tornou-se o principal canal para o capital internacional. Em meados de 1990, Tailândia, Indonésia e Coreia do Sul ostentavam enormes déficits em contas-correntes privadas, e a manutenção de taxas de câmbio fixas, como esperado, encorajou o endividamento externo e expôs excessivamente não só o setor financeiro, mas também o setor corporativo, aos riscos cambiais externos. Em mea-

---

criaram incentivos para políticas monetárias expansionistas, o que levou à bolha de preços dos ativos japoneses na década de 1980. O Acordo do Louvre foi assinado em 1987 para deter o declínio do dólar norte-americano.

dos dos anos de 1990, o US Federal Reserve Bank, sob a direção de Alan Greenspan, aumentou a taxa de juros para controlar a inflação, uma vez que a economia norte-americana estava se recuperando da recessão do início da década. As mudanças no diferencial das taxas de juros tornaram os EUA mais atraentes em relação ao Leste asiático. Ao mesmo tempo, o crescimento das exportações asiáticas desacelerou, na primavera de 1996, deteriorando ainda mais sua posição em conta-corrente e sua percepção de solvência. Alguns analistas sugerem que o crescimento rápido das exportações na China contribuiu para a desaceleração das exportações nos países da Ansa. A China tinha começado a competir eficientemente com outros exportadores asiáticos, particularmente nos anos 1990, após a implementação de uma série de reformas para estimular as exportações. Com a propagação da crise, a maioria do Leste asiático foi obrigada a adotar câmbios flutuantes e o Japão sofreu com a desvalorização de sua moeda, do mercado de ações e com mais quedas nos preços de ativos, além de uma súbita elevação do déficit privado. Indonésia, Coreia do Sul e Tailândia foram os países mais afetados pela crise. Hong Kong, Malásia, Laos e Filipinas também foram atingidos pela recessão. China, Índia, Taiwan, Cingapura, Brunei e Vietnã foram os menos afetados, mas sofreram quedas na demanda e na confiança em toda a região. A crise na Ásia desencadeou uma série de programas de ajuste, patrocinados pelo FMI, que estabeleceram o câmbio flutuante e, consequentemente, a desvalorização de moedas, em conjunto com medidas monetárias e fiscais restritivas para conter a depreciação cambial e a pressão inflacionária prevista. Muitos países, principalmente a Malásia, resistiram à lógica dos acordos bilaterais de *swap* cambial (ABS) do FMI e, após um declínio acentuado da atividade econômica, conseguiram finalmente alterar a postura fiscal dos programas. A crise de 1997/1998, mais uma vez, não questionou a lógica do modelo asiático, e boa parte da recuperação aconteceu baseada em um padrão de estabilização e em ajustes liderados pelas exportações, que se beneficiaram do novo momento de crescimento nos EUA e no restante da economia mundial.

A crise, porém, provocou uma reavaliação da relação entre muitos dos países asiáticos, o FMI e os EUA, e resultou em medidas corretivas para assegurar um crescimento mais sustentável e sem interrupções. Os governantes asiáticos procuraram reforçar suas defesas externas através de um acúmulo maior de reservas — independentemente do regime cambial —, da integração regional, de acordos comerciais e de acordos regionais de *swap* cambial. Isso deu origem à Iniciativa Chiang Mai (CMI),[11] promoveu o fortalecimento da Área de Livre-Comércio da Ansa (Afta)[12] e a criação do fórum Ansa+3,[13] que busca assegurar a estabilidade financeira regional e a criação de uma moeda regional.

*A crise financeira mundial e norte-americana de 2007/2008* foi talvez um sinal de alerta de que o modelo asiático de crescimento orientado para a exportação e focado no mercado de consumo norte-americano como "último recurso" (e sua influência no ciclo de comércio mundial) estaria alcançando seus limites. Tal preocupação é especialmente válida para um país como a China, cuja estratégia tem retardado uma mudança necessária na direção de seu próprio mercado interno como fonte principal de crescimento.

---

[11] A Iniciativa Chiang Mai (CMI) é formada pela Ansa+3 e visa criar uma rede de acordos bilaterais de *swap* cambial (ABS) entre os países integrantes. Os países-membros estabeleceram essa iniciativa após a crise financeira asiática de 1997 para o gerenciamento de problemas de liquidez de curto prazo. Em fevereiro de 2009, a Ansa+3 concordou em criar um fundo de US$ 120 bilhões, superior ao nível inicial de US$ 80 bilhões proposto em 2008. Espera-se que China, Japão e Coreia do Sul contribuam com 80% do fundo.

[12] A Área de Livre-Comércio da Ansa (Afta) é um acordo de bloco comercial da Associação das Nações do Leste Asiático que promove a produção local de manufaturados em todos os países da Ansa. O acordo da Afta foi assinado em 28 de janeiro de 1992 em Cingapura. Originariamente, quando o acordo da Afta foi firmado, a Ansa era composta de seis membros: Brunei, Indonésia, Malásia, Filipinas, Cingapura e Tailândia. Em 1995, o Vietnã se juntou à Ansa, em 1997, o Laos e Mianmar e, em 1999, o Camboja. Atualmente, os 10 países da Ansa compõem a Afta. Os quatro países retardatários assinaram o acordo da Afta para fazer parte da Ansa, mas com prazos maiores para o cumprimento das obrigações de redução de tarifas da Afta.

[13] A Ansa+3 coordena a cooperação entre a Associação das Nações do Sudeste Asiático e as três nações do Leste asiático — China, Japão e Coreia do Sul. O primeiro encontro de líderes aconteceu em 1997, e a significância e a importância do grupo se fortificaram após a crise financeira asiática. O grupo foi oficializado em 1999 e é considerado a base da estabilidade financeira na Ásia. A unidade de moeda asiática (UMA) é uma proposta de taxa indexada de câmbio para os países da Ansa+3 (uma cesta cambial, e não uma moeda real, ou seja, uma taxa ponderada de moedas do Leste asiático que funcionará como referência para movimentações cambiais na região). O objetivo da UMA é colaborar na estabilização dos mercados financeiros da região.

Muitos sabiam que o risco de uma grave crise financeira estava se avizinhando durante o *boom* de consumo liderado pelos EUA entre 2003 e 2007,[14] mas ninguém estava disposto e/ou capacitado a "acabar com a festa".[15] Agora compreendemos melhor os fatores por trás da crise financeira mundial: políticas macroeconômicas fracas, num contexto insuficiente de monitoramento prudente e regulatório, que resultaram em arrecadação excessiva, precificação imperfeita de riscos e na instalação de um risco mundial sistêmico. Acima de tudo, havia pouco incentivo para ajustes nos desequilíbrios internos nos EUA, quando suas necessidades financeiras externas eram compensadas pelo excesso de poupança atraída pela profundidade e liquidez dos mercados de ativos dos EUA. Enquanto a economia mundial se beneficiava do *boom* do comércio internacional no período 2003-2007, sua base ficava nitidamente insustentável e logicamente ruiu. As perdas provocadas pela crise financeira foram enormes. A capitalização total do mercado de ações caiu quase pela metade em 2008, ou seja, aproximadamente US$ 30 trilhões em riqueza desapareceram em 2008. Os mercados recuperaram cerca de US$ 2 trilhões em valores até o momento (2009). No final de 2008, apenas nos EUA, a perda de riqueza das famílias afetadas pela queda nos preços dos imóveis foi de aproximadamente US$ 4 trilhões. Como o esperado, perdas de tal magnitude têm efeitos significativos no consumo e na poupança.

---

[14] Mesmo partindo de pontos de vista diferentes (os excessos de poupança de Bernanke e sua preferência por ativos norte-americanos), houve várias advertências por parte de acadêmicos (Obstfelt, Rogoff, Krugman, Roubini etc.) e IFIs sobre os desequilíbrios mundiais e seu potencial rompimento abrupto com consequências para as taxas cambiais e para a estabilidade de preços dos ativos. Vale lembrar que a atual crise foi precedida por seis anos de *boom* no comércio internacional. Esse *boom* pode ser traçado de volta à bolha da internet em 2001 e às subsequentes políticas expansionistas monetárias adotadas pelo US Federal Reserve Board, o que levou a um excesso de liquidez e, por sua vez, aos grandes investimentos no mercado imobiliário e de ações dos Estados Unidos, assim como a fluxos de capital privado para os países em desenvolvimento a fim de auxiliar seus investimentos no setor de manufaturados. Isso tudo junto, associado às inovações financeiras resultantes da desregulamentação financeira, produziu um *boom* no mercado imobiliário — um *boom* que, mais tarde, tornar-se-ia uma bolha de capital. Com a alta dos mercados, os efeitos de riquezas percebidas induziram as famílias a destinar uma parte cada vez maior de suas rendas para o consumo.

[15] Talvez o aperto gradual adotado pelo Fed no início de 2004 represente a primeira tentativa de se amenizar o ciclo.

Naturalmente, a crise econômica mundial não ficou limitada ao setor financeiro, afetando setores da economia real. A produção industrial no primeiro trimestre de 2009 caiu 23% na Europa oriental, 62% no Japão e 42% na Alemanha, medida por taxas anuais sazonalmente ajustadas (Saar). A produção industrial mundial caiu 28% no primeiro trimestre, e mais 22% no último trimestre de 2008, antes de se estabilizar em um ritmo de contração de 19% em abril de 2009 (com base trimestral, Saar). Durante o primeiro trimestre de 2009, em economias do Leste asiático como a China e o Japão, as exportações caíram 50% ou mais, e 43% na Coreia. Nesse ano, ocorreram as maiores contrações de fluxo comercial desde 1929.

A crise expôs intensamente os limites fundamentais da estratégia asiática, em especial da China, de apostar no mercado de consumo norte-americano, de manter sua moeda subvalorizada, de se proteger através de controles de capital, de mecanismos administrativos de alocação de recursos (crédito) e de níveis sem precedentes de reservas internacionais (essencialmente do Tesouro norte-americano).

Como reconheceu o primeiro-ministro chinês Wen Jiabao durante a coletiva de imprensa do Congresso Nacional do Povo, em março de 2007: "[...] o maior problema da economia chinesa é que seu crescimento é instável, desequilibrado, descoordenado e insustentável". Ganhar tempo é agora uma necessidade — mediante políticas contracíclicas —, uma vez que leva tempo para se mudar estruturalmente a orientação do modelo chinês para o mercado interno.

Tais palavras demonstram que há de fato consciência de que o padrão de crescimento chinês precisa ser revisado, e a principal razão para isso é que o padrão de crescimento do principal parceiro da China (os EUA) provavelmente desacelerá, uma vez que as famílias tendem a adotar um nível maior de poupança e um nível menor de consumo. Consequentemente, há uma tendência menor de crescimento esperada para os EUA, o que irá afetar o restante da economia mundial.

A China pode estar correndo contra o relógio para introduzir mudanças estruturais em seu modelo (incluindo sua governança e política econômica interna) e mudar a orientação de seu crescimento de exportadora para seu próprio mercado interno.

**FIGURA 13**

## O dilema chinês: fontes de crescimento 1990-2008 (% da contribuição ao crescimento total do PIB)

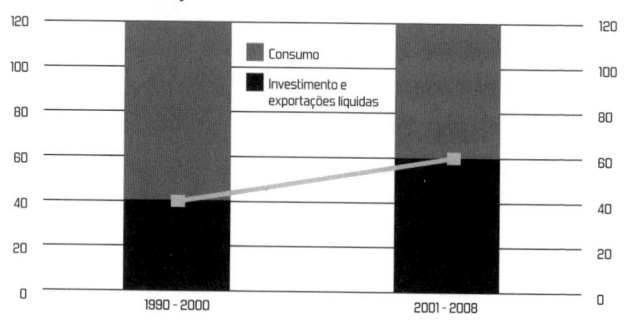

Fonte: Guo e N'Diaye (2009).

O crescimento da China é extremamente dependente da demanda (cerca de 30%) e do investimento externos (outros 30%), com boa parte desse investimento concentrada em manufaturados, e tal dependência tem crescido recentemente. No período 2001-2008, as exportações líquidas e os investimentos, predominantemente ligados ao aumento da capacidade no setor de *tradables*, foram responsáveis por mais de 60% do crescimento chinês, o que correspondia a 40% na década de 1990. Essa percentagem é muito maior do que a média de 2001-2008 do G-7 (16%), da Área do Euro (30%) e do restante da Ásia (35%).

**FIGURA 14**

## O dilema chinês, limites da participação no mercado de exportações: fatia de mercado em economias selecionadas a partir da "decolagem" no crescimento

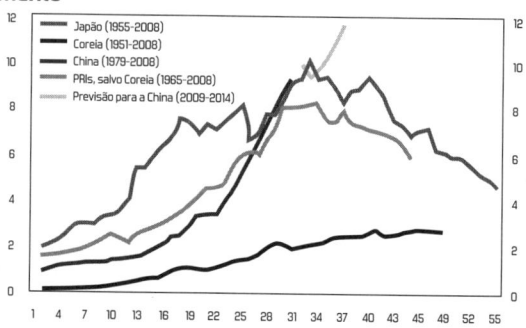

Fonte: Guo e N'Diaye (2009).

Obs.: PRI (NIC em inglês) corresponde a países recém-industrializados.

O crescimento orientado para as exportações chinês não é sem precedentes: Coreia, Japão e as novas economias industrializadas (NEIs) da Ásia mantiveram crescimentos acelerados de exportações e crescentes participações no mercado exportador mundial durante um longo período. A China atingiu — em comparação ao ponto de partida de outros países — uma posição comparável à do Japão de há muitos anos, talvez ainda com algum caminho a percorrer, se comparado com o que essas economias experimentaram em sua busca de um crescimento orientado para as exportações. No entanto, parece haver um limite, especialmente se a principal fonte de importações (os EUA) sofrer mudanças estruturais significativas em suas próprias características de crescimento. A China pode não conseguir replicar a experiência japonesa, que foi a única economia da Ásia a alcançar taxas de crescimento parecidas e uma participação no mercado de aproximadamente 10%. De fato, parece que um processo inverso está em andamento.

## FIGURA 15

### O dilema chinês: reservas internacionais, principalmente em US$

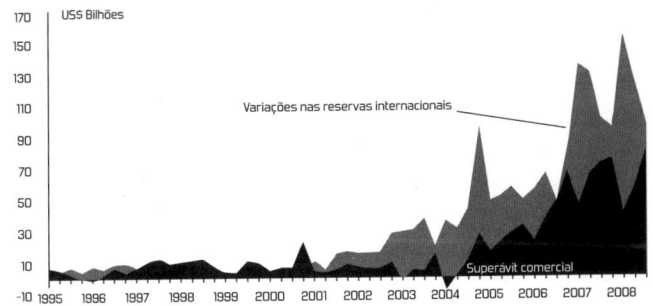

Fonte: Banco Mundial.

O modelo de crescimento chinês orientado para as exportações favoreceu a acumulação de grandes reservas, mas a maior parte dessas reservas é constituída de ativos denominados em dólares, basicamente títulos do Tesouro norte-americano. Em agosto de 2008, a China ultrapassou o Japão, passando a ser o principal detentor de títulos do Tesouro norte-americano (US$ 800 bilhões), mas deve estar atenta ao potencial de depreciação do dólar, assim como à qualidade (e ao rendimento) dos ativos denominados em US$. A dependência mútua entre os EUA e a China cria condições para um jogo que pode ser tanto de cooperação quanto de não cooperação. Em um cenário de não cooperação, os EUA podem impor sanções comerciais e a China diminuir seus ativos em dólares norte-americanos. Em um cenário de maior cooperação, baseado no progresso alcançado no âmbito do Diálogo Econômico EUA-China, os dois países podem construir uma estratégia de meio-termo, com enfoque no reequilíbrio do crescimento, através da expansão da demanda doméstica na China e de maior poupança nos EUA, e uma reserva mais moderada na China, visando a liberalização da conta de capital chinesa, combinada a uma maior flexibilidade cambial.

Para muitos analistas, a resolução da crise financeira atual terá que considerar — além de mudanças nos quadros regulatórios do setor financeiro e dos mercados de crédito — a questão dos desequilíbrios mundiais, da qual o modelo de crescimento asiático e especialmente a relação EUA-China são um componente importante. É verdade que alguns analistas não consideraram, e continuam não considerando, que a situação atual seja insustentável e instável. Por exemplo, Dooley, Folkerts-Landau e Garber (2003) referem-se ao sistema monetário atual como Bretton Woods II, quando analisam o colapso do sistema original Bretton Woods. Os autores argumentam que hoje, como há 40 anos, a economia global é um sistema internacional composto por um centro (os EUA), que emite a moeda dominante internacionalmente, e uma periferia. A periferia está comprometida com um crescimento orientado para as exportações e baseado na manutenção de taxas de câmbio depreciadas. Na década de 1960, o centro era os Estados Unidos e a periferia, a Europa e o Japão. Desde então, essa antiga periferia "se diplomou" e uma nova periferia foi formada pelos países asiáticos em desenvolvimento ou emergentes e, sobretudo, pela China. O centro continua o mesmo: os Estados Unidos. O argumento é que um sistema de moeda indexada, em que a periferia exporta poupança e capital para o centro, que atua como intermediário financeiro, é ao mesmo tempo estável e desejável. Apesar da crise, por esse ponto de vista mais benigno, o sistema de Bretton Woods pode ser mantido como seu *modus operandi* baseado em regras;[16] não há substituição do centro (os EUA), mas há sempre alguma evolução nos papéis dos países periféricos na economia global.

---

[16] O sistema de gestão monetária de Bretton Woods estabeleceu as regras para as relações comerciais e financeiras entre as principais nações industrializadas em meados do século XX. O sistema

De qualquer maneira, parte do processo de ajuste da economia mundial exige uma correção simultânea e mudanças comportamentais nos EUA e na China. A China, particularmente, terá que alterar seu típico modelo de crescimento asiático orientado para as exportações e aumentar sua dependência do consumo privado, e reduzir investimentos e exportações líquidas. Para que tal mudança estrutural seja alcançada, a maioria dos analistas[17] concorda que a China tem que: a) aumentar os gastos com redes de segurança social e outros mecanismos de segurança para reduzir poupanças precautórias; b) promover a eficiência e o desenvolvimento de mercados financeiros, incluindo produtos de seguridade de longo prazo, mercados de títulos corporativos para oferecer um número maior de ferramentas financeiras que promovam a inclusão financeira e o crédito ao consumidor; e c) buscar uma maior flexibilidade cambial.

## Consequências de ajustes nos desequilíbrios mundiais e da revisão do modelo de crescimento asiático para os demais países em desenvolvimento (a América Latina, por exemplo)

A consequência mais provável de ajustes nos desequilíbrios globais e da readequação do modelo asiático de crescimento é a tendência de crescimento lento da economia mundial em termos de produção e comércio, em comparação ao ciclo anterior de crescimento.[18] Para os demais países em desenvolvimento isso pode significar: a) menor demanda de seus produtos de exportação; b) maior competição com a Ásia (especialmente com a China em terceiros mercados); e c) uma possível marginalização dos outros países no comércio e no desenvolvimento industrial. Dado que a Ásia (e em especial a China) desenvolveu uma base industrial sólida e um mercado forte e com-

---

foi estabelecido no final de 1944, sendo o primeiro exemplo de uma ordem monetária completamente negociada, criada para coordenar as relações entre os Estados-nações independentes. As principais características desse sistema foram: a) imposição de uma política monetária para manter a taxa cambial em um valor fixo — mais ou menos 1% – em relação ao ouro para cada país, e b) a capacidade do FMI de lidar com desequilíbrios temporários de pagamentos. Dado o crescente déficit dos EUA nos anos 1960, que pôs em dúvida a lógica desse sistema e o consequente choque financeiro, o sistema entrou em colapso em 1971, depois que os EUA deram fim, unilateralmente, à conversibilidade do dólar em relação ao ouro. Tal atitude causou uma tensão financeira considerável na economia mundial e criou uma situação única em que o dólar norte-americano se tornou a "moeda de reservas internacionais" para as nações que haviam assinado o acordo.

[17] Como Prasad (2009).

[18] Ver Brahmbatt e Pereira da Silva (2009).

petitivo com grandes economias de escala a partir de seus *clusters* existentes e salários ainda relativamente baixos, ela pode deslocar outros concorrentes no mercado tanto em termos geográficos quanto comerciais.

## FIGURA 16

### Países de renda média sob pressão:[19] intensidade da produção por setor (1970–2003)

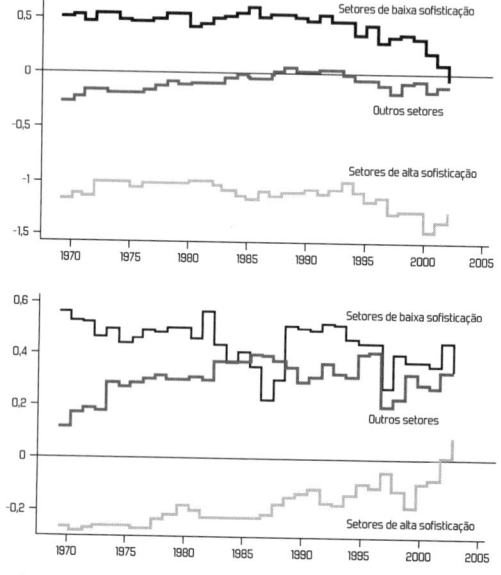

Fonte: Unido (2009).

OBS.: Os gráficos referem-se, respectivamente, aos países de renda média com crescimento lento e crescimento rápido. As variáveis são desvios das médias para as respectivas categorias setoriais em relação à média de intensidade mundial (marco zero). As categoriais setoriais foram ponderadas pela dimensão de cada setor, a partir do critério mão de obra empregada.

Para ilustrar esse cenário, a Onudi (Unido, 2009) mostrou a evolução da intensidade de produção dos países de média renda com crescimento lento *versus* os com crescimento acelerado. Os países de renda média com crescimento lento ficaram acima da média da intensidade mundial (marco zero)

---

[19] A intensidade da produção é medida pela relação entre o valor adicionado do setor no total de manufaturados do país e a participação do valor adicionado na produção mundial. Essa abordagem é análoga ao uso da vantagem comparativa revelada em Hausmann, Hwang e Rodrik (2007). O zero na figura representa a média da intensidade de produção global em cada uma das três categorias de produção: sofisticação baixa, média e alta.

em setores de baixa sofisticação e próximos da média mundial em setores de média sofisticação. Naturalmente, ficaram bem abaixo da média da intensidade mundial em produtos de alta sofisticação. A estabilidade desse padrão se deteriorou quando a Ásia (isto é, a China) começou a despontar no início dos anos 1990. A produção dos países de crescimento lento tem diminuído, em vez de aumentar, em direção a uma especialização em bens de sofisticação média.

Vamos comparar esses números com os de países de renda média com crescimento acelerado (incluindo alguns da Ásia, e portanto a China). Nesses países, ocorreram mudanças estruturais contínuas entre 1970 e 2003. Partindo de uma base mais baixa, os setores de alta tecnologia se igualaram às normas mundiais. As atividades de tecnologia média também aumentaram de intensidade e as atividades de baixa tecnologia caíram em países de renda média com crescimento acelerado. Esses países diversificaram sua base produtiva e subiram na escala em termos de sofisticação de produtos.

## FIGURA 17

### Países de renda média sob pressão: Intensidade das exportações por setor (1976–2003)

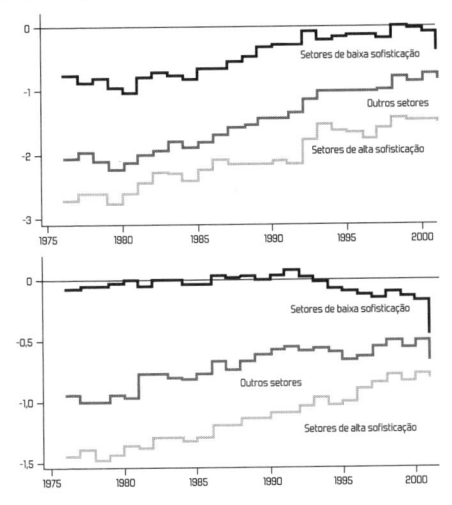

Fonte: Unido (2009).

OBS.: Os gráficos referem-se, respectivamente, aos países de renda média com crescimento lento e crescimento rápido. As variáveis são desvios das médias para as respectivas categorias setoriais em relação à média de intensidade mundial (marco zero). As categoriais setoriais foram ponderadas pela dimensão de cada setor, a partir do critério mão de obra empregada.

A Onudi (Unido, 2009) mostrou também a evolução da intensidade de exportação nos países de renda média com crescimento lento *versus* os países com crescimento acelerado para as três categorias de produtos. Os países com crescimento lento quase não apresentaram mudanças em suas intensidades de exportação após meados de 1990 (o efeito China), o que manteve suas marcas bem abaixo da média mundial (o marco zero). Contrariamente, os países de renda média com crescimento acelerado apresentaram uma queda na intensidade de exportação de produtos de baixa sofisticação, mas um crescimento significativo nas exportações de produtos de alta sofisticação.

Portanto, o surgimento de uma Ásia (especialmente China) industrializada com crescimento acelerado fez diminuir a participação relativa dos produtos industriais do outro grupo (países de renda média com crescimento lento). É possível que um novo ambiente macroeconômico mundial com crescimento desacelerado acentue a competição entre os exportadores asiáticos e os demais países em desenvolvimento menos competitivos. Por exemplo, na eventualidade de uma queda de demanda norte-americana, a China pode precisar recorrer a uma expansão externa enquanto transita para o seu mercado doméstico. Nesse caso, poderia haver uma competição mais intensa em terceiros mercados, e a China teria uma capacidade maior para financiar tal expansão (isto é, comércio e outros créditos relacionados à exportação etc.).

## Conclusões: duas questões relacionadas, a relação EUA-China e a relação China-outros países de média renda; algumas implicações para o Brasil

As tendências dos ajustes pós-crise na economia mundial provavelmente resultarão em um ciclo de crescimento lento. A China e os EUA terão de ajustar e reduzir seus desequilíbrios e de aprender a adaptar seus comportamentos de consumo e investimento. Vejamos algumas questões sobre como esse contexto poderá afetar um país como o Brasil e como se preparar para isso.

## A China pode se tornar os EUA do século XXI-XXII?

O declínio gradual de um país como os EUA, crescentemente frágil, foi mencionado por analistas. Os EUA talvez tenham de enfrentar uma recuperação mais difícil, com perdas maiores do que as antecipadas. Caso as respostas para a crise financeira atual resultem em um nível muito mais elevado de déficit, é de se esperar uma série de consequências negativas, com ajustes não significativos no déficit em conta-corrente (isto é, sem mudanças estruturais no consumo privado norte-americano), maiores índices de inflação e, consequentemente, maior depreciação do dólar.

## FIGURA 18
### O dilema norte-americano: posição dos investimentos líquidos[20]

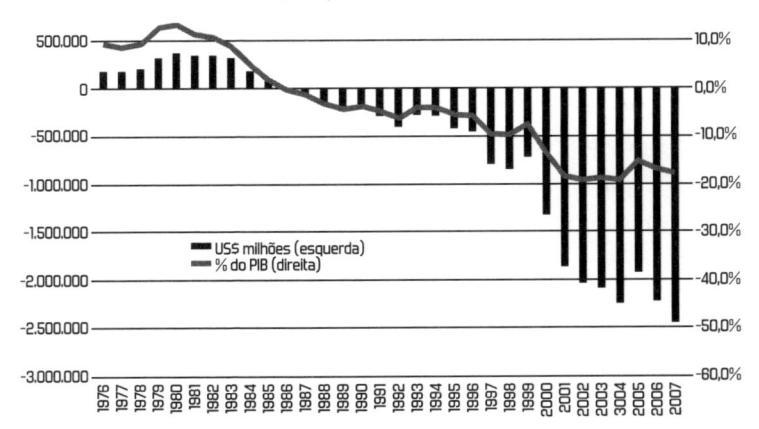

Fonte: Banco Mundial.

O dólar pode perder progressivamente sua função de reserva internacional, acentuando assim a necessidade de ajustes no déficit de poupança norte-americano. Se o consumo privado não se ajustar, poderão ocorrer reduções de investimento para acomodar a pressão sobre a balança de contas externas. Consequentemente, os EUA enfrentarão crescimento menor, menos investimentos em P&D e menor produtividade. Isso, juntamente com uma infraestrutura deficiente e problemas estruturais não resolvidos, poderá gerar mais efeitos negativos de aglomerações e externalidades negativas, causando uma realocação acelerada de manufaturados e serviços para a Ásia.

---

[20] A diferença entre os ativos e os passivos financeiros externos de um país é a posição internacional do investimento líquido (PII).

Contudo, a China poderá enfrentar um período de transição mais prolongado, com custos maiores do que os previstos. O último representante do modelo de grande sucesso do final do século XX talvez revele mais fragilidades. A China pode encontrar dificuldades para reorientar seu modelo de exportação para o mercado interno: por exemplo, a mudança (mesmo que marginal) das linhas de produção de manufaturados de bens altamente sofisticados voltada para os mercados externos do G-2 para produtos destinados a grupos de baixa renda do mercado nacional pode implicar custos maiores do que o esperado, incluindo altas taxas de desemprego. Outros problemas podem surgir na China e aumentar o custo dessa transição de orientação de seu modelo de crescimento:

- demografia (por exemplo, o envelhecimento da população, pouco gasto com seguridade social ao longo da história etc.): como já mencionado, pressões para um aumento gradual dos custos da mão de obra etc., assim como dos custos ambientais (há fortes indícios de que altas taxas de crescimento estariam criando problemas sérios ambientais na região) são fatores que podem desencadear crises sociais e políticas;

- contingente de passivos resultante das respostas à crise atual (por exemplo, novas bolhas — mercado imobiliário, mercado de ações, níveis altos e insustentáveis de déficit —, crédito excessivo pelos bancos do setor público, onda de aumentos de empréstimos de cobrança duvidosa etc.), e problemas financeiros no próprio setor financeiro da China.

Se a China administrar com sucesso esses problemas, se lidar melhor com a transição e com os arranjos institucionais já mencionados (por exemplo, Chiang-Mai, unidade monetária asiática, constituição de reservas e *swaps* entre bancos centrais asiáticos, acordos de áreas de livre-comércio etc.), se tudo isso progredir significativamente e estiver associado a um declínio concomitante dos EUA, aí, sim, poderemos testemunhar na próxima década uma mudança no equilíbrio econômico e no poder financeiro da Ásia. Certamente, outros elementos importantes de uma análise estratégica geopolítica (por exemplo, domínio cultural, poderio militar, liderança tecnológica etc.) não foram contemplados aqui.

## No mundo pós-crise, será a Ásia (e a China) ainda um jogo de soma positiva ou apenas um competidor perigoso para os países de renda média com base industrial forte?

Independentemente do destino da relação EUA-China, considerando a relação China-restante do mundo, a crise significa que a Ásia (particularmente a China) terá de se ajustar (reequilibrar suas fontes de crescimento) e crescer menos. Diante de um crescimento menor da demanda mundial e norte-americana, a Ásia (especialmente a China) e demais países em desenvolvimento talvez tenham de se envolver em uma competição mais acirrada na produção e exportação de bens manufaturados. Como já mencionado, a China poderá usar sua força e estabelecer vantagens comparativas para exportar mais e aumentar sua participação nos mercados de produção de manufaturados *vis-à-vis* outros países em desenvolvimento. Há, no entanto, outros desdobramentos que podem prejudicar esse resultado.

Primeiro, os custos na China, em particular os custos de mão de obra, podem aumentar (como esperado depois de um longo período de crescimento elevado do PIB). Caso o crescimento na produtividade não seja capaz de compensar esse aumento, uma janela de oportunidades pode se abrir para outros países em desenvolvimento. Pode-se aplicar um raciocínio semelhante aos aumentos de custos ambientais para a mitigação e/ou prevenção de catástrofes naturais.

Segundo, mesmo havendo uma desaceleração no crescimento mundial e a intensificação da competição nos mercados dos países do Terceiro Mundo, repercussões positivas do crescimento da China e da Índia ainda podem acontecer: como vimos, pode haver um aumento na demanda de produtos menos sofisticados (agricultura, alimentos e outros bens primários processados). Isso poderia produzir um resultado positivo, pois o efeito da demanda mundial pode causar um aumento nos preços de algumas *commodities* e afetar positivamente a exportação e a prospecção da produção de alguns (não todos) países em desenvolvimento.

Terceiro, associado ao item anterior, alguns analistas veem — independentemente da crise — um efeito global positivo para os países (de renda média) que estão estreitamente ligados à China essencialmente através de fluxos de mercados (exportações de *commodities*, importações de bens de consumo e alguns bens de capital) e, até certo ponto, de IDE. Antes da crise, foram feitas pesquisas sobre a relação entre a China (e Índia) e os países latino-americanos.[21] Desde o início dos anos 1980 até meados dos anos 2000, a economia chinesa ultrapassou a latino-americana em tamanho (PIB), em integração dos mercados exportadores mundiais (comércio — PIB) e como receptora de fluxos de capitais dos países da OCDE.

À primeira vista, a sabedoria convencional concluiu que a China estava a) deslocando os países latino-americanos para fora do mercado de exportações mundiais, competindo contra — e divergindo com sucesso — as exportações da América Latina em terceiros mercados; e b) substituindo a América Latina como destino do fluxo de IDEs da OCDE. No entanto, um olhar mais atento para as evidências sugere uma imagem menos clara. A China também representou uma oportunidade: a) beneficiou os exportadores de *commodities* latino-americanos com o crescimento rápido de seu mercado interno; b) o IDE chinês cresceu na América Latina (por exemplo, no México); c) a cooperação tecnológica aumentou (por exemplo, o desenvolvimento do satélite brasileiro, a fábrica da Embraer na China etc.); e d) efeitos positivos do crescimento aconteceram em terceiros mercados por causa do crescimento chinês. No geral, há evidências de uma correlação crescente entre a América Latina e os ciclos de crescimento da China por causa dos efeitos da demanda e dos maiores preços, que beneficiaram exportadores latino-americanos, havendo, portanto, um jogo de soma positiva no agregado. Com um comércio maior entre as indústrias, há também evidências de que os fluxos de IDE da OCDE para a China não deslocaram — pelo contrário, complementaram — os fluxos para a América Latina oriundos da OCDE. No entanto, o ganho agregado foi também acompanhado por problemas industriais específicos (isto é, maquinaria eletrônica, eletrônicos, equipamento têxtil e de transporte, especialmente no México).

---

[21] Ver Lederman, Olarreaga e Perry (2009).

## Quais as consequências desse novo contexto macroeconômico pós-crise em um país típico de renda média como o Brasil

O país pode enfrentar:

- competição mais intensa da China em segmentos de produtos manufaturados de alta sofisticação, em serviços de engenharia e em investimentos para o controle de recursos naturais. De um lado, vimos que a expansão dos manufaturados na Ásia (especialmente na China) provavelmente subirá na escala da tecnologia na direção de bens mais sofisticados e de alta tecnologia. Alguns países de renda média como o Brasil foram capazes de alcançar e expandir alguns nichos nesse segmento industrial (por exemplo, maquinaria específica, aviões de médio porte etc.). É possível que aumente a competição nesses segmentos (e não apenas com a China, mas também com países como a Rússia, que é membro da OMC, dificultando ainda mais a resolução de problemas comerciais);

- por outro lado, pode haver mais demanda por *commodities* de exportação, caso a China redirecione suas fontes de crescimento para seu enorme mercado interno.

As soluções para esses desafios e os sinais contraditórios devem ser analisados cuidadosamente e a fundo. O jogo econômico político comum irá flutuar entre pressões por maior proteção (espera-se que dentro das regras da OMC) e pressões para que a China se comprometa com um comércio mais abrangente e de cooperação no tocante ao IDE.

Há lições a tirar do modelo de crescimento asiático e também de seus limites revelados pela crise atual.

- o crescimento elevado sustentável pode se basear em exportações de manufaturados, mas os países que obtiveram sucesso foram capazes de aumentar continuadamente a escada de sofisticação de bens em produção e em exportações;

- a dependência de um único mercado de consumo, mesmo grande (por exemplo, os EUA) precisa ser ponderada através da diversificação das fontes de crescimento na direção da economia doméstica.

O Brasil tem uma base industrial forte e deve elaborar uma estratégia inteligente de integração à economia mundial, mantendo e atualizando sua base produtiva enquanto expande seu potencial de crescimento. O Brasil está em boa posição para colher os benefícios do próximo ciclo de crescimento e tem potencial para exportar *commodities* agrícolas e manufaturados de alta tecnologia. A fim de atingir tais objetivos, deve atentar para os seguintes aspectos:

- a manutenção da estabilidade macroeconômica tem sido uma das condições necessárias para que um país seja bem-sucedido, por motivos bem conhecidos, independentemente da discussão a respeito dos méritos dos instrumentos de política ortodoxos ou mais heterodoxos (por exemplo, regime de administração cambial, restrições em contas de capital etc.) e da eficiência específica de intervenções públicas em setores industriais;

- a modernização industrial deve continuar, dado que nichos de mercados nunca estão completamente protegidos da competição; políticas adequadas para fomentar inovações e construir o conjunto apropriado de qualificações profissionais através de políticas públicas de educação deverão ser promovidas e repensadas;

- para esse propósito, a melhoria da qualidade das intervenções públicas será mais necessária do que nunca; a qualidade de recursos públicos escassos deve ser continuadamente avaliada para garantir a eficiência e o melhor retorno de custo-benefício das intervenções governamentais; seletividades deverão ser desenhadas;

- a promoção da produtividade e da competitividade irá também implicar a redução de resíduos industriais, custos mais baixos na produção nacional (por exemplo, em infraestrutura e logística) e melhoramento do ambiente e do clima de comercialização (multilaterais e bilaterais) com objetivos claros de produtividade a longo prazo.

## Referências

AKAMATSU, K. A theory of unbalanced growth in the world economy. *Weltwirtschaflichtes Archiv*, v. 86, n. 2, p. 196-217, 1961.

AMSDEN, A. H. *Asia's next giant:* South Korea and late industrialization. Oxford: Oxford University Press, 1989.

BIRDSALL, N.; JASPERSEN, F. (Eds.). *Pathways to growth:* comparing East Asia and Latin America. Washington, DC: IADB, 1997.

BRAHMBATT, M.; PEREIRA DA SILVA, L. A. *The global financial crisis:* comparisons with the Great Depression and scenarios for recovery. Washington, DC: World Bank, Aug. 2009. (Prem Notes, 141).

BRAUDEL. F. *Civilisation materielle, economie et capitalisme au XVI et XVIII siècles.* Paris: Armand Colin, 1979.

BURTON, D. *Asia:* ten years on — taking stock and looking forward. Washington, DC: IMF, 2007.

DOOLEY, M.; FOLKERTS-LANDAU, D.; GARBER, P. *An essay on the revived Bretton Woods system.* Cambridge, Mass.: NBER, 2003. (NBER Working Paper, 9.971).

FOGEL, R. W. *The impact of the Asian miracle on the theory of economic growth.* Cambridge, Mass.: NBER, 2009. (NBER Working Paper, 14.967).

GILL, I.; KHARAS, H. *An East-Asian renaissance.* Washington, DC: World Bank, 2004.

GUO, K.; N'DIAYE, P. *Is China's export-oriented growth sustainable?* Washington, DC: IMF, 2009. (IMF Working Paper, 09/172).

HAUSMANN, Ricardo; HWANG, Jason; RODRIK, Dani. What you export matters, *Journal of Economic Growth*, Springer, v. 12, n. 1, p. 1-25, Mar. 2007.

IMF. *Asia and Pacific:* Regional Economic Outlook. Washington, DC: IMF, Apr. 2009.

KOO, Richard. *The holy grail of macroeconomics:* lessons from Japan's Great Recession. Hoboken, NJ: John Wiley & Sons, 2008.

KRUGMAN, P. Myth of Asia's miracle. *Foreign Affairs,* v. 73, p. 62-78, Nov./Dec. 1994.

_____. Saving Asia: it's time to get radical. *Fortune,* v. 138, p. 75-80, Sept. 1998.

KRUMM, K.; KHARAS, H. (Eds.). *East-Asia integrates.* Washington, DC: World Bank, 2004.

LEDERMAN, D.; OLARREAGA, M.; PERRY. G. (Eds.). *China's and India's challenge to Latin America.* Washington, DC: World Bank, 2009.

LIN, Y. Needham puzzle: why the industrial revolution did not originate in China. *Economic Development and Cultural Change,* v. 43, p. 269-292, Jan. 1995.

_____. *Rethinking industrial policy.* Washington, DC: World Bank, 2009.

MADDISON, Angus. *Historical statistics for the world economy:* 1-2003 AD. 2006. Disponível em: <http://www.ggdc.net/maddison/Historical_Statistics>.

PRASAD, E. S. *Rebalancing growth in Asia.* Cambridge, Mass.: NBER, July 2009. (NBER Working Paper, 15.169).

RODRIK. D. Growth strategies. In: AGHION, P.; DURLAUF, S. N. (Eds.). *Handbook of economic growth.* Amsterdam: Elsevier, 2005. v. 1A, chap. 14.

UNIDO. *Industrial development report:* breaking in and moving up. 2009. Disponível em: <www.un.org.cn/cms/p/resources/80...>.

WADE, R. *Governing the market:* economic theory and the role of government in East Asian industrialization. Princeton: Princeton University Press, 1990.

WORLD BANK. *The East-Asian miracle:* economic growth and public policy. Washington, DC: World Bank, 1993.

YOUNG, A. *Lessons from the East Asian NICs:* a contrarian view. Cambridge, Mass.: NBER, Oct. 1993. (NBER Working Paper, 4.482).

YUSUF, S.; ALTAF, M. A.; NABESHIMA, K. (Eds.). *Global change and East-Asian policy initiatives.* Washington, DC: World Bank, 2004.

# 7

# Uma abordagem chinesa*

PING CHEN

> Liderar pelo exemplo (não pela repreensão).
> Não faça aos outros o que não quer que lhe façam.
>
> *Confúcio* (551-479 a.C.)

A estagnação econômica dos anos 1970 criou uma oportunidade para Robert Lucas na Universidade de Chicago. Ele lançou uma revolução antikeynesiana sob a bandeira dos microfundamentos e das expectativas racionais, e silenciou a teoria econômica keynesiana durante três décadas até a presente crise. Nos anos 1980, Margaret Thatcher, na Inglaterra, e Ronald Reagan, nos Estados Unidos, deram início a uma revolução do livre-mercado, privatizando, desregulamentando e cortando impostos. A experiência de Friedman no Chile, nos anos 1980, abriu caminho para o Consenso de Washington (Williamson, 1990). O colapso da União Soviética em 1990 levou Fukuyama (1993) a falar sobre o "fim da história". Todos esses acontecimentos deram origem a uma rápida expansão da globalização e da marquetização, impulsionadas pelos Estados Unidos nas últimas duas décadas. O colapso do sistema financeiro norte-americano em 2008

---

* Este texto foi traduzido por Maria Cristina Godoy.

criou uma crise global. As pessoas subitamente perceberam que há vários modelos de economia de mercado e não apenas um. O modelo japonês, o modelo europeu continental, o modelo escandinavo, o modelo chinês e, talvez, o modelo brasileiro estão todos competindo com o modelo anglo--saxão de capitalismo. Na qualidade de físico evolucionista, treinado em dinâmica não linear e em termodinâmica do não equilíbrio, já sabia, com base na evolução biológica, que a evolução social é um processo diversificado indeterminado. O sonho de um mundo liderado pelo modelo anglo--saxão de individualismo extremo e mercado sem controles é apenas uma ilusão de equilíbrio promovida por modelos imperfeitos da teoria econômica neoclássica. Neste capítulo, farei uma breve exposição sobre o motivo pelo qual o Consenso de Washington é errado para os países em transição no Leste europeu e da ex-União Soviética, e também algumas observações sobre essa crise nos EUA. Explicarei por que a China conseguiu superar todas as barreiras para alcançar e sustentar um rápido crescimento e, por fim, discutirei a futura ordem mundial após essa grande crise.

## Fatos empíricos e desempenho comparativo das economias mistas

O Consenso de Washington criou o mito de um mercado todo-poderoso com um governo mínimo. Isso não é verdade. Vejamos primeiro as condições iniciais e o desempenho dos países em diferentes períodos (ver tabelas 1 e 2).

### TABELA 1
### Terras cultiváveis e população em 1993

| Região e/ou países | Terras cultiváveis (%) | População (milhões) | Terras cultiváveis *per capita* (ha) |
|---|---|---|---|
| China | 10 | 1.178 | 0,08 |
| Europa | 28 | 507 | 0,26 |
| EUA | 19 | 239 | 0,73 |
| ex-URSS | 10 | 203 | 0,79 |
| Japão | 12 | 125 | 0,04 |
| Índia | 52 | 899 | 0,19 |
| Brasil | 6 | 159 | 0,31 |
| Austrália | 6 | 18 | 2,62 |
| Canadá | 5 | 28 | 1,58 |

Fonte: Madison (1998).

## TABELA 2

### A economia mundial numa perspectiva histórica
### (taxa média anual composta do crescimento do PIB)

| | Europa ocidental | Leste europeu | Ásia | EUA | Japão | ex-URSS | China |
|---|---|---|---|---|---|---|---|
| 1913-1950 | 1,19 | 0,86 | 0,82 | **2,84** | **2,21** | 2,15 | -0,02 |
| 1950-1973 | 4,79 | **4,86** | **5,17** | 3,93 | **9,29** | 4,84 | 5,02 |
| 1973-2001 | 2,21 | 1,01 | **5,41** | 2,94 | 2,71 | -0,42 | **6,72** |

Fonte: Maddison (2007). Disponível em: <http://www.ggdc.net/Maddison/>.
Obs.: Os dados para a Ásia excluem o Japão.

Pode-se ver que a Europa e os Estados Unidos lideraram o mundo antes de 1950, mas o Japão e a China lideraram o crescimento em 1950-1973 e em 1973-2001, respectivamente. O Leste europeu e a ex-União Soviética saíram-se ainda melhor do que a Europa ocidental antes de 1973, mas se autodestruíram depois de 1973. Um exame atento mostrará também que o setor estatal desempenha um papel importante em termos de educação, ciência, infraestrutura e desenvolvimento agrário, e que o desenvolvimento não é um conto de fadas da política do *laissez-faire*, especialmente para os países que realizaram o *catching up*, como Alemanha, Japão, ex-União Soviética e China.

Não estou familiarizado com o resultado do Consenso de Washington na América Latina. Mas fiz um estudo comparativo das economias em transição da União Soviética e do Leste europeu e na China. Os fatos estilizados constam nas tabelas 3, 4 e 5.

## TABELA 3

### Declínios econômicos da Rússia/URSS no século XX
### (cada período começa com 100%)

| Rússia/URSS | 1913-1922 I Guerra Mundial e Revolução Comunista | 1940-1945 II Guerra Mundial | 1990-1996 Transição |
|---|---|---|---|
| Renda nacional | 55,6 | 83,1 | 54,7 |
| Produção industrial | 31,0 | 91,8 | 47,5 |
| Produção agrícola | 66,3 | 57,0 | 62,5 |
| Investimento em capital | 40,3 | 89,0 | 24,3 |

Fonte: Tikhomirov (2000).

O declínio mais acentuado da URSS/Rússia em termos de renda nacional e investimento em capital ocorreu na pacífica transição da década de 1990, que se deu sob orientação do Consenso de Washington ou do tratamento de choque!

## TABELA 4

### Desempenho econômico durante a transição
(cada período começa com 100%)

| Região | 1978 | 1989 | 1990 | 1998 | 2006 |
|---|---|---|---|---|---|
| China | 100,0 | 272,0 | 282,0 | 651,0 | 1.327,0 |
| | | 100,0 | 104,0 | 239,0 | 488,0 |
| | | | 100,0 | 230,0 | 471,0 |
| Leste europeu | 100,0 | 151,0 | 82,6 | 55,7 | 87,1 |
| | | 100,0 | 54,7 | 36,9 | 57,7 |
| | | | 100,0 | 67,4 | 105,0 |
| URSS/Rússia | | (100,0) | 50,7 | 31,5 | 53,1 |
| | | | 100,0 | 57,4 | 96,6 |

Fonte dos dados: Estatísticas das Nações Unidas (em US$ constantes de 1990).
Obs.: A Rússia foi estimada a partir da URSS.

Percebe-se, observando a tabela 4, que a economia real da China aumentou mais de 13 vezes durante as últimas três décadas, enquanto a dos países da ex-União Soviética e o Leste europeu estão ainda abaixo do nível de fins da década de 1970. Esse é um experimento natural para testar escolas econômicas rivais: a abordagem de equilíbrio e a abordagem evolucionária (Chen, 2006 e 2008).

## TABELA 5

### Taxa máxima de inflação durante a transição

| País | Inflação máxima (% e anos) | Duração da inflação alta (> 49%) |
|---|---|---|
| China | 13 (1988), 20 (1994) | 0 |
| Alemanha Oriental | 9 (1990) | 0 |
| Polônia | 400-581 (1989/1990) | 5 anos (1988-1992) |
| Bulgária | 334-1.068 (1991-1997) | 7 anos (1991-1997) |
| Romênia | 295-300 (1991-1992) | 9 anos (1991-2000) |
| Ucrânia | 3.432 (1993) | 6 anos (1991-1996) |
| Rússia | 1.590-4.079 (1992/1993) | 8 anos (1991-1998) |

Fonte: Dados do Banco de Dados Estatísticos das Nações Unidas.
Obs.: Taxa medida pelo deflator de preços implícito em moeda nacional.

O crescimento da China é um exemplo histórico que contraria a sabedoria convencional da teoria econômica neoclássica. A China é um país grande, cujo desenvolvimento enfrenta muitas dificuldades e obstáculos. As terras cultiváveis da China representam apenas 10% de seu território, com 90% de montanhas e desertos, o que torna muito dispendioso o desenvolvimento de infraestrutura. A China passou por guerras camponesas cíclicas ou invasões externas que eliminaram mais da metade da população 13 vezes em sua história, antes que o Partido Comunista finalmente unisse o país e se colocasse contra os invasores externos. Assim, o desenvolvimento chinês não é motivado pela demanda ou pela liberdade individual do consumidor, mas pela construção da nação e de consenso para chegar a uma melhor posição em um mundo competitivo. O elevado crescimento da China é liderado pelo desenvolvimento industrial e pelo progresso tecnológico, e não por ajuda externa ou pelo consumo privado. As tabelas 6 a 9 fornecem alguns dados selecionados (do Serviço Estatístico da China) sobre a produção industrial chinesa, o desenvolvimento da infraestrutura e outros fatos.

## TABELA 6
### Produção industrial da China

| | 1958 | 1968 | 1978 | 1988 | 1998 | 2008 | 2009 |
|---|---|---|---|---|---|---|---|
| Aço (Mton) | 6 | 16 | 31,8 | 59 | 116 | 501 | 568 |
| Gr (%) | | | | 6,4 | 6,9 | 15,8 | 13,4 |
| Carros | 57 | 279 | 3k | 36k | 507k | 5,0m | 7,49m |
| Gr (%) | | | 26,8 | 28,2 | 30,3 | 25,8 | 49,8 |
| Veículos | 16k | 25k | 149k | 647k | 1,6m | 9,3m | 13,8m |
| Gr (%) | | | | 15,8 | 9,5 | 19,3 | 48,4 |
| Co-TV | | | | 4k | 10m | 85m | 90m |
| Gr (%) | | | | | 13,4 | 23,9 | 5,9 |
| PC | | | | | 116k | 120m | 136m |
| Gr (%) | | | | | | 100,2 | 13,3 |
| Telefone celular | | | | | 15,0m | 548.6m | 559,6m |
| Gr (%) | | | | | | 56.9 | 2,0 |

Obs.: Gr significa taxa média de crescimento anual em cada década. Os itens listados incluem produção de aço, produção de veículos e carros, TV em cores, computador pessoal e telefone celular.

**TABELA 7**

**Progresso do desenvolvimento da China**

|         | 1958 | 1968 | 1978 | 1988 | 1998 | 2008 |
|---------|------|------|------|------|------|------|
| ExWay   |      |      |      | 0,1k | 8,7k | 60,3k |
| Gr (%)  |      |      |      |      | 56,3 | 22,0 |
| UnvSt   | 0,5  |      | 0,86 | 2,1m | 3,4m | 20,2m |
| Gr (%)  |      |      |      | 9,4  | 4,9  | 19,5 |
| GrSt    |      |      | 3l   | 10,9k | 113k | 1,2m |
| Gr (%)  |      |      |      | 13,8 | 26,4 | 26,7 |
| StAbr   | 0,5k |      | 0,86k | 3,8k | 17,6k | 200k |
| Gr (%)  |      |      |      | 16,2 | 16,6 | 27,5 |

**TABELA 8**

**Padrão de vida da China**

|                 | 1978 | 1988 | 1998 | 2008 |
|-----------------|------|------|------|------|
| AvWage (Yuan)   | 615  | 2.000 | 7.480 | 28.898 |
| Gr (%)          |      | 12,5 | 14,1 | 14,5 |
| ResDept (B Yuan) | 21  | 600  | 5.340 | 21.788 |
| Gr (%)          |      | 39,8 | 22,4 | 15,1 |

**TABELA 9**

**China: comércio, reservas externas e investimento externo direto**

|             | 1978 | 1988 | 1998 | 2008 |
|-------------|------|------|------|------|
| TrSps (Sb)  | -1   | 20   | 43   | 298  |
| Gr (%)      |      |      | 7,9  | 21,4 |
| ForRes (Sb) | 0,2  | 3,4  | 145  | 1.946 |
| Gr (%)      |      | 32,8 | 45,5 | 29,7 |
| FDI (Sb)    |      | 3,1  | 45,4 | 92,4 |
| Gr (%)      |      |      | 30,8 | 7,4  |

Como entender esses índices econômicos? Existe um milagre chinês ou uma explosão insustentável? Vamos discutir a lógica por trás dos diferentes modelos de desenvolvimento.

## Qual é o problema do Consenso de Washington?

O modelo anglo-saxão de economia de mercado pode ser entendido em termos práticos pelo assim chamado Consenso de Washington, proposto em 1990 (Williamson, 1990), e inclui o conjunto de políticas recomendadas pelo FMI, pelo Banco Mundial e, essencialmente, pelo Departamento do Tesouro dos EUA. A maior parte das políticas foi aplicada primeiramente na América Latina na década de 1980, na Rússia e no Leste europeu nos anos 1990 e, finalmente, na crise financeira do Leste asiático em 1997. Podem ser resumidas em 10 proposições:

- disciplina fiscal;
- redirecionamento das prioridades dos gastos públicos para áreas como assistência primária à saúde, educação básica e infraestrutura;
- reforma fiscal (para reduzir as taxas marginais e ampliar a base fiscal);
- liberalização da taxa de juros;
- taxa de câmbio competitiva;
- liberalização do comércio;
- liberalização dos ingressos de investimento externo direto;
- privatização;
- desregulamentação (para abolir barreiras à entrada e à saída);
- garantia dos direitos de propriedade.

Teoricamente, essas medidas são amplamente justificadas pela teoria econômica neoclássica. Sua ideia central é que o sistema de livre-mercado pode realizar tudo. O papel do governo deveria se restringir a um mínimo: construção de infraestrutura e proteção dos direitos de propriedade. Uma vez efetuadas as privatizações, os incentivos do mercado orientados pelos preços liberalizados atingiriam um resultado social ideal. Uma vez liberalizados o comércio e o câmbio, haveria um fluxo livre de investimento externo direto, conhecimento e tecnologia dos países desenvolvidos para os países em desenvolvimento. Não há instabilidade de mercado, poder de mercado nem competição assimétrica em um mundo com riqueza desigual. Certamente não há necessidade de aprendizado independente e de estratégias de desenvolvimento para que cada país se adapte a um mercado globalizado com rápidas mudanças em termos de tecnologia e meio ambiente. Liberdade e democracia são símbolos do sonho norte-americano, que também implica altos salários, carros grandes e casas grandes. Mas como todo estudante chinês educado na tradição de Confúcio, sabemos desde o início que os recursos naturais são escassos, o meio ambiente é difícil, o desafio externo é constante. Temos que nos preparar para as dificuldades, compartilhar os recursos limitados com a família e os amigos e colocar os interesses públicos à frente da família e dos indivíduos para sobreviver. Também sabemos que o grau de liberdade é bastante diferente para os ricos e para os pobres. O único meio de sair da pobreza não é o pensamento positivo vindo do céu ou presentes aleatórios vindos do ar, mas o aprendizado meticuloso e o investimento familiar em educação, não em prazer.

J. C. Ramo (2004), um bom jornalista que se transformou em consultor de investimentos, desenvolveu três teoremas a partir de suas observações e cunhou o termo "Consenso de Pequim". Segundo ele:

> Primeiramente, o valor da inovação. A estratégia de desenvolvimento não deve ser a tecnologia obsoleta (cabos de cobre), mas a inovação de ponta (fibras óticas) para criar a mudança que se move mais rapidamente do que os problemas criados pela mudança.[1] Em segundo lugar, o foco está na qualidade de vida e no gerenciamento do caos. Isso exige um modelo de desenvolvimento com sustentabilidade e igualdade. Em terceiro lugar, o Consenso de Pequim contém uma teoria de autodeterminação.

Há algumas ideias interessantes no Consenso de Pequim, especialmente os dois últimos teoremas. Entretanto, poucos observadores ocidentais ou mesmo economistas chineses jamais chegaram a um consenso sobre se o modelo de desenvolvimento da China pode ser duplicado em outros países. Isso também pode ser verdade para o modelo anglo-saxão. Os países que se desenvolveram, ou buscaram se desenvolver depois, não tiveram a sorte de conquistar vastas terras na África, na América do Norte ou na Austrália sem resistência comparável dos residentes nativos. O desenvolvimento da China deve ser de autoacumulação e autofinanciamento, uma

---

[1] Isso foi verdade no caso das telecomunicações, mas não exatamente no da tecnologia agrícola. A chave é descobrir a tecnologia adequada no experimento de duas vias, não necessariamente todas as inovações de ponta. Ou seja, a China está tendo muito cuidado para entrar na corrida armamentista e no setor de entretenimento, que são centrais nos negócios dos EUA.

vez que o país não tem muita esperança de receber ajuda norte-americana em larga escala, como ocorreu com Taiwan e com a Polônia durante e após a Guerra Fria.

Por que o Consenso de Washington parece bom, mas apresenta um desempenho terrível nos países em desenvolvimento e na Rússia e no Leste europeu?

Em primeiro lugar, ele foi concebido em benefício dos investidores externos, não dos residentes nativos. A liberalização comercial e cambial atende aos interesses de curto prazo das empresas multinacionais e dos capitalistas especulativos, mas gera grandes choques para as indústrias e mercados financeiros domésticos. Quando a unificação monetária das duas Alemanhas, a Oriental e a Ocidental, foi realizada em 1º de julho de 1990, imediatamente destruiu a rede de comércio existente entre a Alemanha Oriental e os antigos países socialistas, e a inundação de artigos ocidentais sofisticados ajudou a destruir o mercado interno da indústria da Alemanha Oriental. Essas duas causas fizeram com que a produção industrial declinasse em um terço. A Alemanha Ocidental teve de suportar uma transferência financeira maciça de cerca de 50% do PIB da Alemanha Oriental para segurança social, e não investimento real. O resultante desaquecimento da economia alemã e a elevada taxa de juros constituíram um grande ônus para a política monetária europeia como um todo. Quando o FMI forçou a Coreia do Sul a liberalizar sua conta capital em meio à crise financeira asiática, uma inundação de capital estrangeiro assumiu o controle das principais empresas e bancos coreanos. Quando visitei a Coreia do Sul após a crise financeira, fui informado de que as ações detidas por estrangeiros das 10 principais empresas coreanas representavam menos de 5% antes de 1997, mas mais de 50% depois da crise asiática. É por isso que os países asiáticos, incluindo a Coreia, o Japão e os países da Ansa (Associação das Nações do Sudeste Asiático), tornaram-se não rivais da China, mas seus grandes parceiros econômicos na globalização liderada pelos norte-americanos após a crise de 1997. Como ensinado por Confúcio, você faz amigos conquistando a confiança das pessoas, e não tomando seus bens quando elas estão frágeis.

Em segundo lugar, o Consenso de Washington simplesmente arrolou um conjunto de objetivos conflitantes sem nenhuma proposta prática sobre estratégia e sequência. Por exemplo, ele coloca a disciplina fiscal e os investimentos em infraestrutura como as duas metas principais da política governamental, mas não diz nada sobre como financiar os projetos governamentais em redes de segurança social, ordem jurídica e investimentos em infraestrutura. Economistas poloneses observaram que quando se liberalizou primeiro o comércio, os parceiros comerciais ocidentais não levantaram suas barreiras comerciais. O resultado foi o dramático aumento da falência de empresas e da taxa de desemprego, o que imediatamente colocou pressão fiscal sobre o governo e deixou pouco espaço para a reforma do sistema. Se um país privatiza suas empresas estatais e vende terras públicas para obter receita de curto prazo, pode acabar perdendo uma importante fonte de receita de longo prazo para a educação, o bem-estar social e o desenvolvimento de infraestrutura. Se um país desregulamenta o mercado sem primeiro desenvolver um sistema alternativo no lugar certo, pode enfrentar o caos de todo o sistema social, de tal forma que o mercado seja dominado por máfias, e, não, por investidores. Quando visitei a Rússia em 1997, os oficiais do Exército, a polícia e os professores não recebiam remuneração há três anos, por força da disciplina fiscal preconizada pelo FMI para o controle da inflação. O FMI forçou os governos locais a se tornarem a mão que captura (*grabbing hand*) em lugar da mão que ajuda (*helping hand*) no desenvolvimento. Os únicos vencedores foram os oligarcas russos, que passaram de administradores estatais de empresas monopolistas socialistas a proprietários privados de gigantes monopolistas capitalistas. E as coisas estão piores do que antes. Só o que se vê são os capitais fugindo em larga escala do mercado desestabilizado da Rússia, se comparado ao fluxo de investimento externo direto em larga escala para a China com direitos mistos de propriedade sob um mercado socialista estável.

J. C. Ramo estava certo quando observou o impulso da inovação na economia chinesa. Mas ele não perguntou por que a China pode até aprender e inovar mais rapidamente do que os EUA. De Karl Marx a Max Weber, a maioria dos pensadores ocidentais considera os camponeses a população mais conservadora durante um processo de modernização, e os ensinamentos de Confúcio uma barreira contra o avanço da ciência e da tecnologia, pois colocam a virtude à frente da tecnologia, do interesse próprio, do capital e da riqueza. A China seria o candidato menos provável a um modelo de desenvolvimento, atrás até mesmo da cultura islâmica, que é uma cultura comercial por natureza. A China também tem uma longa história de governos centralizados com burocratas instruídos, o que era considerado outra grande barreira à democracia e à política do *laissez-faire*. Por que essas barreiras ao desenvolvimento subitamente se transformaram em forças motoras da economia chinesa?

Devo salientar o que Joseph Stiglitz, prêmio Nobel da Universidade de Colúmbia, costumava me dizer: "Faça o que os norte-americanos fazem, não o que eles dizem".

Vejamos a primeira proposição do Consenso de Washington, a disciplina fiscal. Essa proposição parece boa em tempos normais, mas é perigosa em tempos de recessão ou crise, pois é uma política antikeynesiana. Os governos norte-americanos raramente seguem esse princípio desde a administração Reagan. Ao contrário, quando em recessão, todos os presidentes dos Estados Unidos declaram: "somos todos keynesianos agora", para socorrer grandes empresas com o dinheiro do contribuinte. Se alguma coisa der errado, será sempre por culpa de outra pessoa. Se havia enorme instabilidade no mercado internacional, motivada pelo capital especulativo (*hot money*) antes da crise financeira asiática, a recomendação de política dos Estados Unidos era sempre dolarização, dolarização e dolarização! Quando a China adotou a recomendação norte-americana e usou o dólar como âncora cambial, primeiramente para o dólar de Hong Kong e, depois, para o renmimbi chinês, os funcionários norte-americanos e até o Congresso reclamaram que a China estava manipulando a taxa de câmbio para desestabilizar a economia dos EUA. Eles se esqueceram de que o Império britânico e a potência norte-americana adotaram o padrão-ouro e a taxa de câmbio fixa durante sua fase de apogeu no comércio mundial. Depois da II Guerra Mundial, os EUA gozaram de grande superávit comercial até os anos 1970. Por que os norte-americanos não corrigiram o desequilíbrio mundial apreciando fortemente seu dólar em benefício dos outros países em situação de déficit comercial? Por que os Estados Unidos impuseram um embargo comercial à China durante três décadas em razão da guerra civil da Coreia, que não tinha nada a ver com os chineses, e ainda tentam manipular as relações entre a China continental e Taiwan até hoje? A China, um país unificado há 2 mil anos, precisa de uma babá política para lidar com seus próprios assuntos internos? Eu diria que todos esses adversários na verdade se transformam em um consenso nacional entre os chineses, no país e no exterior: o consenso de que a China deve concentrar seus esforços não na corrida armamentista, não no jogo financeiro, mas no avanço tecnológico e na educação de massa. O objetivo e a lógica são puros e simples. Esse é o terceiro teorema do Consenso de Pequim: a estratégia de reforma e desenvolvimento da China é a autodeterminação e a autoinovação, não ditados nem pelo Consenso de Washington nem pelo FMI, como nos países da ex-União Soviética e do Leste europeu. Nenhum líder chinês tinha a fantasia do presidente russo Boris Yeltsin, que especulou que assim que desmantelasse o Partido Comunista a Rússia poderia aderir à Otan e receber ajuda maciça do Ocidente. A China nunca tentou, pois já tinha aprendido as dolorosas lições das ajudas externas de ingleses, japoneses e soviéticos, que sempre cobram seu preço de uma economia dependente.

Se essa é a realidade geopolítica, qual deve ser a estratégia de desenvolvimento para a China e os demais países em desenvolvimento? Tentarei responder a essa questão com algumas observações.

## A abordagem chinesa da competição global e das mudanças tecnológicas

Usei a expressão "abordagem chinesa" porque não existe um conjunto de características estáveis que descreva o "modelo chinês". A China está constantemente experimentando e mudando para se adaptar a um mundo em transformação. O Congresso do Povo está sempre ocupado em atualizar leis e regulamentos, que podem ter sido úteis no ano passado mas estão obsoletos neste ano. O belo conceito de "Estado de direito" das democracias ocidentais passa a ser uma desculpa para manter o *status quo* em favor de poderosos grupos de interesse, que se recusam a mudar mesmo quando a reforma é boa para o país, mas não necessariamente boa para seu setor ou grupo. Nas últimas três décadas, os líderes e o povo chineses descartaram todas as barreiras ideológicas e históricas, em um aprendizado sem preconceitos, e testaram bravamente todas as ideias possíveis num processo de tentativa e erro. Os princípios a seguir foram extraídos de tais experiências, que parecem úteis para lidar com um mundo complexo, cheio de incertezas e oportunidades.

## Primeiro princípio:
## primeiro encontrar oportunidades de crescimento e depois fazer reformas ousadas

Esse também foi meu conselho a meus amigos norte-americanos em novembro último em Nova York, às vésperas da reunião de cúpula do G-20, para tratar da crise mundial. Por quê? Durante uma crise, todos lutam para resguardar seus próprios interesses, de modo que há pouco espaço para reformas, mesmo que um líder visionário saiba claramente qual o problema do sistema. Todo político tem um capital político limitado; o primeiro movimento é crítico para os projetos posteriores.

A China começou sua reforma a partir do sistema de contrato familiar, e o sucesso foi imediato. A partir do momento em que houve um fluxo de bens no mercado interno, todos ficaram felizes e o governo da reforma conseguiu angariar a confiança da população e passar para uma tarefa mais difícil: reformar as empresas estatais, o que significou lidar com fechamentos de fábricas e dispensas de trabalhadores de indústrias obsoletas. Quando a economia começou a se expandir, esses trabalhadores estatais desempregados tiveram a oportunidade de passar para outros setores, em um momento em que o governo ainda tinha a receita para amortecer o impacto da suave transição. Para identificar tal oportunidade de crescimento, os economistas normalmente atribuem essa tarefa aos empresários, não aos governos. Essa é a diferença da China na história econômica. Em um país em desenvolvimento, os governos dispõem de maiores recursos e capital humano do que o setor privado para movimentar um mercado subdesenvolvido. A teoria econômica neoclássica tem pouca experiência com países pobres. Ela muitas vezes usou erroneamente a experiência de mercados maduros como instrumento em outros mercados.

Quase todo líder, de aldeia ou de província, está procurando um nicho de mercado para sua vantagem comparativa, e aprende por meio de tentativas e erros. Eu me pergunto como um bem-sucedido professor de Harvard, armado de sua doutrina neoclássica, sem nenhum conhecimento da história e das condições locais, ousava dar instruções políticas a ministros ou mesmo presidentes da América Latina ou dos países da ex-União Soviética e do Leste europeu. A doutrina de Chicago referente à hipótese dos mercados eficientes está errada quando acredita que não existe esse nicho de mercado ou oportunidade num passeio aleatório por Wall Street. Acreditem, existem mais oportunidades inexploradas, caso contrário seria o fim da própria ciência. Encontro surpresas quase todo ano ou quase todo mês. A diferença é dispor de vontade e de recursos para passar pelo processo da descoberta.

## Segundo princípio: o sistema de duas vias (dual track) é necessário para a estabilidade e a inovação

As chamadas racionalidade e democracia prevalecem na teoria econômica clássica se não há incerteza e inovação. No mundo real, a racionalidade deixa de funcionar e a democracia sempre regride se aventureiros com racionalidade limitada têm de fazer experiências ousadas. A melhor estratégia para progredir em um mundo complexo é o sistema de duas vias, que surgiu durante a longa história do desenvolvimento da China em um ambiente de não equilíbrio. A reforma dos preços e a reforma institucional são realizadas no sistema de duas vias. Na maior parte da economia, o sistema existente é mantido em funcionamento para fins de estabilidade social; nos poucos setores ou nas chamadas zonas econômicas especiais (ZEEs), todo tipo de inovação é experimentado com riscos limitados, confinados a uma região específica. Velhos regulamentos são seletivamente postos de lado e novos regulamentos são experimentados. Lições fracassadas são aprendidas e modelos bem-sucedidos são imitados por outras regiões. Aqui, a regulamentação inovadora chinesa não é determinada por freios e contrapesos entre grupos de interesses, mas pela construção do consenso durante os experimentos entre líderes, empresários e participantes da comunidade.

# Terceiro princípio:
## há uma clara divisão de trabalho entre governos centrais e governos locais

O governo central é responsável principalmente pela segurança nacional e pela coordenação regional, enquanto os governos locais tomam a iniciativa nos experimentos institucionais e de desenvolvimento. Esse *experimento descentralizado*, e não o projeto de cima para baixo dos assessores externos, é a força motora das inovações chinesas observadas pelo autor do Consenso de Pequim. Curiosamente, essa divisão do trabalho é também um sistema de freios e contrapesos em estilo chinês. Por exemplo, os reguladores centrais são mais favoráveis a empresas multinacionais por seu atrativo de alta tecnologia e poder monopolista, enquanto os governos locais apoiam mais fortemente as indústrias locais na competição com as empresas multinacionais. Um bom exemplo é a política industrial automobilística, que discutirei mais adiante. Na primavera de 2008, o governo central chinês tentou aumentar a taxa de câmbio, a taxa de juros e o salário mínimo por pressão dos economistas liberais e houve ondas de falência de fábricas de produtos para exportação na área litorânea. O forte ressentimento dos governos locais imediatamente chamou a atenção do Politburo. O Conselho de Estado rapidamente voltou atrás, antes que as ondas de choque da crise financeira norte-americana alcançassem a China. Por outro lado, quando ocorrem grandes acidentes, como poluição, envenenamento de alimentos ou desmoronamento de minas e os governos locais hesitam em tomar medidas rápidas, o ministério central rapidamente preenche a lacuna e transfere os responsáveis locais. Pode-se ver que o sistema chinês é mais eficiente do que a administração Bush para lidar com desastres naturais e poluição.

# Quarto princípio:
## liderança é mais importante do que capital, recursos e infraestrutura no desenvolvimento regional

Antes dos anos 1980, os pobres sempre reclamavam da injustiça de Deus ou se queixavam da natureza por seu meio ambiente ruim, recursos escassos e falta de oportunidades. A migração das regiões pobres para as regiões ricas era fortemente combatida em razão das diferenças regionais nos sistemas de bem-estar social — uma cena familiar também nos países desenvolvidos. Depois da década de 1980, a mentalidade da população mudou completamente. Quando visito regiões pobres do interior da China, quase todos os camponeses contam uma história comovente sobre como uma aldeia vizinha ficou rica por obra de um líder visionário, com novas ideias sobre produção ou novos conhecimentos de marketing. Sua única tristeza é que a aldeia ainda precise descobrir um novo líder que os tire da pobreza. Colocam suas esperanças nos jovens que trabalham nas cidades litorâneas ou que estudam nas universidades. Também acolhem os recém-chegados, de voluntários universitários a investidores externos. Quando analistas ocidentais fazem uma série de previsões sobre o futuro colapso da China, o povo chinês já está à frente com novas maneiras de inovar e coordenar. Quando o Tibete ficou para trás em consequência de difíceis restrições ecológicas, o governo central chinês simplesmente estabeleceu um sistema de "irmãs parceiras" (*sister partnership*) entre cada condado do Tibete e uma província do interior chinês. Cada província participante está fazendo de tudo para ganhar a corrida, não para obter lucro mas para construir infraestrutura, o que significa desde treinamento tecnológico até a concepção de sistema ecológico. E os resultados não podem ser comparados pelo padrão convencional de capital de risco ou subsídio fiscal.

## Quinto princípio:
## as economias mistas proporcionam os recursos financeiros necessários ao desenvolvimento e à reforma

A estabilidade da China reside no sistema de seguro social de baixo custo e na propriedade coletiva da terra. O tamanho médio das terras cultiváveis para uma família é de menos de meio hectare. Historicamente, a privatização da propriedade da terra levou a guerras camponesas cíclicas, quando as cidades não podiam absorver camponeses sem-terra em períodos de fome e catástrofes. A política do *laissez-faire* nunca funciona em um país grande com grande população, recursos escassos e desastres frequentes. A tradição de Confúcio trata apenas da teoria e da prática do governo funcional. A maior parte da população chinesa é constituída de camponeses; caso se privatizasse a terra, como nos países da ex-União Soviética e do Leste europeu, haveria um grande imposto de bem-estar social que logo levaria o governo à falência, pois o sistema de bem-estar social das empresas estatais estava quase falido na década de 1980, exatamente a situação atual das três grandes empresas automotivas de Detroit.

A China desenvolveu Pudong, uma nova Xangai, em apenas uma década, sem contrair muitas dívidas. Todos os projetos de reestruturação da cidade são financiados pela venda do direito de uso de terras públicas, uma ideia aprendida com os ingleses que governaram Hong Kong. Quando o governo municipal decidiu pôr em prática um plano de longo prazo para a cidade, elaborado por chineses mas com várias contribuições de empresas de consultoria estrangeiras, o crédito governamental para a realização do plano atraiu investidores internos e externos, um cenário *win-win* para todos os parceiros, independentemente da posse ou da origem externa. Os rendimentos da terra são tão grandes que os governos locais podem se permitir fazer concessões fiscais para atrair investidores e aliviar os problemas dos camponeses desalojados sem aumentar os impostos cobrados das fábricas. Essa é uma opção muito melhor do que a norte-americana de aumentar os impostos sobre a propriedade ou emitir títulos municipais, que acabam representando um ônus para o desenvolvimento local.

O setor estatal e o setor coletivo também servem para amortecer o impacto dos ciclos de negócios. No auge do crescimento da China, havia 150 milhões de trabalhadores rurais migrando para as cidades litorâneas. Se conseguem encontrar trabalho, ganham uma renda extra para a educação dos filhos ou a reforma da casa. Se não conseguem encontrar trabalho, podem voltar à aldeia sem problemas sociais. Durante a recente crise global, cerca de 20 milhões de trabalhadores rurais perderam seus empregos nas fábricas do litoral. Encontrei alguns deles no último outono em Sichuan, e eles ainda tinham um sorriso no rosto. Perguntei por quê. Alguns se sentem aliviados porque se reuniram a suas famílias. Acham que os padrões de vida nas aldeias do interior da China ainda são melhores do que os das cidades, em razão do ar e da água puros, melhores estradas, televisão por satélite, telefones celulares e acesso à internet. Estão pensando em iniciar seus próprios negócios perto da cidade natal, a área litorânea não sendo mais a única escolha. O mais importante é que o imposto sobre a terra foi abolido desde 2006. Agora os residentes das cidades lutam por seus "direitos" de compra de casas no campo para seus pais aposentados.

Na China, todo líder de condado compreende a contabilidade da ecologia política: são necessárias pelo menos duas ou três grandes fábricas para prover uma receita fiscal estável, de tal forma que o serviço público seja limpo e eficaz, sem negócios escusos entre autoridades e economia informal. É necessária uma grande quantidade de pequenas empresas, que proporcionem muitos empregos, mas pouca receita fiscal. São necessárias também boas escolas e bons hospitais para manter os talentos trabalhando para a região. Não existe a permanente divisão entre sindicatos de trabalhadores e grandes empresas, que pode levar a um grande número de demissões quando a empresa fracassa por não chegar a uma solução sustentável. Se as autoridades locais não conseguem manter a estabilidade social e o crescimento econômico, perdem o capital político de toda uma vida e terminam com o nome sujo na história local, uma punição pior do que o inferno na cultura chinesa.

## Sexto princípio:
## a disciplina chinesa baseia-se na competição em todos os níveis, não em freios e contrapesos por grupos de interesses no estilo ocidental

Há uma imagem disseminada de que o rápido desenvolvimento da China é realizado por um governo autoritário sem freios e contrapesos. Isso está longe da verdade. Historicamente, a China passou por inúmeras rebeliões e golpes de Estado liderados por militares, como no Império Romano. Mesmo durante a Revolução Cultural, Lin Biao, um herói de guerra e vice-chefe do comando militar, não podia mobilizar nem mesmo uma companhia ou batalhão sem a aprovação do Comitê Militar Central, uma liderança coletiva. Há uma feroz competição aberta entre servidores públicos sobre inovação e experimentos. Em qualquer nível, a decisão é tomada por consenso coletivo e não por poder pessoal. Qualquer intelectual ousado, servidor público ou investidor chinês no exterior pode visitar um condado ou conselho municipal e apresentar seu plano de negócios ou suas ideias de reforma, se conseguir convencer o comitê local; é possível fazer uma tentativa, com crescente apoio dos governos locais, caso os resultados iniciais sejam promissores.

A democracia da China não é uma competição por palavras, mas uma competição por realizações. Há uma restrição para entrar na competição: não se pode ocupar um cargo público no local em que se nasceu e foi criado, a fim de evitar conexões familiares e corrupção política. Cada responsável principal por governos locais deve alternar seu cargo entre regiões ricas e pobres a cada dois ou quatro anos. Mesmo havendo amplos relatos de corrupção, ocorrida durante a transição para o mercado, até onde sei o sistema chinês portou-se melhor do que outros países em desenvolvimento no tempo normal e foi mais eficaz durante o terremoto do ano passado e a crise global deste ano, mesmo se comparado aos países desenvolvidos. Na questão crítica da transição de Hong Kong, não houve motivação egoísta em assumir o controle de Hong Kong para ganho pessoal em eleições políticas, se comparado à imprudente decisão sobre a união monetária alemã. A legitimidade da China não reside no voto do eleitorado, mas no desempenho político e econômico. E este continuará a se aperfeiçoar e a inovar.

## Sétimo princípio:
## há uma nova parceria coordenada entre governos, empresários, trabalhadores e fazendeiros que está além do escopo da economia capitalista

Quero contar uma história real sobre o aparecimento da Cherry Automobile em Wuhu, uma cidade de tamanho médio na pobre província de Anhui, o mesmo local de nascimento do sistema de contrato familiar. Ela foi iniciada por um jovem prefeito adjunto — mais tarde promovido a vice-prefeito e depois a prefeito —, que convenceu um jovem engenheiro da Number One Automobile e outros sete colegas a renunciarem a suas confortáveis carreiras na *joint-venture* com a Volkswagen em 1997 e a quebrar o monopólio conjunto entre a empresa estatal e as multinacionais no mercado interno e externo de carros em apenas sete anos! As empresas multinacionais às vezes se comportam melhor na China do que em seu país natal, uma vez que enfrentam a forte concorrência das empresas locais, incluindo empresas estatais, privadas e coletivas. Cada empresa precisa ganhar o apoio dos governos locais e da comunidade local, não maximizando os ganhos dos acionistas, mas pelo que trouxeram para a comunidade local: e não falo apenas de empregos, mas de educação, cultura, serviço público e rede humana para um mundo mais amplo.

## Oitavo princípio:
## os governos podem criar mercado, orientar
## o mercado, mas não serem conduzidos pelo mercado

A condição é o fator humano e, não, a concepção institucional. A não intervenção dos governos pode ser uma opção melhor, mas apenas se o processo político não puder impedir a captura do governo pelos grupos especiais de interesse, como ocorre atualmente nos EUA. Nenhuma instituição bem planejada pode funcionar sem funcionários capazes com objetivos públicos.

Esse princípio não é novo na China, e os EUA também criaram a Fannie Mae e a Freddie Mac. No entanto, os Estados Unidos não conseguiram orientá-las antes da crise financeira. Na China, os governos desempenham um forte papel na criação e regulação do mercado em uma escala muito maior. Por exemplo, quando surgiram mercados informais de ações nas ruas de muitas cidades, houve inúmeros casos de falhas e fraudes causados pela assimetria de informações. Se esperássemos o curso espontâneo da seleção natural como em Wall Street, poderíamos levar 100 anos para desenvolver um mercado financeiro disciplinado. Segundo a teoria dos custos de transação de Coase, a não intervenção dos governos é a melhor escolha. Entretanto, o governo chinês não tratou os mercados de ações como um simples meio para a obtenção de recursos financeiros. O governo viu a possibilidade de utilizar o mercado de ações para captar recursos para a reestruturação de empresas e para a mudança do mecanismo de incentivo. O governo central rapidamente interveio para consolidar os mercados informais no mercado de ações de Xangai e Shenzhen, tanto pela vantagem competitiva quanto pela economia de escala.

Havia grande demanda por pequenos artigos, como utensílios de cozinha, mas grave escassez de oferta na década de 1980, uma vez que sua margem de lucro é muito pequena e não há economia de escala. O governo do condado de Yiwu, uma área remota da província de Zhejiang, descobriu um nicho de mercado nesse tipo de produto. Ele interveio para aumentar o espaço de mercado e melhorar os transportes, as comunicações e o marketing. Surpreendentemente, Yiwu emergiu como um renomado centro mundial de mercado para pequenos produtos, com grande economia de escala.

Alguns economistas ocidentais não entendem por que os governos chineses liberalizam lentamente a taxa de juros, a taxa de câmbio e até mesmo a entrada de investimento externo direto. A lógica é simples: proteger a indústria nascente para que ela possa se concentrar no avanço tecnológico, enquanto o governo procura se garantir contra choques financeiros vindos de fora, uma avaliação realista do jogo assimétrico entre bancos multinacionais e empresas chinesas. Por exemplo, durante muito tempo os EUA mantiveram um teto para os juros no mercado de hipotecas antes dos anos 1970 a fim de estabilizar seu mercado imobiliário. Se a China fizer sua taxa de câmbio flutuar, o ônus do risco cambial cairá sobre as empresas chinesas, a maioria das quais tem pouco conhecimento e recursos contra o capital especulativo. Em lugar disso, sob o regime da taxa de câmbio administrada, o Banco Central deve absorver todos os choques com vontade política e habilidade financeira. Até agora, pode-se perceber que o Banco Central da China fez um bom trabalho, mesmo se comparado ao Fed norte-americano. A política de portas abertas da China é abrir seletivamente para se adaptar às necessidades do desenvolvimento chinês, não ao interesse do capital estrangeiro. Se seu investimento puder trazer a tecnologia e a administração de que a China necessita, você é bem-vindo com muita assistência. Se o investimento só visa invadir o mercado chinês com tecnologia obsoleta, você não é bem-vindo. O grau e a oportunidade da abertura também dependem da capacidade da China de competir no mercado global e das necessidades do programa de reformas. Quando uma empresa doméstica chinesa está ainda na fase de aprendizado, a porta está ligeiramente aberta para sinalizar informação e aprendizado; quando a empresa doméstica está pronta para competir, a porta está mais aberta. Às vezes, os líderes da China estão até mesmo à frente dos líderes industriais.

Antes da entrada da China na OMC, a maioria dos economistas chineses tinha expectativas muito pessimistas quanto à indústria automobilística, financeira e agrícola da China. Alguns economistas chegaram mesmo a recriminar os líderes chineses por fazerem concessões demais à pressão ocidental. Entretanto, os líderes chineses fizeram o movimento ousado de impulsionar ainda mais a reforma. Os resultados estão além das expectativas de todos. Após a queda do muro de Berlim, poucos acreditavam que empresas estatais pudessem competir com empresas privadas. Depois da entrada da China na OMC, o superávit comercial chinês cresceu ainda mais rapidamente do que antes. A opinião pública ocidental então mudou. Ela alega que a competição "desleal" chinesa se deve ao fato de a China não ser uma economia de mercado. Ela usa o rótulo de economia que não é de mercado como uma arma para justificar barreiras comerciais, em vez de reconhecer que o mercado de produtos domésticos da China é mais aberto do que o dos países ocidentais. Se essa lógica for coerente, você deveria ficar mais confiante em competir com uma economia de mercado que não segue o padrão ocidental, ou aprender algumas lições úteis do crescimento da China.

Na teoria neoclássica das empresas, os economistas da corrente dominante sempre acreditam na flexibilidade dos preços. Raramente consideram que todos os contratos de negócios são assinados de forma nominal. Flutuações da taxa de câmbio e da taxa de juros atendem ao setor financeiro à custa do setor industrial. O ciclo de vida dos produtos leva anos, enquanto as flutuações financeiras podem ser amplificadas em menos de um segundo. É por isso que a desregulamentação financeira levou à terceirização das fábricas fora dos EUA em grande escala. A política cambial é parte essencial da política industrial. Durante o estágio inicial da reforma, a China estabeleceu uma taxa de câmbio artificialmente alta para desencorajar as importações de produtos de consumo, de forma a poder limitar o uso de moeda forte na importação de tecnologia. Quando a China iniciou a estratégia de crescimento baseada na exportação para estimular a acumulação de moeda forte e acelerar a atualização tecnológica, ela desvalorizou a moeda para conseguir melhorar a competitividade. Atualmente, a China mantém a taxa de câmbio mais ou menos estável, principalmente por motivos políticos. Como todos os seus parceiros comerciais na Ásia estão felizes com a China após a crise financeira do Leste asiático, e as empresas de exportação também estão preocupadas com o risco cambial, somente os especuladores e os proprietários da área litorânea reivindicam a valorização da moeda. Por que a China deveria mudar seu caminho sustentável para agradar políticos norte-americanos imprevisíveis? Na teoria das finanças internacionais, não há consenso sobre a natureza dos movimentos da taxa de câmbio, da teoria da movimentação aleatória ao modelo determinista da PPP (paridade do poder de compra) e da paridade da taxa de juros. Encontrei fortes evidências de ressonância da taxa de câmbio motivada pelos ciclos de negócios dos EUA (Chen, 2009). Na verdade, não existe taxa de câmbio de equilíbrio, mas apenas taxa de câmbio administrável ou sustentável. Pelo que pude observar, a taxa de câmbio chinesa está sob controle da China em razão de seu grande crescimento, poupança elevada e regulamentação cuidadosa. Tenho grandes dúvidas de que a política monetária dos EUA seja administrável e sustentável a longo prazo. Vamos esperar para ver antes de fazer julgamentos que não partem de fatos mas de crenças.

## Nono princípio:
## a trajetória da China deve se concentrar no desenvolvimento do país, sem se distrair com perturbações externas

Essa é a sabedoria estratégica deixada pelo grande líder Deng Xiaoping a seus sucessores. A teoria padrão do crescimento é uma história de crescimento motivada por choques aleatórios em tecnologia ou população. Não há papel para um governo visionário, de Napoleão a Deng Xiaoping. Houve inúmeras especulações de que a China poderia dar errado, segundo previsões de observadores políticos ocidentais. Por exemplo, a China reverteria a reforma após o trágico acontecimento de 1989; o movimento separatista de Taiwan poderia desencadear uma guerra no estreito de Taiwan em 1996; a China poderia assumir o controle de Hong Kong e destruir a economia capitalista depois de 1997; a China lançaria um movimento nacionalista e fecharia suas portas depois do bombardeio da embaixada chinesa em Belgrado pela Otan em 1999; o setor financeiro da

China entraria em colapso após o ingresso na OMC em condições difíceis; pressões recentes sobre as políticas comercial e cambial; além de inúmeras demandas relativas a soberania e territórios da China. Diante de cada desafio que o país deve enfrentar, os líderes e a população em conjunto não se limitam a ficar furiosos e agitados, como qualquer líder populista de países de democracia recente, mas encaram os desafios como oportunidades de aprendizado. Os líderes chineses aprenderam as lições dos empresários de Hong Kong e Taiwan no sentido de aperfeiçoar constantemente suas necessidades de investimento chinês; convidaram banqueiros de investimento estrangeiros a serem parceiros estratégicos, para aperfeiçoar o setor bancário chinês; contrataram especialistas da Rússia e de Israel para aperfeiçoar a tecnologia, e aprendem modelos de governo com o governo de Cingapura. A China resolveu discretamente seus conflitos de fronteira com os países vizinhos, inclusive Rússia e Mianmar.

A China usa ações e não palavras para demonstrar que é um parceiro confiável, que não representa uma ameaça para seus vizinhos. Quando visitei o Japão em 2007, economistas japoneses me disseram que a antiga preocupação de que a China pudesse ser uma ameaça ao Japão havia praticamente desaparecido. Muitas empresas japonesas temiam que a mudança de suas fábricas para a China prejudicasse sua força na competição global. Depois de uma década de estagnação, as empresas japonesas finalmente decidiram transferir suas fábricas. Para sua surpresa, a economia japonesa se recuperou, não em razão do longo período de taxa de juros zero, mas em razão da crescente integração no desenvolvimento chinês. uma situação *win-win*. Foi a Coreia que assumiu a liderança na promoção da união econômica do Nordeste asiático, incluindo a própria Coreia, o Japão e a China, após a dolorosa lição da crise financeira do Leste asiático em 1997. Pode-se esperar o crescimento da grande união Ásia-Pacífico nas próximas décadas, não com base nos tipos ocidentais de democracia, Estado de direito e mercado financeiro, mas com base no desenvolvimento coordenado entre países soberanos. O compartilhamento dos valores asiáticos e dos ensinamentos de Confúcio é uma alternativa asiática, baseada em apoio familiar, construção da nação e governo consultivo, ao sistema ocidental, baseado em individualismo, consumismo e freios e contrapesos entre grupos de interesses.

Algumas pessoas começam a se preocupar com o futuro caso a liderança norte-americana termine quando a confiança no dólar desaparecer em razão da impressão temerária de dólares pelo Fed. Não estou preocupado, pois sei que os norte-americanos são um grande povo com grandes talentos. A Grande Crise é simplesmente um chamado para o despertar do espírito dos norte-americanos. Eles também terão de lidar com seus concorrentes e, então, poderão disciplinar os oligarcas financeiros e ter uma melhor distribuição da riqueza. Não acredito que os norte-americanos queiram começar uma guerra comercial para restaurar sua confiança. A confiança vem de dentro, não da fragilidade dos concorrentes. Entretanto, várias mudanças já ocorreram desde a crise.

Em primeiro lugar, o sistema universal de valores dominado pela doutrina norte-americana acabou. "O antigo Consenso de Washington acabou", declarou o primeiro-ministro Gordon Brown em 3 de abril de 2009 na reunião de cúpula do G-20 em Londres. Uma voz surpreendente, vinda do campo anglo-saxão, assinala uma nova era de coexistência de ideias e culturas diversificadas em uma nova ordem mundial. Essa é uma enorme oportunidade, tanto para a jovem geração de norte-americanos quanto para as pessoas de todo o mundo, de ter um diálogo mais igualitário e uma parceria mais coordenada no desenvolvimento mundial.

Em segundo lugar, a China está feliz em estabelecer uma parceria mais ampla com os países africanos e latino-americanos, além de seus tradicionais parceiros na Ásia, na Oceania e na Europa, uma vez que os transportes e as comunicações modernos desenvolvem um vínculo mais estreito com qualquer lugar na Terra.

Em terceiro lugar, partindo de seus 2 mil anos de história, a China desenvolveu tecnologias que economizam recursos mas consomem mão de obra, e que alimentam um quarto da população mundial com apenas 7% das terras cultiváveis. As crises capitalistas se repetem na história porque as tecnologias ocidentais que economizam mão de obra quase sempre destruíram mais empregos do que criaram, o que resultou em constantes distúrbios e conflitos sociais. As novas tecnologias desenvolvem uma variedade maior de produtos, que podem absorver mão de obra mais qualificada se a educação puder acompanhar o avanço tecnológico e se o sistema de direitos de propriedade limitados não impedir o conhecimento de chegar aos países em desenvolvimento. A China assumiria a liderança em um desenvolvimento mais equilibrado entre inovação, igualdade e meio ambiente sustentável. A liberdade sem controle e a cobiça egoísta não têm muito espaço para dominar a sociedade na China e talvez nem no Leste asiático.

Em quarto lugar, como princípio básico nas relações internacionais e no intercâmbio econômico, o princípio de Confúcio é mais simples e eficaz do que a tradição jurídica ocidental. Ele ensina simplesmente: "não faça aos outros o que não quer que lhe façam".

Na superfície, a atual crise teve origem na crise dos *subprime* nos Estados Unidos, que resultou da desregulamentação e da especulação excessiva no mercado financeiro. No entanto, a Grande Crise tem raízes profundas. O governo norte-americano foi capturado pelos oligarcas financeiros. Somente dividindo suas empresas monopolistas ou estabelecendo leis internacionais antitruste é que será possível reduzir a possibilidade de uma próxima crise financeira (Chen, 2009). O pensamento econômico dominante em macroeconomia e na teoria econômica financeira é responsável por alimentar a ilusão de um mercado autorregulador e capaz de se autoestabilizar (Krugman, 2009); um movimento intelectual que busca repensar a teoria econômica neoclássica está introduzindo um novo pensamento na teoria econômica. Creio que o desenvolvimento sustentável prevalecerá, juntamente com a coordenação internacional na regulação do mercado e na proteção do meio ambiente.

Acho que há uma terceira causa que precisamos enfrentar. Deve-se pôr um fim à corrida armamentista liderada pelos norte-americanos e às armas nucleares. Um novo tipo de sistema de bem-estar social deve lidar não só com o envelhecimento da sociedade nos países desenvolvidos e na China, mas também com os perigos do crescimento explosivo da população no Oriente Médio e no Sul da Ásia, onde a estabilidade social está sendo destruída pela diminuição das oportunidades de trabalho e pelo aumento da distância entre ricos e pobres. A situação atual do sistema de bem-estar social baseado no mercado financeiro e nos impostos não pode sobreviver à crescente mobilidade da mão de obra e à competição global. A abordagem chinesa, com um sistema de bem-estar social estruturado em várias camadas e uma economia mista, não representa uma alternativa promissora apenas para os países em desenvolvimento, pode também ser inspiradora para os trabalhadores norte-americanos. Certamente, essa é uma escolha difícil de ser feita por cada país isoladamente. Mas os problemas da pobreza, do terrorismo e do crime precisam de um esforço internacional numa perspectiva de longo prazo.

Minhas palavras finais: o fator humano é mais essencial para o desenvolvimento do que o capital ou a tecnologia, uma lição da revolução e da reforma chinesas, mas que não existe na teoria econômica clássica dominante.

## Referências

CHEN, Ping. Microfoundations of macroeconomic fluctuations and the laws of probability theory: the principle of large numbers vs. rational expectations arbitrage. *Journal of Economic Behavior & Organization*, v. 49, p. 327-344, 2002.

_____. Market instability and economic complexity: theoretical lessons from transition experiments. In: YAO, Yang; YUEH, Linda (Eds.). *Globalisation and economic growth in China*. Singapore: World Scientific, 2006. p. 35-58.

_____. Complexity of transaction costs and evolution of corporate governance. *Kyoto Economic Review*, v. 76, n. 2, p. 139-153, 2007.

_____. Equilibrium illusion, economic complexity, and evolutionary foundation of economic analysis. *Evolutionary and Institutional Economics Review*, v. 5, n. 1, p. 81-127, 2008.

_____. From an efficient market to a viable market: new thinking on reforming the international financial market. In: GARNAUT, R.; SONG, L.; WOO, W.T. (Eds.). *China 2009;* China's new place in a world in crisis: economic, geopolitical and the environmental dimensions. Canberra: Australian National University E-Press, Brookings Institution Press, 2009.

FRIEDMAN, M. *Free to choose:* a personal statement. New York: Harcourt, 1980.

FUKUYAMA, Francis. *The end of history and the last man*. New York: Harper, 1993.

KRUGMAN, P. How did economists get it so wrong? *The New York Times*, 2 Sept. 2009.

MADDISON, Augus. *Chinese economic performance in the long run*. Paris: OECD, 1998.

_____. *The world economy:* a millenial perspective/historical statistics. Paris: OECD, 2007. (Development Center Studies).

RAMO, J. C. *The Beijing Consensus.* London: Foreign Policy Center, 2004.

TIKHOMIROV, V. *The political economy of post-Soviet Russia*. New York: St. Martin, 2000.

WILLIAMSON, John. What Washington means by policy reform? In: WILLIAMSON, J. (Ed.). *Latin America adjustment:* how much has happened? Washington, DC: Institute for International Economics, 1990.

# PARTE III

# O Brasil e a crise mundial

# 8
# A resposta brasileira à crise global
PAULO CUNHA

Antes de falar do Brasil, é preciso caracterizar um pouco a crise internacional, que teve como pano de fundo o enorme desequilíbrio dos fluxos comerciais e de capitais — que vêm se agravando exponencialmente a partir de 2000 —, que, se não podem ser responsabilizados como os principais causadores da crise norte-americana, criaram a moldura indispensável para a sua concretização. O mundo hoje está dividido em: a) países com superávits comerciais estruturais e correspondentes saldos positivos em suas contas-correntes (China, Alemanha, Japão e Coreia do Sul), que aumentaram muito entre 2000 e 2008; e b) países com déficits comerciais estruturais e correspondentes saldos negativos em contas-correntes (EUA, Reino Unido e Espanha), cuja situação se agravou bastante também entre 2000 e 2008. Uma vez que os primeiros países poupam mais do que investem e consomem, e que o oposto ocorre com o segundo grupo de países, permitindo que gastem mais do que produzem, tanto em consumo, quanto em investimento, existe uma situação simbiótica, de ilusória convergência de interesses. Essa situação, porém, é inerentemente instável — a projeção desse desequilíbrio faria os primeiros países ficarem com recursos excedentes crescentes, de colocação cada vez mais difícil, enquanto os segundos endividar-se-iam infinitamente.

Nesse quadro, o governo dos Estados Unidos foi leniente (para não dizer populista), permitindo a expansão do crédito ao consumo privado até o limite insuportável, ao mesmo tempo em que fazia vista grossa para o risco crescente do sistema financeiro. A solução final dessa crise mundial dependerá da reversão desses desequilíbrios estruturais, envolvendo a desalavancagem dos cidadãos norte-americanos e a consequente redução da poupança, além de maior consumo doméstico, dos países superavitários.

Só esse enunciado já antecipa que a solução do imbróglio não ocorrerá a curto prazo: será de complexidade enorme e envolverá transformações fundamentais na estrutura do comércio e da produção internacionais. O certo é que o "fim da crise", qualquer que seja a forma como se defina, não será o retorno às condições de antes da crise. O mundo será muito diferente, e o presidente Obama vem repetindo esse truísmo. Ora, se a produção, o consumo, o comércio internacional dos Estados Unidos vão mudar, essas mudanças afetarão fortemente a economia mundial, que depende do que venha a ocorrer na economia norte-americana, por um conjunto de razões: a) seu PIB representa 24% do PIB mundial e tem respondido por 25% de seu crescimento; b) suas importações em 2007 representaram 14% das importações mundiais e seu déficit comercial, no mesmo ano, 6% das importações mundiais e 8% das importações extra-UE27; c) os EUA são, de longe, o maior receptor da poupança externa, dando ao sistema financeiro mundial a liquidez requerida.

Só esses três fatores já qualificam a economia norte-americana como o principal motor da economia mundial e, no caso do comércio mundial, como o único motor, sendo os demais — China, Japão e Alemanha — motores derivados e em linha. Nos últimos 30 anos, o crescimento do PIB norte-americano deu-se através do crescimento do consumo das famílias e do aumento de seu endividamento. No período 1987-2007, os dois indicadores mais gerais desse processo são: a) o investimento líquido flutuou entre 8% e 9% do PIB; b) a poupança líquida interna caiu de 7-8% em 1980 para 1-2% hoje, revelando basicamente a redução da poupança familiar; c) enquanto o consumo familiar respondia por apenas 54,4% do crescimento do PIB entre 1975-1980 (Vietnã e crise do petróleo), esse percentual passou para 77,30% entre 2000 e 2007; d) a dívida familiar/

renda familiar correspondia a 68% em 1980 e a 138% em 2007, este último um marco sem precedente na história norte-americana do século XX; e) a poupança líquida das famílias sobre a sua renda disponível caiu de 10% em 1980 para 0,5% em 2007.

Com a eclosão da crise, os americanos foram forçados a se desalavancar, ou seja, em vez de continuar a comprar, comprar e comprar, passaram a pagar suas dívidas. Essa nova tendência de frugalidade das famílias norte-americanas, perdida por mais de 20 anos, está ligada a dois motivos principais: primeiro, à perda de riqueza familiar, pela desvalorização dos imóveis e de seu portfólio de ações e aplicações financeiras e de seus fundos de aposentadoria; segundo, ao medo do desemprego, já realizado ou com possibilidade de vir a ocorrer. Nessas condições, o crescimento do consumo não voltará a ser, tão cedo, o motor do crescimento da economia norte-americana, e os programas de incentivo fiscal e monetário adotados pouco efeito terão sobre essa variável.

Em verdade, dado o nível de endividamento das famílias e das empresas — financeiras e não financeiras —, seu objetivo primordial hoje é recompor um nível saudável e sustentável de endividamento. O plano de incentivos do presidente Obama terá alguns efeitos sobre os aumentos da renda familiar, mas os recursos adicionais serão seguramente direcionados para a poupança, e não para o consumo. Os Estados Unidos já estão unilateralmente realizando o seu ajuste externo, tendo diminuído o seu déficit comercial externo em 50% no fim do 1º semestre de 2009 em relação à média do mesmo período em 2008.

O que deve nos preocupar, como cidadãos do mundo, é o rápido e estável crescimento do desemprego norte-americano, que, além de seu gigantesco custo humano, prorrogará a recessão. A grande dúvida que paira sobre a economia americana é o valor da riqueza a ser destruída para restabelecer um equilíbrio financeiro dinamicamente sustentável. O que se pode antever, de maneira objetiva e isenta, é que os EUA enfrentarão um imprecisamente longo e doloroso processo de digestão e absorção dos erros das famílias, entidades financeiras e governos nos últimos 20 anos.

## Possíveis impactos sobre a economia brasileira

Depois de um período de intensa negação de que o Brasil sofreria qualquer impacto da crise internacional, a realidade tratou de enterrar a visão e substituí-la por uma mais original e também mais verdadeira. Argumenta-se hoje que o Brasil está "relativamente" isolado da crise internacional, devido, paradoxalmente, a algumas características de sua estrutura econômico-institucional. Entre as características que ajudaram a atenuar os efeitos da crise internacional sobre a economia brasileira estão: a) baixa exposição ao mercado internacional, o que, vale lembrar, é uma característica que compartimos com os EUA, *locus* original da crise; b) baixa relação crédito/PIB (cerca de 40%); c) baixo endividamento das famílias; d) baixo financiamento imobiliário; e) alavancagem muito baixa, devido às antigas regras de compulsórios do Banco Central; f) elevadas reservas internacionais; g) nível elevadíssimo de juros, que desestimulou a geração de "bolhas" e outras aventuras financeiras locais.

Alguns outros elementos poderiam ser adicionados, mas esses bastam e são essencialmente verdadeiros. O Brasil entrou na crise inteiro, com suas virtudes e defeitos, e sairá da crise carregando as mesmas virtudes e os mesmos defeitos. A crise que nos pegou pela redução do crédito e do mercado externo para nossas exportações deu um solavanco no PIB que já está praticamente digerido. A rapidez da recuperação deve-se em parte à pronta reação do governo federal, através de desonerações fiscais e socorro financeiro rápido. Voltou assim o Brasil ao status pré-crise, com as seguintes diferenças: a) menos mercado para nossas exportações; e b) menos investimento, em função da opacidade do futuro e da redução do financiamento.

Os verdadeiros defeitos são estruturais e têm longa história no Brasil: são responsáveis pelo Brasil ter crescido 2,46% ao ano entre 1980 e 2008, enquanto no mesmo período o mundo crescia a 3,33%. Esses defeitos atravessaram a crise impávidos e continuam a retardar nosso crescimento. Sem ordená-los por importância e impacto, alguns deles são: a) um Estado que é quase o dobro de seus equivalentes em países com rendas *per capita* semelhantes e que continua crescendo; b) risco de um equilíbrio fiscal instável, em face do crescimento do consumo do governo ao dobro da taxa do crescimento do PIB nos últimos sete/oito anos, conjugado com uma queda de receitas, fruto da crise internacional; c) crescente complexidade e interferência das regulações do governo, em alguns casos efetivamente dificultando a realização de investimentos privados; d) infraestrutura em decadência, acoplada ao baixo investimento público nessa área; e) um dos piores ensinos básicos do mundo.

A queda e o arrefecimento posterior do comércio internacional trarão duas consequências principais: primeiro, a intensificação da competição entre os países por um volume menor e que cresce menos; segundo, uma volta à estrutura anterior do comércio exterior, menos "comoditizada" e mais calcada em segmentos industriais mais sofisticados e dinâmicos. Ora, o Brasil possui estruturas de produção industrial e de exportação em que esses segmentos dinâmicos do comércio mundial — química e SITC7 (equipamentos, material de transporte e eletroeletrônicos) — têm muito menos peso em suas respectivas estruturas do que em todos os países da OCDE, inclusive México, além de China, Taiwan e Cingapura. Ainda mais grave é o fato de que a atual estrutura de produção industrial apresenta menor peso de química e do SITC7 (apesar da Embraer) do que em 1985, o que significa que involuiu. O mesmo pode ser dito de sua pauta de exportações. Sem solucionar essas questões, o Brasil terá sua trajetória futura afetada diretamente pela crise internacional e continuará possivelmente a crescer menos do que o mundo, como faz desde 1980.

O mundo está mudando e não voltará a ser exatamente o que era no começo de 2008. O governo dos Estados Unidos, por exemplo, já diagnosticou com clareza essa questão e já está se preparando para enfrentá-la de frente. Estão, por exemplo, decididos a mudar sua matriz energética, para reduzir sua dependência do petróleo e do exterior e, para tanto, estão destinando quantias fabulosas para pesquisa e desenvolvimento de novas tecnologias. Essas medidas, da forma que se anunciam, parecem metodologicamente com a abordagem que usaram quando decidiram colocar um americano na Lua. Estão buscando, com energia e determinação, as chamadas *disruptive technologies*. Essas mudanças profundas no padrão tecnológico, sobretudo na área de energia, irão acontecer; a questão é com que velocidade.

O Brasil precisa encarar esses fatos, senão irá se deparar com um mundo para o qual não se preparou. Como pode ser testemunhado pelo crescente empobrecimento de nossa pauta de exportações industriais, o Brasil vem há algum tempo criando um ambiente crescentemente inóspito para a indústria. De fato, além dos defeitos de nossa economia já citados, ressalto outro que irá nos afligir por muito tempo: refiro-me à questão do câmbio. Quando fez sua abertura ao exterior, contrariamente aos exemplos exitosos de Alemanha, Japão e agora, mais recentemente, a China, o Brasil abriu primeiro as finanças e depois o comércio. Essa inversão, juntamente com a permanência por um período longo praticando taxas de juros exóticas, resultou numa valorização do real além do que seria razoável. Mas isso é jogo jogado de dificílima reversão e, portanto, temos de trabalhar com esforço redobrado para nos mantermos pelo menos emparelhados com a evolução tecnológica que está por acontecer.

# 9

# Impactos da crise na economia brasileira

SAMUEL DE ABREU PESSÔA, FERNANDO DE HOLANDA BARBOSA FILHO E
ANA LUIZA NEVES DE HOLANDA BARBOSA

O período que compreende o início da década de 1980 até 1994 foi marcado por instabilidade macroeconômica e baixo crescimento econômico no Brasil. Além do processo inflacionário, a década de 1980 também testemunhou uma crise da dívida externa, com a interrupção dos empréstimos internacionais no início do período. Em 1987, políticas monetárias e cambiais inapropriadas levaram à moratória da dívida externa. As finanças do setor público também não se encontravam em situação confortável e a tendência de deterioração nas contas do setor público foi agravada ainda mais pelas más condições no fluxo de capital internacional. Em parte, essa situação foi resultado da falta de reformas estruturais do próprio setor público.

A proliferação de mecanismos de indexação formais e informais permitiu que a sociedade brasileira convivesse com um processo inflacionário persistente por um longo período de tempo. No início dos anos 1980, a taxa de inflação se elevou para um patamar acima de 200% ao ano e chegou a 1.700% ao ano em 1989, pelo IGP-DI. O imposto inflacionário desse período, usado para financiar os déficits orçamentários do governo, chegou a superar a taxa de 4% do PIB em 1989 (Cysne e Coimbra-Lisboa, 2007).

A instabilidade macroeconômica caracterizada pela alta inflação e pela crise nas finanças do setor público resultaria inevitavelmente em um ambiente extremamente hostil ao investimento e ao crescimento econômico no período 1981-1992. Cinco tentativas na forma de planos de estabilização econômica não foram bem-sucedidas em acabar com o processo de espiral inflacionária no Brasil: o Plano Cruzado (1986), o Plano Bresser (1987), o Plano Verão (1989), o Plano Collor I (1990) e o Plano Collor II (1991). A principal agenda econômica do país no início da década de 1990 era debelar o surto inflacionário que acometeu a economia durante longo período. A recuperação do crescimento econômico, portanto, dependia do sucesso de um novo programa de estabilização.

A década de 1990 foi caracterizada por mudanças significativas e algumas realizações extremamente importantes no âmbito econômico. O fim da hiperinflação, a liberalização comercial, a retomada do investimento direto externo, um programa de privatização bastante extenso e o fortalecimento do setor financeiro foram passos importantes que contribuíram para as mudanças de perspectiva no ambiente macroeconômico.

Um dos fatos mais proeminentes para a economia brasileira nessa década foi o Plano Real, anunciado primeiramente em dezembro de 1993 e executado de fato em fevereiro de 1994. Esse programa de estabilização foi responsável pela redução quase instantânea das taxas de inflação. O Plano Real foi efetuado em quatro etapas: i) a emergência de um pacote fiscal para reduzir o déficit público; ii) a implementação de um "superindexador", a Unidade Real de Valor (URV), em que todos os preços e contratos foram convertidos em uma nova unidade de conta; iii) a implementação da reforma monetária — lançada em 1º de julho de 1994 — e de uma nova moeda (o real), para a qual todos os preços e contratos, expressos anteriormente em URVs, foram convertidos; e iv) o início de um novo regime de taxa de câmbio, em janeiro de 1999. Após essa reforma, houve uma aceleração da taxa de crescimento da economia e um aumento significativo dos salários reais dos trabalhadores.

A crise cambial mexicana, no final de 1994, gerou uma fuga em massa de divisas do México e desencadeou uma onda de desconfiança nos mercados financeiros dos países em desenvolvimento, provocando o chamado "efeito tequila". Com o Brasil não foi diferente, e o fluxo de capital externo para o país se reduziu drasticamente. O risco, portanto, de uma crise cambial levou o governo a introduzir, no início de 1995, um regime de taxa de câmbio administrada e uma política monetária restritiva. A consequência dessas políticas foi uma redução significativa da taxa de crescimento econômico brasileiro no segundo semestre daquele ano.

A consequente apreciação significativa da taxa de câmbio implicou déficits significativos nas transações correntes, em particular na balança comercial, devido a um significativo aumento nas importações. A valorização da moeda nacional tornou os produtos importados competitivos, o que ajudou a garantir as baixas taxas de inflação. No entanto, o déficit fiscal mostrou-se um dos pontos fracos do Plano Real.

Assim, os chamados déficits gêmeos — déficit nas transações correntes e déficit fiscal — foram financiados pela elevação do endividamento externo. O nível de reservas internacionais, crucial para assegurar a estabilidade da taxa de câmbio, começou então a depender da geração de superávits na conta de capital. A maior liberalização da conta de capital e as privatizações de inúmeras empresas estatais facilitariam a captação de poupança externa. O financiamento dos déficits do balanço de pagamentos foi garantido, portanto, pelo fluxo positivo de capital externo, pela perspectiva de retomada de crescimento econômico e pelos avanços no programa de privatização.

Crises internacionais de grandes proporções ressaltaram alguns fundamentos frágeis do programa de estabilização, tanto em termos de equilíbrio orçamentário quanto de balanço de pagamentos. A desvalorização cambial dos países do Sudeste asiático, ocorrida em 1997, e a moratória russa, em agosto de 1998, resultaram em perdas significativas de reservas internacionais do país, e a sobrevalorização do câmbio pressionou o financiamento das transações correntes. A manutenção da política cambial demandou um aumento significativo nas taxas de juros, com efeitos adversos sobre o nível de atividade, do emprego e das contas públicas.

A reação do governo brasileiro às crises financeiras internacionais combinou dois conjuntos de políticas. Um programa de ajuste fiscal foi planejado com o intuito de reduzir o déficit público. E, em novembro de 1998, a fim de estancar a perda de reservas e devido aos efeitos da crise internacional, o Brasil formalizou um acordo com o Fundo Monetário Internacional (FMI) em que obteve uma ajuda financeira multilateral de US$ 41,5 bilhões. Houve um esforço significativo de ajuste fiscal por parte do governo, em comparação com 1998. Com a finalidade de estabilizar a trajetória dívida/PIB, em torno de 50% no final de 1999, o governo estabeleceu a meta de superávit primário para 3,1% do PIB em 1999, 3,25% em 2000 e 3,35% em 2001. Tal medida de ajuste fiscal foi bem-sucedida em reverter a trajetória da relação dívida/PIB da economia brasileira.

No início de 1999, a instabilidade gerada pelas crises resultou em uma pressão sobre as reservas internacionais e uma fuga de capitais do país. Uma redução ainda maior das reservas internacionais obrigou o governo a mudar o regime cambial em 15 de janeiro daquele ano, que passou de taxa de câmbio fixa para um sistema de câmbio flexível. A transição do regime cambial foi traumática e houve um *overshooting* inicial da taxa de câmbio, seguido de um retorno gradual para uma taxa mais próxima do câmbio de equilíbrio.

Para evitar a volta da espiral inflacionária ocasionada pela desvalorização cambial, as taxas de juros aumentaram para 45% ao ano em fevereiro de 1999. Com os primeiros sinais de uma queda na inflação, uma nova tendência de queda nas taxas de juros foi iniciada em abril de 1999. No final do segundo trimestre de 1999, o novo regime cambial foi consolidado e a inflação estava sob controle. O Banco Central do Brasil anunciou sua nova política monetária — um sistema de metas de inflação —, com a intenção de coordenar as expectativas inflacionárias e prover o sistema de uma âncora monetária.

A partir de janeiro de 1999, portanto, estava criado o tripé da economia brasileira em que se fundamentou o marco da política macroeconômica que vigora até o momento: superávit primário, regime de câmbio flexível e sistema de metas de inflação.

Este capítulo tem a seguinte organização: a próxima seção apresenta a dinâmica macroeconômica da economia brasileira no período imediatamente anterior à crise, de 1994 até 2008, e que está dividido em dois subperíodos em função do calendário político: 1994-2002 e 2003 até setembro de 2008. A terceira seção apresenta o comportamento da economia em seguida à crise, de setembro de 2008 até os dias de hoje. A quarta seção compara a reação da economia brasileira à crise de agora com três outros episódios anteriores. A quinta apresenta o conjunto de medidas de política econômica que foram tomadas em seguida à crise atual. O capítulo termina com a apresentação das principais características da economia brasileira que condicionam o crescimento de médio prazo.

## Economia pré-crise: 1994-2002
### Produto

Após o plano de estabilização econômica de 1994, a economia brasileira iniciou um processo de retomada do crescimento econômico, que atingiu taxas de 5,3% e 4,4% ao ano nos dois primeiros anos após o Plano Real (1994 e 1995). Contudo, no período 1996-2002, o PIB cresceu a uma taxa média relativamente baixa, de somente 2% ao ano (ver tabela 1). No biênio 1996/1997, o ritmo de crescimento da economia brasileira começou a se desacelerar, com taxas de crescimento do PIB de 2,2% e 3,4%, respectivamente. A redução da taxa de crescimento do PIB do Brasil entre 1997 e 1998 foi consequência das já mencionadas crises internacionais (originadas nos países do Sudeste asiático e na Rússia).

## TABELA 1
### Crescimento do produto e por setor (%)

|           | PIB | Agropecuária | Indústria | Serviços |
|-----------|-----|--------------|-----------|----------|
| 1996      | 2,2 | 3,0          | 1,1       | 2,2      |
| 1997      | 3,4 | 0,8          | 4,2       | 2,6      |
| 1998      | 0,0 | 3,4          | -2,6      | 1,1      |
| 1999      | 0,3 | 6,5          | -1,9      | 1,2      |
| 2000      | 4,3 | 2,7          | 4,8       | 3,6      |
| 2001      | 1,3 | 6,1          | -0,6      | 1,9      |
| 2002      | 2,7 | 6,6          | 2,1       | 3,2      |
| 1996-2002 | 2,0 | 4,2          | 1,0       | 2,3      |

Fonte: IBGE, contas nacionais.

A depreciação cambial, o controle da relação dívida/PIB e o sistema de metas de inflação foram fatores primordiais para a retomada do crescimento econômico em 2000. Após uma década de baixas taxas de crescimento, a economia brasileira estava pronta para entrar em um ciclo de crescimento acelerado.

Entretanto, o esperado ciclo de crescimento acelerado não ocorreu, em virtude do "apagão energético" de 2001, ocasionado pelo baixo nível de água nos reservatórios das hidrelétricas do país, aliado a uma falha de planejamento do governo.

A tabela 1 também apresenta a taxa de crescimento do PIB estruturada pelos setores de agropecuária, serviços e indústria. Nota-se que os dois primeiros setores apresentaram crescimento econômico ao longo de todo o período de análise (1996-2002), enquanto o setor industrial foi o que sofreu os maiores efeitos das crises observadas no período. O setor de agropecuária apresentou a maior taxa média de crescimento (4,2% ao ano), seguido pelo setor de serviços (2,3%). O comportamento da indústria, entretanto, sugere um desempenho ruim do setor, com taxa de crescimento médio de 1% ao ano. Em virtude do racionamento de energia, o ritmo de crescimento no setor industrial sofreu uma retração de 0,6% em 2001.

A composição da taxa de crescimento do PIB, segundo a ótica da demanda agregada, no período 1996-2002, é apresentada na tabela 2. Com relação aos componentes da demanda interna, nota-se que o consumo das famílias (C) foi o que mais contribuiu positivamente para o crescimento da economia no período 1996-2002. Com a exceção do ano de 1998, as taxas de crescimento desse componente, ainda que baixas, mostraram-se positivas em todo o período de análise. O baixo crescimento em 1999 deveu-se muito provavelmente à recessão ocasionada pelo fim do sistema de câmbio fixo. Com relação à formação bruta de capital fixo (FBKF), houve fortes oscilações no período. O ano de 1997, por exemplo, apresenta a maior taxa de crescimento desse componente (8,7%) enquanto em 1999 essa mesma taxa atinge um patamar negativo significativo em comparação com os demais anos (-8,2%). Com a exceção dos biênios 1998/1999 e 2001/2002, o consumo do governo (G) apresentou taxas de crescimento extremamente baixas em relação aos outros componentes da demanda interna. Esse desempenho deve-se basicamente ao processo de ajuste fiscal necessário para a geração de superávits primários capazes de estabilizar a trajetória da dívida pública do período.

**TABELA 2**    227

**Crescimento do produto e dos componentes de demanda agregada**

|  | PIB | C | G | FBKF | X | M |
|---|---|---|---|---|---|---|
| 1996 | 2,2 | 3,2 | -1,8 | 1,5 | -0,4 | 5,6 |
| 1997 | 3,4 | 3,0 | 1,2 | 8,7 | 11,0 | 14,6 |
| 1998 | 0,0 | -0,7 | 3,2 | -0,3 | 4,9 | -0,1 |
| 1999 | 0,3 | 0,4 | 1,7 | -8,2 | 5,7 | -15,1 |
| 2000 | 4,3 | 4,0 | -0,2 | 5,0 | 12,9 | 10,8 |
| 2001 | 1,3 | 0,7 | 2,7 | 0,4 | 10,0 | 1,5 |
| 2002 | 2,7 | 1,9 | 4,7 | -5,2 | 7,4 | -11,8 |
| 1996-2002 | 2,0 | 1,8 | 1,7 | 0,3 | 7,4 | 0,8 |

Fonte: IBGE, contas nacionais.

Quanto ao setor externo, nota-se que, com a exceção de 1996 e 1997, este contribuiu de forma positiva para o crescimento do PIB no período analisado (1996-2002). Destaca-se que, salvo em 1996, as exportações (X) apresentam taxas de crescimento positivas para todos os anos do período analisado (1996-2002). O aumento da competitividade do produto nacional ocasionado em grande parte pela desvalorização cambial de 1999 foi o principal fator que impulsionou o significativo crescimento das exportações no triênio 2000-2002.

## Política fiscal

A estratégia do Plano Real de utilizar recursos externos para financiar os gastos do governo foi relativamente bem-sucedida até meados de 1997, quando a inflação se encontrava sob controle e a relação dívida/PIB estava estável em torno de 30% do PIB (ver figura 1).

A deterioração da relação dívida/PIB da economia brasileira, iniciada especialmente a partir do final de 1997, deve-se a uma combinação de fatores. Com a crise asiática, o governo brasileiro passou a ter maior dificuldade em rolar a dívida pública, em virtude do aumento do custo de seu financiamento. A dificuldade de financiamento externo e a necessidade do Banco Central de manter as reservas internacionais sob controle, devido ao regime de âncora cambial, ocasionaram a emissão de diversos títulos atrelados ao dólar em 1998. Simultaneamente, as contas do governo sofreram uma deterioração ainda maior nesse ano. O déficit primário atingiu uma taxa de 1,35%

do PIB em junho de 1998, e a relação dívida/PIB aumentou de 32,67%, em janeiro de 1998, para 38,94% do PIB em dezembro do mesmo ano.

## FIGURA 1

**Relação dívida/PIB e superávit primário**

Fonte: Banco Central do Brasil.

Um dos instrumentos utilizados para tornar a trajetória da relação dívida/PIB não explosiva foi o estabelecimento de metas para o superávit primário. Essa dinâmica pode ser descrita na seguinte equação:

$$\dot{m} + \dot{b} = ( g - \tau ) + ( r - \eta_y ) \, b - m \, ( \pi + \eta_y )$$

onde $m$ é o estoque real de moeda como fração do PIB, $b$ é a relação dívida/PIB, $g$ é o gasto corrente do governo, $\tau$ são os impostos líquidos, $r$ é a taxa de juros real, $\eta_y$ é a taxa de crescimento do produto real e $\pi$ é a taxa de inflação; $\dot{m}$ e $\dot{b}$ são as variações ao longo do tempo de $m$ e $b$, respectivamente. Portanto, a equação demonstra que o governo pode se financiar com moeda ($\dot{m} + m \, ( \pi + \eta_y )$), com a emissão de dívida ($\dot{b}$) ou com impostos ($\tau$). Em um país com uma dívida em torno de 50% do PIB, com um pagamento de juros reais de cerca de 10% do PIB e com uma taxa de crescimento esperada de 3% do PIB, o controle da relação dívida/PIB

($\dot{b}$ = 0) exigiria um superávit primário da ordem de 3,5% do PIB (($g - \tau$) = -3,5%), caso contrário a dívida pública se tornaria insustentável. A política de estabilizar a relação dívida/PIB foi bem-sucedida até 2002.

As incertezas geradas pela proximidade das eleições presidenciais de 2002 certamente contribuíram significativamente para que a relação dívida/PIB atingisse o máximo em setembro daquele ano. No entanto, em outubro de 2002, Luiz Inácio Lula da Silva, um político ex-sindicalista e filiado ao Partido dos Trabalhadores (PT), foi eleito presidente do país, derrotando o também candidato apoiado por Fernando Henrique Cardoso, ex-ministro da Saúde e então senador pelo estado de São Paulo, José Serra, do PSDB.

Em seu primeiro ano de mandato (2003-2006), contrariando as expectativas do mercado em geral, o presidente Lula não só manteve o tripé básico da economia brasileira (taxa de câmbio flexível, superávit primário e sistema de metas de inflação), como elevou a meta de superávit primário de 3,75% do PIB para 4,25%.

## Política monetária

A figura 2 mostra a evolução da condução da política monetária ao longo do período 1998-2002.

### FIGURA 2

**Taxa de câmbio, Selic e inflação**

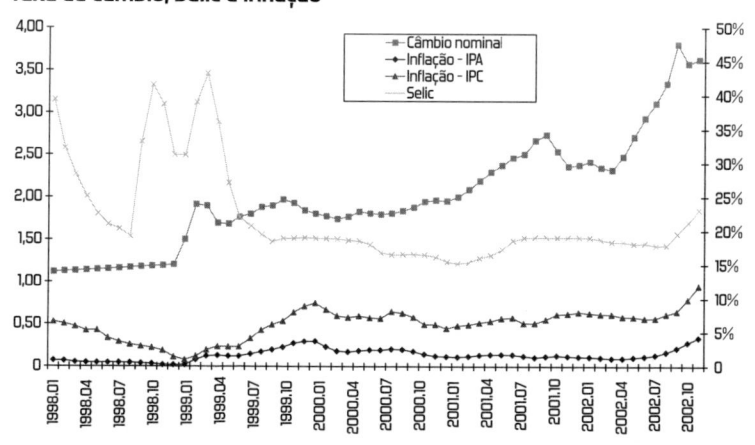

Fontes: Banco Central do Brasil e Fundação Getulio Vargas.

No final do primeiro mandato de Fernando Henrique Cardoso, em 1998, nota-se que a política monetária era extremamente ativa. Tal fato pode ser observado pelo movimento da taxa referencial do Sistema Especial de Liquidação e Custódia (taxa Selic) nos meses que antecederam a desvalorização cambial de janeiro de 1999. A fim de reduzir a perda excessiva de reservas internacionais ocasionada pela crise russa, o Banco Central se viu obrigado a elevar a taxa Selic para 41,6%, em outubro de 1998, que depois, em janeiro de 1999, foi reduzida para 31,2%.

A elevada depreciação da moeda nacional em janeiro de 1999, fruto da adoção do regime de taxa de câmbio flutuante, aumentou sobremaneira a expectativa de inflação futura, visto que haveria a possibilidade de repasse da desvalorização para os preços.[1] Assim, para "ancorar" tais expectativas, em fevereiro o Banco Central aumentou a taxa de juros como um instrumento de controle da inflação pós-desvalorização cambial.

A figura 3 mostra mais claramente a elevação da taxa de juros Selic ao longo de 1998-2002. Imediatamente após a depreciação cambial, a inflação medida pelo Índice de Preços no Atacado (IPA) da Fundação Getulio Vargas sofreu uma aceleração significativa em virtude da forte associação entre os

## FIGURA 3
### Inflação e a Selic

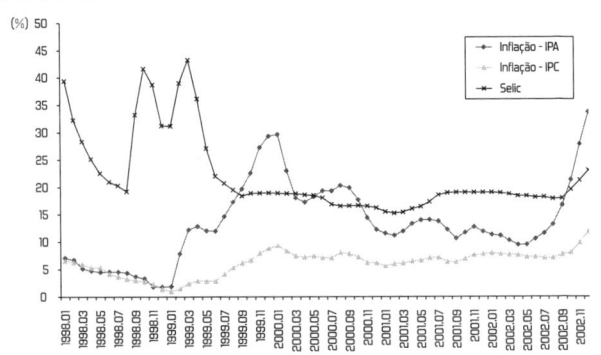

Fontes: Banco Central do Brasil e Fundação Getulio Vargas.

---

[1] O preço do dólar em termos de reais aumentou de R$ 1,21, em 12 de janeiro de 1999, para cerca de R$ 1,90 um mês depois. No entanto, imediatamente após a desvalorização do real, a cotação do dólar quase atingiu R$ 4, em virtude do *overshooting* da taxa de câmbio.

produtos que compõem o índice e a taxa de câmbio. Se não houvesse um aumento da taxa de juros, o repasse dos preços desses produtos seria imediato.

A partir de junho de 1999, iniciou-se o regime de metas de inflação, arcabouço de política monetária em que a autoridade monetária compromete-se a cumprir a meta de inflação determinada pelo Conselho Monetário Nacional (CMN) para os dois anos subsequentes. O instrumento usado para alcançar a meta é a taxa básica de juros da economia (taxa Selic). Assim, sempre que as expectativas de inflação estivessem acima da meta, o Banco Central elevaria a taxa Selic, que em 2001 subiu de 15,2% em fevereiro para 19,1% em setembro. Em outubro de 2002, quando o país experimentou uma crise de confiança com a eleição do presidente Lula, a elevação da taxa Selic foi muito mais significativa, passando de 17,8% em agosto para 23% em dezembro.

O cenário macroeconômico no período 1999-2002 estava atrelado aos seguintes pilares: a) aprofundamento do programa de consolidação fiscal (com metas de superávit primário); b) adoção de uma política monetária com base no sistema de metas de inflação e esforços institucionais em direção à independência operacional do Banco Central; c) intensificação das reformas estruturais da economia. Ao assumir o cargo, o presidente Lula manteve o sistema de metas de inflação e o Banco Central continuou elevando a taxa de juros para controlar a inflação, o que permitiu que as expectativas voltassem a ser "ancoradas".

## Economia pré-crise: 2003-2008
### Produto

A tabela 3 apresenta a taxa de crescimento trimestral, com ajuste sazonal do PIB brasileiro, e por setor, entre 2003 e 2008. Somente a partir de setembro de 2006 é que a economia brasileira entrou em um ciclo econômico de crescimento sustentado ao longo de 27 meses até o início da crise mundial ocorrida no último trimestre de 2008, quando a taxa de crescimento do PIB em relação ao trimestre anterior foi de -3,6%.

Quanto à composição do PIB em relação aos setores da economia, nota-se que o setor de serviços apresenta taxa de crescimento positiva em todos os trimestres, desde setembro de 2003 até setembro de 2008, quando o setor tem um pequeno recuo de 0,4%. O último trimestre de 2008 e o primeiro de 2009 retratam bem o impacto da crise na economia brasileira, registrando queda na taxa de crescimento do PIB. O setor industrial, que apresenta uma queda significativa de 8,2% e 3,1% nesses trimestres, respectivamente, foi o grande responsável pelo desempenho ruim da economia no período.

## TABELA 3

### Taxa de crescimento do produto e por setor

| | PIB | Agropecuária | Indústria | Serviços |
|---|---|---|---|---|
| Mar. 2003 | -1,4 | 2,9 | -5,5 | -0,8 |
| Jun. 2003 | -0,2 | -0,6 | 1,6 | -0,9 |
| Set. 2003 | 1,3 | -5,0 | 4,8 | 1,2 |
| Dez. 2003 | 1,4 | 4,9 | 0,6 | 1,4 |
| Mar. 2004 | 2,4 | 5,3 | 1,9 | 1,8 |
| Jun. 2004 | 2,4 | 0,0 | 4,4 | 1,4 |
| Set. 2004 | -0,8 | -9,8 | -1,1 | 0,8 |
| Dez. 2004 | 0,6 | 4,6 | -0,3 | 1,1 |
| Mar. 2005 | 0,8 | 3,0 | 1,3 | 0,3 |
| Jun. 2005 | 2,3 | 1,6 | 0,5 | 1,5 |
| Set. 2005 | -0,6 | -7,1 | -0,6 | 0,6 |
| Dez. 2005 | 1,2 | 6,2 | 1,7 | 1,2 |
| Mar. 2006 | 1,2 | 0,8 | 0,4 | 1,5 |
| Jun. 2006 | 0,6 | 1,3 | -1,5 | 0,3 |
| Set. 2006 | 1,7 | 2,1 | 2,7 | 1,3 |
| Dez. 2006 | 1,1 | 1,6 | 2,6 | 0,9 |
| Mar. 2007 | 1,7 | 1,5 | -1,1 | 2,7 |
| Jun. 2007 | 1,4 | -3,0 | 2,6 | 0,3 |
| Set. 2007 | 1,2 | 6,9 | 1,0 | 0,5 |
| Dez. 2007 | 1,8 | 2,4 | 1,4 | 2,7 |
| Mar. 2008 | 1,6 | -1,3 | 2,4 | 1,4 |
| Jun. 2008 | 1,6 | 1,6 | 1,2 | 0,9 |
| Set. 2008 | 1,7 | -0,2 | 1,6 | 0,8 |
| Dez. 2008 | -3,6 | -1,0 | -8,2 | -0,4 |
| Mar. 2009 | -0,8 | -0,5 | -3,1 | 0,8 |

Fonte: IBGE, contas nacionais.

A tabela 4a mostra a matriz de correlação das taxas de crescimento de cada um dos setores com a taxa de crescimento do PIB, e a tabela 4b apresenta a matriz de variância e covariância das taxas de crescimento do PIB e dos setores agropecuário, de serviços e industrial. Esta última apresenta elevada volatilidade (tabela 4b), medida pela variância da taxa de crescimento do setor, e a maior correlação com o PIB (tabela 4a). Por sua vez, a volatilidade do setor agropecuário é a maior entre os três setores, muito em razão de as condições climáticas terem um importante papel no desempenho do setor. O setor de serviços é o que apresenta menor variância em sua taxa de crescimento.

## TABELA 4A
### Matriz de correlações das taxas de crescimento trimestrais

|  | PIB | Agropecuária | Indústria | Serviços |
|---|---|---|---|---|
| PIB | 1 |  |  |  |
| Agropecuária | 0,342905 | 1 |  |  |
| Indústria | 0,831282 | 0,040764 | 1 |  |
| Serviços | 0,677618 | 0,169818 | 0,413177 | 1 |

## TABELA 4B
### Matriz de variância e covariância das taxas de crescimento trimestrais

|  | PIB | Agropecuária | Indústria | Serviços |
|---|---|---|---|---|
| PIB | 1,914857 |  |  |  |
| Agropecuária | 1,78991 | 15,43964 |  |  |
| Indústria | 3,145016 | 0,437929 | 8,110918 |  |
| Serviços | 0,784559 | 0,558311 | 0,984564 | 0,759632 |

Fonte: Elaboração própria com dados do IBGE.

A tabela 5 apresenta a composição da taxa de crescimento do PIB segundo a ótica da demanda agregada para o período 2003-2009. No período imediatamente anterior à chegada da crise ao Brasil (setembro de 2008), a taxa de crescimento do PIB foi de 1,7%. Uma análise desagregada ressalta a importância do crescimento do consumo das famílias (C) e da formação bruta do capital fixo (FBKF) no crescimento do PIB. Grande parte do crescimento do consumo no período esteve vinculado expressivamente à expansão do crédito doméstico até a eclosão da crise financeira mundial.

Apesar de a crise internacional ter-se iniciado em meados de 2007, com falta de confiança geral no sistema financeiro e de liquidez bancária, a economia brasileira só sentiu seus efeitos adversos cerca de um ano depois, no último trimestre de 2008, quando, com a exceção do gasto público, todos os componentes da demanda agregada sofreram uma queda em suas taxas de crescimento. A FBKF, por exemplo, apresentou uma queda superior a 9% em dezembro do mesmo ano, refletindo uma redução abrupta do investimento.

## TABELA 5

### Taxa de crescimento do PIB e dos componentes de demanda agregada (trimestre contra o trimestre anterior dessazonalizado)

|  | PIB | C | G | FBKF | X | M |
|---|---|---|---|---|---|---|
| Mar. 2003 | -1,4 | 0,1 | -0,5 | -2,7 | -9,3 | -0,2 |
| Jun. 2003 | -0,2 | -1,2 | 0,6 | -7,7 | 8,7 | -0,6 |
| Set. 2003 | 1,3 | 0,6 | 1,0 | 2,2 | 1,2 | -0,6 |
| Dez. 2003 | 1,4 | 1,1 | 2,3 | 4,8 | 5,7 | 12,2 |
| Mar. 2004 | 2,4 | 1,4 | -1,7 | 2,7 | 4,7 | 1,9 |
| Jun. 2004 | 2,4 | 0,9 | 2,6 | 3,8 | 3,2 | 2,7 |
| Set. 2004 | -0,8 | 1,0 | 1,9 | 1,2 | 1,0 | -0,1 |
| Dez. 2004 | 0,6 | 1,4 | 1,9 | 0,1 | 0,6 | 2,2 |
| Mar. 2005 | 0,8 | 0,2 | -1,8 | -2,2 | 5,0 | 2,5 |
| Jun. 2005 | 2,3 | 1,5 | 0,5 | 4,1 | 0,7 | 4,0 |
| Set. 2005 | -0,6 | 1,7 | 0,8 | 1,8 | 2,5 | -0,5 |
| Dez. 2005 | 1,2 | 1,7 | 1,5 | 1,4 | 2,2 | 2,4 |
| Mar. 2006 | 1,2 | 0,7 | 0,5 | 4,9 | 0,0 | 8,5 |
| Jun. 2006 | 0,6 | 1,4 | -0,4 | -0,9 | -3,9 | 3,2 |
| Set. 2006 | 1,7 | 1,3 | 0,9 | 3,5 | 9,8 | 6,0 |
| Dez. 2006 | 1,1 | 1,1 | 1,0 | 2,7 | 0,8 | 3,6 |
| Mar. 2007 | 1,7 | 2,5 | 2,5 | 3,6 | 1,4 | 5,5 |
| Jun. 2007 | 1,4 | 1,0 | 1,5 | 2,6 | -0,3 | 2,4 |
| Set. 2007 | 1,2 | 0,9 | -0,4 | 5,3 | -0,3 | 8,3 |
| Dez. 2007 | 1,8 | 2,7 | 0,6 | 3,8 | 6,1 | 5,5 |
| Mar. 2008 | 1,6 | 1,5 | 4,1 | 2,8 | -6,2 | 1,3 |
| Jun. 2008 | 1,6 | 0,7 | -0,2 | 3,4 | 3,9 | 6,8 |
| Set. 2008 | 1,7 | 1,8 | 1,6 | 8,4 | -2,4 | 1,9 |
| Dez. 2008 | -3,6 | -1,8 | 0,5 | -9,6 | -3,2 | -6,6 |
| Mar. 2009 | -0,8 | 0,7 | 0,6 | -12,6 | -16,0 | -16,8 |

Fonte: IBGE, contas nacionais.

O setor externo, no Brasil, mostrou-se extremamente sensível à crise. As exportações sofreram um impacto significativo devido à redução do nível de atividade mundial e a consequente queda na demanda de produtos nacionais. Paralelamente, a redução da renda nacional, associada a uma desvalorização cambial, gerou também um impacto negativo nas importações do país.

A tabela 6 mostra a matriz de correlação entre os componentes da despesa e o PIB. Entre os componentes da demanda, a formação bruta de capital fixo (FBKF) é o que apresenta maior correlação com o PIB, o que demonstra a importância do investimento para o crescimento econômico do país. O consumo das famílias (C) também apresenta elevada correlação com o PIB. É interessante notar também a elevada correlação existente entre a FBKF e as importações e entre C e a FBKF.

**TABELA 6**

**Matriz de correlação das taxas de crescimento trimestrais**

| | PIB | C | G | FBKF | X | M |
|---|---|---|---|---|---|---|
| PIB | 1 | | | | | |
| C | 0,664053344 | 1 | | | | |
| G | 0,147709906 | 0,292311251 | 1 | | | |
| FBKF | 0,756535566 | 0,662210131 | 0,237299479 | 1 | | |
| X | 0,422049633 | 0,098219052 | -0,074028675 | 0,420788105 | 1 | |
| M | 0,605525451 | 0,370842745 | 0,054052194 | 0,801989531 | 0,635211629 | 1 |

Fonte: Elaboração própria com dados do IBGE.

## Política fiscal

A política fiscal, no período 2003-2009 do governo Lula, se refletiu na continuidade da geração de superávits primários e no controle da relação dívida/PIB. A figura 4 mostra a evolução da relação dívida/PIB e do superávit primário. Mais uma vez, nota-se claramente o impacto da crise mundial nesses indicadores: o superávit primário cai de quase 4,5% do PIB, em setembro de 2008, para cerca de 2% do PIB em maio de 2009. Essa redução do superávit primário no momento atual não parece indicar uma mudança de política, mas um esforço do governo para reduzir os impactos da crise mundial na economia brasileira. A relação dívida/PIB, por sua vez, apresentou uma trajetória de elevação, atingindo cerca de 43% do PIB. Voltaremos a analisar com mais cuidado a política fiscal do governo Lula na quinta seção, quando compararemos o padrão de política até a crise com a inflexão que houve em seguida.

## FIGURA 4

**Relação dívida/PIB e superávit primário 2001-2009**

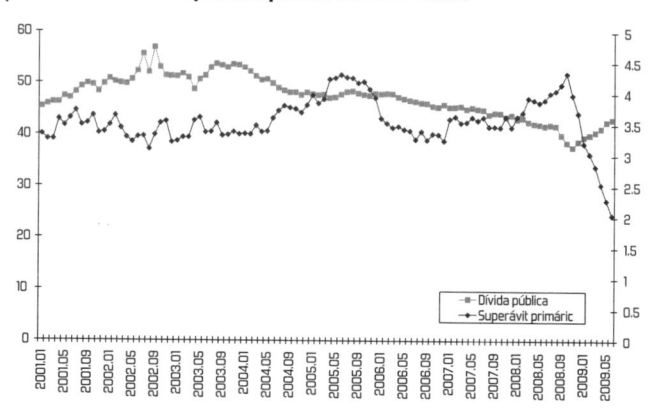

Fonte: Banco Central do Brasil.

## Política monetária

A política monetária com base no sistema de metas de inflação, iniciada em 1999, foi mantida pelo governo do presidente Lula. Nesse sistema há elevação da taxa Selic sempre que a economia entra em trajetória de aceleração da inflação (figura 5). Mais uma vez, portanto, o Banco Central utilizou a taxa de juros como instrumento de política monetária para manter a taxa de inflação sob controle.

A eleição de 2002, com a provável vitória do então candidato Lula à presidência da República, gerou uma mudança nas expectativas dos agentes econômicos. Tal mudança ocorreu em função do histórico de muitos anos do Partido dos Trabalhadores — o partido do então candidato a presidente —, que afirmava ser necessária uma forte inflexão da política econômica na direção de um forte ativismo fiscal e monetário, além de medidas ainda menos ortodoxas, como uma auditoria na dívida externa. A trajetória das taxas de inflação teve uma reversão abrupta em sua tendência de queda até aquele momento e chegou a atingir a taxa de 15% ao ano no final de 2002. Ao longo de 2003, no entanto, as taxas de inflação voltaram a cair, devido ao superávit primário, à elevação da taxa Selic e à manutenção do sistema cambial flutuante.

Outro ponto importante a se notar é maior volatilidade do índice de preços dos bens comercializáveis (bens *tradables*) em relação ao índice de preços dos bens não comercializáveis (bens *non-tradables*). Essa diferença de volatilidade se dá muito em função de uma maior inércia no movimento dos preços no setor de serviços, bens tipicamente não comercializáveis. A elevação dos preços dos comercializáveis em 2007 passou a ser acompanhada de uma elevação nos preços dos não comercializáveis, o que elevou ainda mais a pressão inflacionária.

Nesse cenário, o Banco Central só iniciou o processo de aumento da taxa Selic em meados de 2008, aparentemente com certo atraso, visto que os preços dos serviços já estavam em franca aceleração. O surgimento da crise econômica mundial em agosto de 2008 reduziu significativamente a inflação dos bens comercializáveis, mas esta não gera impactos relevantes na inflação dos não comercializáveis, que continuou em elevação.

## FIGURA 5
### Inflação e Selic

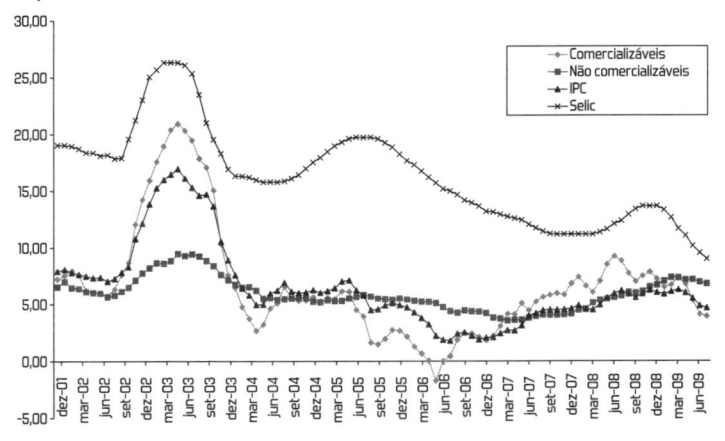

Fontes: Banco Central do Brasil e Fundação Getulio Vargas.

## Decomposição do crescimento

A tabela 7 apresenta a decomposição da taxa de crescimento do PIB em capital físico (K), horas trabalhadas (L) e produtividade total dos fatores (PTF). No período 2003-2008, a maior parte do crescimento do produto ocorreu devido à elevação da PTF, que contribuiu com 42,6% do crescimento do PIB. Esse aumento da PTF aparentemente sinalizou que o ciclo de crescimento da economia brasileira pré-crise parecia ser sustentável.

**TABELA 7**

**Decomposição do crescimento por produtividade e fatores**

| | Produto | PTF | K | L |
|---|---|---|---|---|
| 2003-2004 | 0,056 | 0,007 | 0,023 | 0,026 |
| | | 12,0% | 41,0% | 47,0% |
| 2004-2005 | 0,031 | 0,009 | 0,008 | 0,014 |
| | | 30,2% | 25,9% | 43,9% |
| 2005-2006 | 0,037 | 0,024 | 0,004 | 0,009 |
| | | 64,3% | 12,2% | 23,6% |
| 2006-2007 | 0,053 | 0,028 | 0,009 | 0,016 |
| | | 53,0% | 17,3% | 29,7% |
| 2007-2008 | 0,050 | 0,029 | 0,011 | 0,010 |
| | | 57,4% | 23,1% | 19,4% |
| 2003-2008 | 0,045 | 0,019 | 0,011 | 0,015 |
| | | 42,6% | 24,8% | 32,6% |

## Mercado de trabalho

A figura 6 apresenta os dados relativos à dinâmica do mercado de trabalho brasileiro entre março de 2002 e junho de 2009. Observa-se que, a partir de 2006, a taxa de desemprego (com tendência declinante ao longo do período) não supera os 10%. Outro aspecto importante no comportamento do mercado de trabalho, que pode ser observado também na figura 6, é a queda suave da fração de trabalhadores sem carteira assinada a partir de meados de 2004.

**FIGURA 6**

**Taxa de desemprego e fração dos empregados sem carteira (%)**

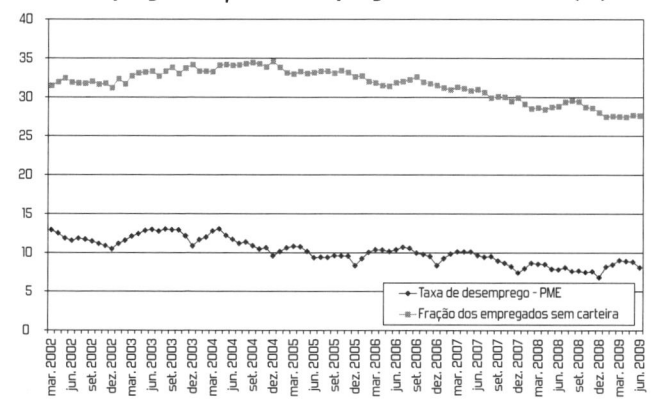

Fonte: Pesquisa mensal de emprego do IBGE.

A figura 7 apresenta mais detalhadamente a evolução do desemprego no período 2002-2009 e a sazonalidade existente na série de desemprego. De fato, os três primeiros meses do ano indicam um aumento na taxa de desemprego, tendência que se reverteu a partir de abril, atingindo seu nível mais baixo em dezembro. Com relação especificamente a 2009, observa-se a sazonalidade usual e, a partir de março, uma elevação do desemprego a taxas superiores àquelas encontradas no mesmo mês do ano anterior.

**FIGURA 7**

**Taxa de desemprego (IBGE)**

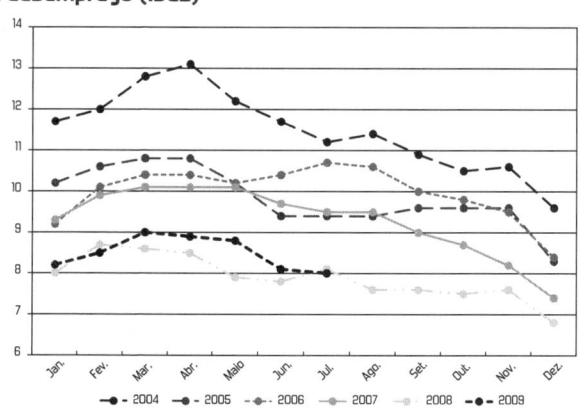

Fonte : Pesquisa mensal de emprego do IBGE.

A figura 8 mostra a taxa de crescimento da população ocupada, em 12 meses, na economia brasileira. Entre 2007 e 2008, essa taxa foi superior a 2%, chegando a 3% em novembro de 2007. No mesmo mês do ano seguinte, a taxa caiu para 2,4%, apresentando uma pequena melhora em dezembro, fruto da sazonalidade. Em 2009, nota-se uma queda contínua na geração de novos postos de trabalho.

## FIGURA 8

**População ocupada (taxa de crescimento contra mesmo mês do ano anterior)**

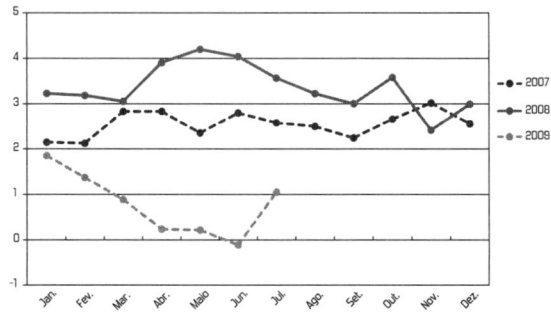

Fonte: Pesquisa mensal de emprego do IBGE.

A evolução da massa salarial ao longo do período 2006-2009 é apresentada na figura 9. Nota-se que a taxa média de crescimento da massa salarial era superior a 5% ao ano, chegando a atingir 10% em agosto de 2008. A manutenção do crescimento positivo da massa salarial mesmo após a crise ajudou a manutenção da demanda interna da economia brasileira.

## FIGURA 9

**Massa salarial real (taxa de crescimento sobre o mesmo mês do ano anterior)**

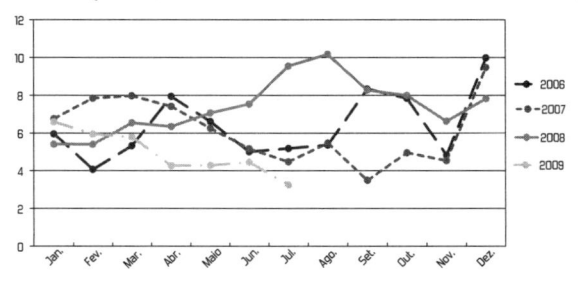

Fonte : Pesquisa mensal de emprego do IBGE.

# Setor externo

O elevado crescimento da economia mundial nos anos que antecederam a crise levou a um aumento da demanda de *commodities*, com a China liderando esse processo. A elevação da demanda mundial de *commodities* fez com que seu preço aumentasse significativamente no mercado mundial, como se pode observar na evolução do índice CRB produzido pelo Commodities Research Bureau, apresentada na figura 10.

Apesar de o índice de preços das exportações no Brasil ter-se elevado expressivamente a partir de 2003 (figura 10), o índice de preços dos bens importados pelo Brasil apresentou o mesmo comportamento, o que mostra o baixo impacto do preço das *commodities* nos termos de troca da economia brasileira.

**FIGURA 10**

## Índices de preços de exportados, importados, termos de troca e CRB

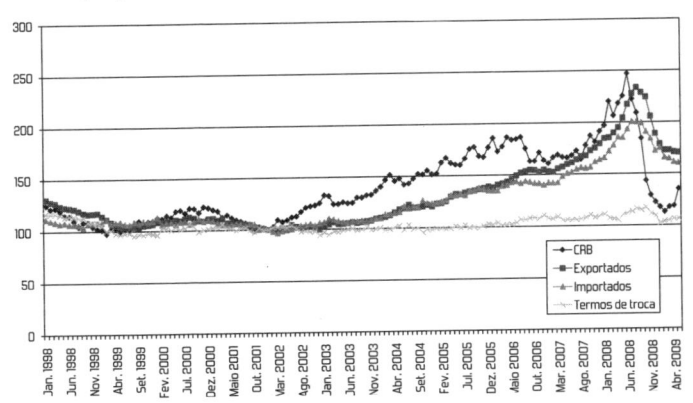

Fontes: Funcex e Commodities Research Bureau (CRB).

Embora a economia brasileira não tenha sido uma grande beneficiária da elevação dos preços das *commodities*, o comércio exterior brasileiro beneficiou-se significativamente do crescimento da economia mundial. Tal fato pode ser visto pelos índices do *quantum* exportado, separado em produtos básicos, manufaturados e semimanufaturados.

A tabela 8 ilustra que, entre 2003 e 2007, a economia brasileira apresentou um significativo crescimento em seu *quantum* exportado para os três tipos de produtos analisados. A exportação de produtos básicos aumentou cerca de 40%, os produtos manufaturados aumentaram em torno de 50% e a exportação de produtos semimanufaturados aumentou menos de 20%. Apesar de o aumento do *quantum* dos produtos básicos ter sido inferior à elevação do *quantum* de manufaturados, a maior elevação no preço de exportação dos básicos elevou sua participação nas exportações brasileiras (tabela 10).

## TABELA 8

### Índice de quantum das exportações por grupos

|  | Básicos | Manufaturados | Semimanufaturados |
|---|---|---|---|
| 2003 | 183,1 | 160,5 | 122,5 |
| 2004 | 207,4 | 202,3 | 131,3 |
| 2005 | 222,1 | 224,2 | 139,5 |
| 2006 | 235,5 | 229,0 | 144,4 |
| 2007 | 263,4 | 236,4 | 145,4 |
| 2008 | 263,9 | 224,6 | 144,2 |
| 2009 | 250,8 | 154,2 | 119,6 |
| Taxa de crescimento (%) | | | |
| 2003-2004 | 13,3 | 26,1 | 7,2 |
| 2004-2005 | 7,1 | 10,8 | 6,3 |
| 2005-2006 | 6,1 | 2,2 | 3,5 |
| 2006-2007 | 11,8 | 3,2 | 0,7 |
| 2007-2008 | 0,2 | -5,0 | -0,9 |
| 2008-2009 | -5,0 | -31,3 | -17,0 |

Fonte: Funcex.

O forte aumento do *quantum* exportado de bens manufaturados direcionou-se para os mercados da América do Sul, principalmente Argentina e Mercosul, como mostra a tabela 9. Essas economias, por sua vez, tiveram forte crescimento de renda desde 2002, fruto, entre outros motivos, da elevação dos preços das *commodities*. Assim, a economia brasileira, por ter o parque produtivo mais diversificado da América do Sul, se beneficiou direta e indiretamente da elevação dos preços das *commodities*. A tabela 9 mostra ainda que as exportações brasileiras aumentaram seu *quantum* exportado para o mercado da Ásia/Pacífico em 52,3%, uma elevação ainda maior do que a ocorrida com relação à economia chinesa.

A crise mundial produziu uma grande redução no preço das *commodities*, no índice de preços dos bens exportados e dos bens importados. Consequentemente, o bom desempenho do saldo em transações correntes em 2009, em níveis próximos aos de 2008, deu-se em resposta às quantidades.

Os produtos que sofreram redução mais significativa no *quantum* exportado no período pós-crise foram os bens manufaturados (-31%), seguidos dos bens semimanufaturados (-17%). A queda na exportação dos produtos manufaturados resultou da desaceleração da economia na América Latina, o maior consumidor de produtos manufaturados brasileiros. Quando a economia latino-americana se recuperar, a maior diversificação do parque industrial brasileiro poderá mais uma vez elevar suas exportações para a região. Os produtos básicos sofreram redução mais modesta, com perda de cerca de 5%.

## TABELA 9
### Taxa de crescimento do *quantum* exportado por blocos e países (%)

|  | Ásia/Pacífico | Argentina | Chile | China | EUA | Mercosul | México | UE |
|---|---|---|---|---|---|---|---|---|
| 2002 | 34,2 | -15,6 | 24,4 | 96,7 | 14,6 | -14,7 | 30,5 | 24,4 |
| 2003 | 8,1 | 102,9 | 26,5 | 33,7 | 2,1 | 81,6 | 12,1 | 10,2 |
| 2004 | 0,4 | 20,9 | 12,3 | -11,0 | 10,6 | 18,3 | 32,1 | 18,1 |
| 2005 | 20,1 | 16,3 | 17,2 | 60,6 | -1,9 | 13,8 | -7,4 | -9,1 |
| 2006 | -12,2 | 4,4 | -16,5 | -8,9 | -6,4 | 6,8 | -9,3 | 14,4 |
| 2007 | 4,3 | 18,2 | 0,6 | 5,7 | -6,4 | 16,5 | -0,1 | 13,1 |
| 2008 | 27,5 | -20,9 | 5,5 | -21,4 | -16,5 | -17,8 | -23,6 | -15,7 |
| 2003-2008 | 52,3 | 178,6 | 47,7 | 44,7 | -18,9 | 150,2 | -5,0 | 29,1 |
| 2009 | -5,7 | -37,0 | -41,0 | 50,9 | -33,8 | -35,3 | -45,5 | -20,4 |

Fonte: Funcex.

A participação dos produtos básicos e industrializados na pauta de exportações brasileiras é outro componente importante. Em particular, a participação dos bens básicos na pauta de exportações foi bastante expressiva nos últimos dois anos.

A tabela 10 apresenta a evolução da composição da pauta de exportação. A participação dos produtos básicos aumentou de 25% em 1996 para

42% em 2009. No mesmo período, a importância dos semimanufaturados e dos manufaturados caiu de 18% e 57% para 13% e 45%, respectivamente. Essa maior participação dos produtos básicos na pauta de exportações da economia brasileira deve-se à combinação dos dois fatores mencionados: a) a ampliação do *quantum* exportado e; b) a elevação da demanda por *commodities*, o que elevou o preço dos bens básicos exportados.

## TABELA 10

### Participação nas exportações (%)

|      | Básicos | Industrializados | Semimanufaturados | Manufaturados |
|------|---------|------------------|-------------------|---------------|
| 1996 | 25      | 75               | 18                | 57            |
| 1997 | 27      | 73               | 16                | 56            |
| 1998 | 25      | 75               | 16                | 58            |
| 1999 | 25      | 75               | 17                | 58            |
| 2000 | 23      | 77               | 16                | 61            |
| 2001 | 27      | 73               | 14                | 58            |
| 2002 | 28      | 72               | 15                | 57            |
| 2003 | 29      | 71               | 15                | 54            |
| 2004 | 30      | 70               | 14                | 56            |
| 2005 | 30      | 70               | 14                | 56            |
| 2006 | 33      | 67               | 14                | 53            |
| 2007 | 33      | 67               | 14                | 53            |
| 2008 | 43      | 57               | 13                | 43            |
| 2009 | 42      | 58               | 13                | 45            |

Fonte: Funcex.

A tabela 11 apresenta a participação das diversas regiões para as quais as exportações brasileiras foram destinadas no período 2003-2009. Nota-se uma intensa diversificação das exportações brasileiras no mundo. O bloco com maior importância no destino das exportações nacionais é a União Europeia, correspondendo a quase um quarto do mercado consumidor de produtos nacionais. O aumento da importância relativa do Mercosul, que respondeu por 11% em 2008 e por 7,8% em 2003, e de regiões como Ásia e África mostra que o Brasil está procurando diversificar ainda mais seus compradores externos.

O ano de 2009 presenciou uma queda substancial da importância dos Estados Unidos como destino das exportações brasileiras e uma elevação ainda mais significativa da Ásia, o que comprova que a crise mundial afetou mais fortemente os compradores tradicionais de produtos brasileiros, como os países da América Latina, da Europa e os Estados Unidos.

**TABELA 11**

**Exportações brasileiras por mercados consumidores (%)**

| | Exportações brasileiras | | | | | | |
|---|---|---|---|---|---|---|---|
| | 2003 | 2004 | 2005 | 2006 | 2007 | 2008 | jan./jun. 2009 |
| Mercosul | 7,8 | 9,2 | 9,9 | 10,1 | 10,8 | 11,0 | 8,9 |
| Aladi (excluindo o Mercosul) | 9,9 | 11,2 | 11,6 | 12,7 | 11,9 | 10,8 | 8,9 |
| EUA | 23,1 | 21,1 | 19,2 | 18,0 | 15,8 | 14,0 | 10,4 |
| União Europeia | 25,3 | 25,0 | 22,4 | 22,1 | 25,2 | 23,4 | 22,9 |
| Ásia | 16,0 | 15,1 | 15,7 | 15,1 | 15,6 | 18,9 | 26,8 |
| Oriente Médio | 3,8 | 3,8 | 3,6 | 4,2 | 4,0 | 4,1 | 4,8 |
| África | 3,9 | 4,4 | 5,1 | 5,4 | 5,3 | 5,1 | 6,0 |
| Outros | 10,2 | 10,1 | 12,5 | 12,4 | 11,5 | 12,7 | 11,4 |

Fonte: Funcex.

Logo, ao longo dos últimos anos, a economia brasileira diversificou seus mercados externos, reduzindo a importância de parceiros como os Estados Unidos e ampliando a participação do mercado latino-americano, africano e asiático (sobretudo este último).

## Balanço de pagamentos e fontes de financiamento

A análise das contas do balanço de pagamentos é fundamental para avaliar as fontes de financiamento de determinado país. A figura 11 apresenta o comportamento do balanço de pagamentos da economia brasileira desde 1996 até 2009.

O resultado do balanço de pagamentos deteriorou-se entre 1996 e 1999, período em que a taxa de câmbio, na época controlada, se apreciou gradativamente, reduzindo os saldos em transações correntes. Na iminência da depreciação cambial de janeiro de 1999, as entradas de capital cessaram e o país passou a perder reservas internacionais. Há forte deterioração do balanço de pagamentos no início de 1999.

O saldo em transações correntes manteve-se positivo de julho de 2003 a janeiro de 2008. A redução no saldo ocorrida a partir de julho de 2007 decorreu da combinação de maior entrada de recursos via conta financeira (que aprecia o câmbio) e elevação do crescimento doméstico, que faz aumentar as importações, principalmente de máquinas e bens de capital.

## FIGURA 11

### Consolidação do BP

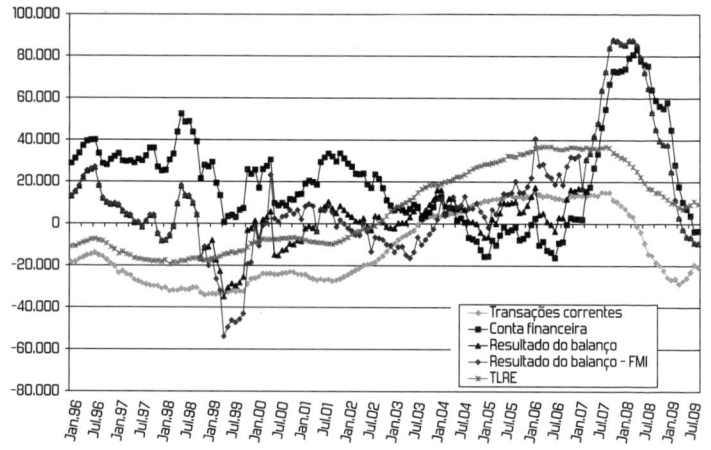

Fonte: Banco Central do Brasil.

A conta financeira do balanço de pagamentos pode ser dividida em quatro componentes: investimento direto, investimentos em carteira, derivativos e outros investimentos. A figura 12 mostra como cada um desses componentes evoluiu ao longo do tempo.

Entre 1996 e meados de 1998, o investimento em carteira era a principal forma de financiamento externo do país. A figura 12 mostra que, a partir de 1998, o investimento direto suplantou o investimento em carteira como a principal forma de financiamento do país até junho de 2006. Desde 2002, o investimento externo direto (IED) manteve-se em torno de US$ 10 bilhões ao ano, atingindo o valor mínimo de US$ 7 bilhões em 2004, mas permanecendo como a maior fonte de recursos externos até outubro de 2006, quando os investimentos em carteira passaram a ser, mais uma vez, a principal forma de financiamento externo. Os outros investimentos oscilaram bastante no período, sendo a participação dos derivativos como fontes de financiamento externo muito pouco significativa.

Em resumo, as duas principais formas de financiamento externo no período 1995-1998 foram o IED e o investimento em carteira. Entre 1996 e agosto de 1998, o investimento em carteira assumiu a posição de principal forma de financiamento. Entretanto, após a depreciação cambial de 1999, o IED tornou-se a mais importante fonte de financiamento externo, o que ocorreu até outubro de 2006, quando o investimento em carteira voltou a ser preponderante.

**FIGURA 12**
**Fontes de financiamento externo**

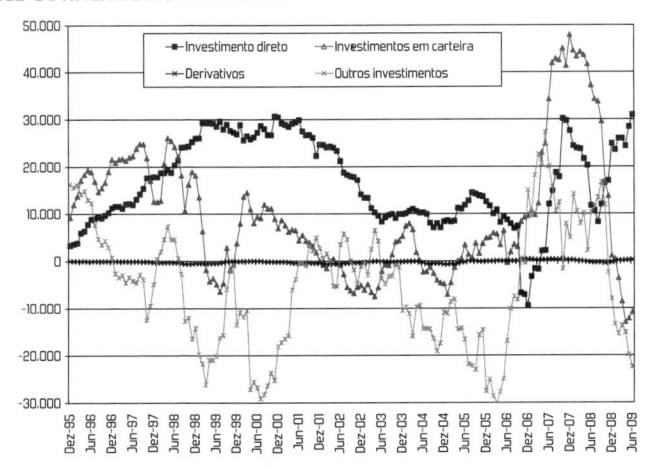

Fonte: Banco Central do Brasil.

Os investimentos em carteira podem ser classificados como investimento em ações de companhias brasileiras ou em títulos de renda fixa. A figura 13 mostra o comportamento desses dois grupos ao longo do período 1995-2009.

No período de câmbio administrado (1994-1999), a maior parte do investimento em carteira destinava-se aos títulos de renda fixa. A partir de meados de 1997, a expectativa cada vez maior de uma desvalorização cambial fez com que o investimento em ações se reduzisse. Os investimentos em títulos de renda fixa mantiveram-se altos em virtude das elevações nas taxas de juros, a fim de conter a fuga de capitais decorrente da expectativa de desvalorização.

Com a desvalorização cambial de 1999, ambas as fontes de financiamento praticamente se esgotaram, permanecendo em níveis baixos até o início de 2000. Nesse ano, os títulos em renda fixa voltaram a ser a principal forma de financiamento externo, ficando nessa situação até agosto de 2001, quando o investimento externo em portfólio diminuiu em função das incertezas futuras.

A situação de baixo financiamento externo em portfólio permaneceu até meados de 2004, quando a economia deu sinais de recuperação, com um crescimento de 5,7% ao ano. Esse bom desempenho impulsionou o mercado de ações, que passou a atrair grandes somas de capital. A maior importância do mercado de ações predominou até março de 2007, quando o volume de investimentos em renda fixa voltou a ser importante no financiamento.

Houve, portanto, ao longo dos últimos anos, forte alteração na composição do passivo externo líquido. A participação de ativos de renda variável é hoje muito maior do que no passado. Nas crises ocorridas no passado, o passivo externo brasileiro não perdia valor em reais e mantinha-se elevado durante as crises, como na de 1999, quando a dívida pública elevou-se de forma significativa (figura 1). Na crise atual, parte do passivo externo líquido brasileiro perdeu valor juntamente com a queda da bolsa de valores, reduzindo a exposição ao risco da economia brasileira.

## FIGURA 13
### Investimento externo em portifólio

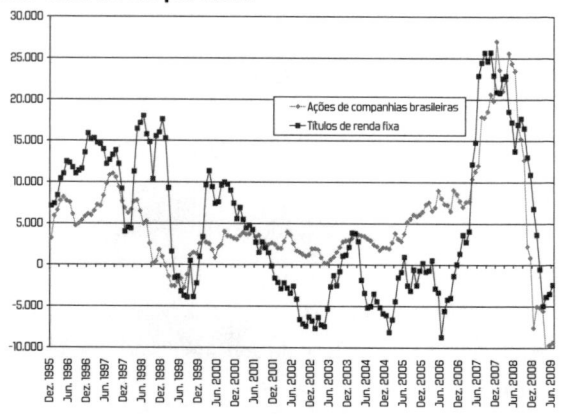

Fonte: Banco Central do Brasil.

# Reservas internacionais

O saldo positivo no balanço do pagamentos a partir de 2003 possibilitou o acúmulo de reservas internacionais entre 2002 e 2006. A partir de 2007, o saldo do balanço de pagamentos aumentou substancialmente, estimulado pela grande entrada de capitais através da conta financeira. O elevado crescimento mundial e o otimismo com a economia brasileira atraíram uma grande entrada de investimentos em carteira, tanto em ações quanto em títulos de renda fixa.

O acúmulo dos saldos do balanço de pagamentos possibilitou um aumento acelerado de reservas internacionais, com o Brasil ultrapassando os US$ 200 bilhões, volume elevado de reservas para um país com câmbio flutuante.[2]

**TABELA 12**

**Volume de reservas internacionais (em US$ milhões)**

| Volume de reservas internacionais | |
|---|---|
| 1998 | 44.556 |
| 1999 | 36.342 |
| 2000 | 33.011 |
| 2001 | 35.866 |
| 2002 | 35.592 |
| 2003 | 49.296 |
| 2004 | 52.935 |
| 2005 | 53.799 |
| 2006 | 85.839 |
| 2007 | 180.334 |
| 2008 | 193.783 |
| 2009 (31/7) | 207.363 |

Fonte: Banco Central do Brasil.

# Resumo externo

As últimas subseções mostraram que a economia brasileira está em uma posição muito mais sólida do que no passado para o enfrentamento de crises externas.

As exportações brasileiras não dependem de produtos básicos, apesar de o Brasil ter elevado a importância relativa dos básicos em suas expor-

---

[2] Países que operam com sistemas de câmbio flutuante não necessitam de volumes de reservas tão elevados, visto que não possuem qualquer compromisso com a taxa de câmbio.

tações. Os termos de troca da economia brasileira não acompanham os preços das *commodities*, o que mostra que a competitividade e o aumento das exportações brasileiras não dependem desse tipo de produto.

Além de não serem dependentes de produtos básicos, as exportações brasileiras são bastante diversificadas pelos diferentes blocos econômicos do mundo. Isso faz com que a economia brasileira tenha melhores perspectivas em períodos de crises externas, pois não depende apenas de um parceiro comercial.

O passivo externo líquido doméstico tem um comportamento pró-cíclico, em decorrência da maior quantidade de ativos de risco em sua composição. Dessa forma, na ocorrência de crises externas, parte da dívida também perde valor, reduzindo o impacto sobre a economia brasileira.

A figura 14 faz um balanço das fontes de financiamento da economia brasileira e de seu passivo externo líquido. A partir de 2005 o país passou a receber elevado montante de recursos para investimento em carteira, o que aumentou o passivo externo líquido do país. Esse tipo de investimento reduz a exposição ao risco da economia brasileira a crises externas, como observado com a queda do passivo externo líquido ocorrida no segundo semestre de 2008. A crise ocasionou uma grande perda de ativos em carteira, o que reduziu o passivo externo líquido. A crise reduziu também o investimento externo direto, mas é importante observar que a magnitude da redução foi muito maior para os investimentos em carteira. Dessa forma, na presença de uma crise externa, a dívida do país também caiu, reduzindo com isso seu risco de solvência.

## FIGURA 14

### Fontes de financiamento e passivo externo líquido

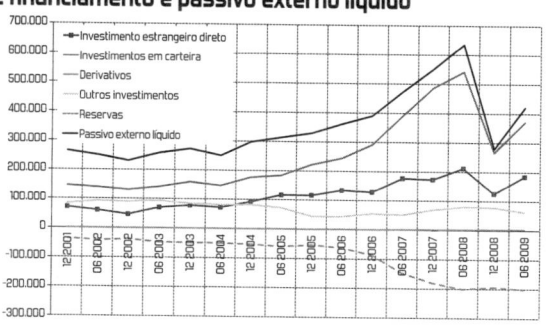

Fonte: Elaboração própria com dados do Banco Central do Brasil.

O volume elevado de reservas internacionais reduz a dívida líquida do país no caso de crises externas, quando a taxa de câmbio costuma depreciar no Brasil, reduzindo os impactos da crise.

Vale notar os três seguros que a economia brasileira apresentou na presente crise: a) termos de troca poucos sensíveis aos preços das *commodities*; b) setor público credor em dólares; e c) elevada participação da renda variável no passivo externo líquido. O resultado dos seguros é que a situação externa da economia não se deteriorou em seguida ao choque externo de setembro de 2008. O mesmo se aplica à dívida pública.

## Efeitos da crise financeira de 2008 na economia brasileira
### Crédito

Aos primeiros sinais da crise, em meados de 2007, quando os preços dos imóveis no mercado imobiliário norte-americano começaram a cair, a economia brasileira encontrava-se em excelente situação, iniciando um novo "ciclo" de crescimento econômico. Naquele ano, as taxas de inflação estavam sob controle, a trajetória da relação dívida/PIB era declinante e o crescimento do PIB estava em aceleração. Esse contexto propício da conjuntura macroeconômica do país indicava que a crise financeira internacional não teria efeitos significativos na economia e que, portanto, havia um "descolamento" da economia brasileira em relação a essa crise.

A figura 15 mostra que, de fato, a economia brasileira detém um volume muito baixo de crédito (total) como fração do PIB (36,5%), se comparada a outros países. No que diz respeito ao crédito imobiliário especificamente, essa fração é insignificante, representando apenas 2% em relação ao PIB. Como base de comparação, observa-se que os Estados Unidos, por exemplo, apresentam uma razão crédito (total)/PIB de 175,8% e uma razão crédito imobiliário/PIB de 83%. A média dessas razões para o conjunto de países apresentados na figura 15 representa 106% e 42%, respectivamente.

## FIGURA 15

### Comparação internacional de crédito

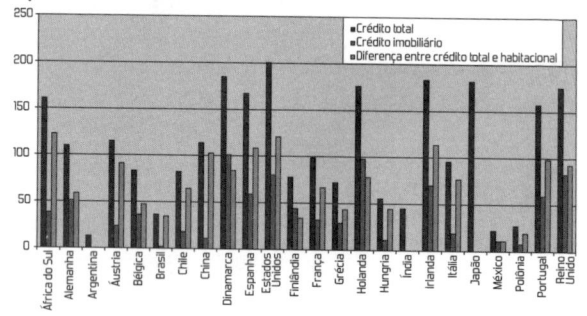

Fontes: Banco Central do Brasil e Banco Mundial.

O baixo volume de recursos no mercado de crédito brasileiro seria um indicador de grande potencial para a ampliação desse mercado. No período imediatamente anterior à crise (antes de setembro de 2008, portanto), era exatamente este o caminho que a economia brasileira estava tomando, com a expansão do crédito estimulando o consumo das famílias.

Houve uma forte expansão do volume de créditos na economia, sem que esse aumento apresentasse uma grande exposição ao risco. A figura 16 mostra que, de fato, o crédito na economia brasileira passou a crescer em ritmo elevado a partir de junho de 2005, com uma taxa superior a 20%. Entre julho de 2007 (período em que a crise *subprime* se inicia) e outubro de 2008, a taxa de expansão do crédito se elevou de 22% para algo superior a 30%.

## FIGURA 16

### Crescimento do crédito no Brasil (%)

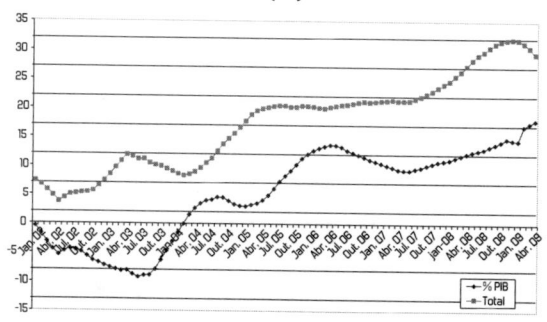

Fonte: Banco Central do Brasil.

Essa grande expansão do crédito estimulou o aumento do consumo das famílias, que cresceu a uma taxa superior a 5% ao ano. A tabela 13 mostra que, desde 2006, o consumo das famílias é um importante componente no crescimento da economia.

## TABELA 13
### Crescimento do produto e dos componentes da demanda

|  | PIB | C | G | FBKF | X | M |
|---|---|---|---|---|---|---|
| 2003 | 1,1 | -0,8 | 1,2 | -4,6 | 10,4 | -1,6 |
| 2004 | 5,7 | 3,8 | 4,1 | 9,1 | 15,3 | 13,3 |
| 2005 | 3,2 | 4,5 | 2,3 | 3,6 | 9,3 | 8,5 |
| 2006 | 4,0 | 5,2 | 2,6 | 9,8 | 5,0 | 18,4 |
| 2007 | 5,7 | 6,3 | 4,7 | 13,5 | 6,7 | 20,8 |
| 2008 | 5,1 | 5,4 | 5,6 | 13,8 | -0,6 | 18,5 |
| 2003-2008 | 4,1 | 4,1 | 3,4 | 7,5 | 7,7 | 13,0 |

Fonte: IBGE, contas nacionais.
Obs.: C = consumo das famílias; G = consumo do governo; FBKF = formação bruta de capital fixo; X = exportações; m = (não sei).

Os efeitos da crise financeira internacional sobre a economia brasileira surgiram após a quebra do Lehman Brothers em setembro de 2008, quarto maior banco de investimentos nos Estados Unidos.

A tabela 14 mostra a variação na concessão de novos créditos tanto para pessoas físicas (PF) quanto para pessoas jurídicas (PJ) em 2008 e 2009. A concessão de novos empréstimos sofreu uma redução significativa a partir de novembro de 2008, o que restringiu a expansão do consumo e do investimento no país, gerando uma reversão de expectativas na economia (tabela 4).

## TABELA 14
### Taxa de crescimento do crédito por trimestre (%)

|  | Crédito total | | | Crédito novo | | |
|---|---|---|---|---|---|---|
|  | PJ | PF | Total | PJ | PF | Total |
| Jan. 2008 | 44,7 | 25,7 | 35,2 | 24,2 | 14,7 | 20,4 |
| Fev. 2008 | 46,4 | 23,6 | 35,3 | 24,2 | 11,9 | 18,9 |
| Mar. 2008 | 45,6 | 21,6 | 33,9 | 15,3 | 2,9 | 10,2 |

continua

| | Crédito total | | | Crédito novo | | |
|---|---|---|---|---|---|---|
| | PJ | PF | Total | PJ | PF | Total |
| Abr. 2008 | 39,6 | 19,2 | 29,8 | 8,5 | 10,1 | 8,0 |
| Maio 2008 | 42,6 | 17,9 | 30,5 | 7,6 | 4,4 | 6,2 |
| Jun. 2008 | 43,3 | 16,2 | 30,1 | 8,3 | 6,2 | 7,7 |
| Jul. 2008 | 45,2 | 14,9 | 30,7 | 13,5 | -4,3 | 8,1 |
| Ago. 2008 | 41,7 | 13,4 | 28,4 | 14,7 | 3,8 | 11,6 |
| Set. 2008 | 43,2 | 12,3 | 28,9 | 19,6 | 1,6 | 14,1 |
| Out. 2008 | 46,8 | 11,3 | 30,5 | 17,1 | -1,7 | 10,9 |
| Nov. 2008 | 51,2 | 9,7 | 31,9 | 11,3 | -10,5 | 4,0 |
| Dez. 2008 | 42,6 | 8,9 | 27,2 | -5,4 | -18,0 | -9,9 |
| Jan. 2009 | 25,8 | 6,6 | 17,0 | -29,5 | -12,2 | -24,3 |
| Fev. 2009 | 8,3 | 6,4 | 7,5 | -47,1 | -16,5 | -38,6 |
| Mar. 2009 | -0,57 | 5,99 | 2,14 | -44,06 | 8,89 | -29,96 |
| Abr. 2009 | -1,63 | 10,56 | 3,43 | -21,57 | 21,65 | -8,79 |
| Maio 2009 | -1,02 | 15,26 | 5,55 | 21,02 | 64,06 | 34,87 |

Fonte: Banco Central do Brasil.

A redução abrupta no ritmo de concessão de novos empréstimos foi consequência do *credit crunch* mundial, quando o sistema financeiro parou de conceder novos empréstimos em função da elevada percepção de risco, dada a incerteza quanto à posse dos ativos podres da crise *subprime* norte--americana.

O travamento do crédito nas economias desenvolvidas, principalmente EUA e Reino Unido, trouxe problemas para as economias em desenvolvimento, como a brasileira. A taxa de rolagem da dívida externa brasileira era superior a 200% em outubro de 2008, o que significava que a economia brasileira estava com crédito superior ao necessário para rolar sua dívida. A redução do crédito internacional ocorreu de forma abrupta e a taxa de rolagem caiu à metade em um mês, com uma taxa de 99% em novembro. Essa redução na taxa de rolagem externa mostra que a maior dificuldade de captar recursos externos teve impacto no crédito doméstico (ver tabela 14), que também reduziu sua taxa de expansão a partir de novembro, com queda no volume de concessões de crédito tanto para pessoas físicas quanto jurídicas.[3]

[3] O conceito de rolagem empregado é a razão entre desembolsos e amortizações. O conceito mais amplo, na figura, incorpora, além dos bônus, *notes* e *commercial papers*, os créditos de fornecedores e empréstimos. Agradecemos a Darwin Dib pelo envio dos dados.

**FIGURA 17**

**Taxas de rolagem da dívida externa (%)**

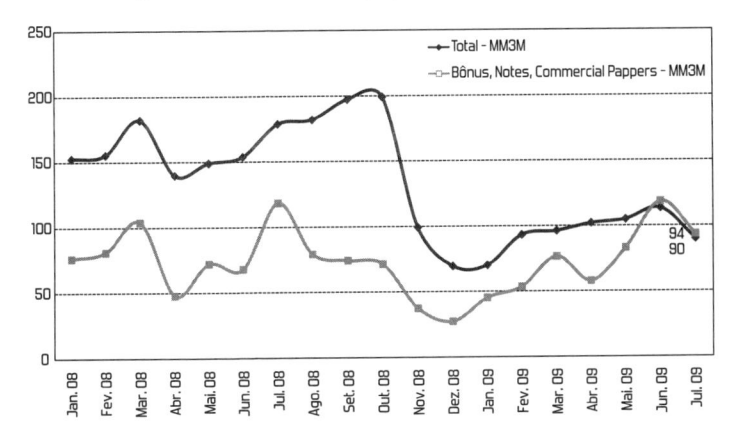

## Atividade econômica

O PIB brasileiro não mostrou qualquer efeito da crise internacional iniciada em meados de 2007 até o terceiro trimestre de 2008 (ver tabela 4). Entretanto, o *credit crunch* afetou fortemente a economia no quarto trimestre de 2008. O setor industrial foi o mais afetado pela crise, com queda de 8,2% no último trimestre de 2008 e de 3,1% no primeiro trimestre de 2009, sendo o maior responsável pelo mau desempenho da economia no período. Setores dependentes de linhas de crédito como a indústria automotiva e de linha branca foram os que mais tiveram perdas com a redução do crédito.

Apesar de a queda na atividade industrial ter sido substancial, como mostra a perda de 8,2% do PIB industrial do quarto trimestre de 2008, as vendas no varejo não apresentaram redução compatível com a redução do nível de atividade da indústria, como se observa na figura 18. Dessa forma, cabe explicar a diferença de comportamento entre as duas séries, representada pelas barras no canto direito da figura 18. Apesar da crise mundial, as vendas no varejo da economia brasileira continuaram a aumentar, crescendo 4% entre agosto de 2008 e junho de 2009. A manutenção de uma taxa de crescimento positiva da massa salarial, associada a uma pequena redução do nível de emprego, manteve a demanda doméstica aquecida no período.

**FIGURA 18**

Evolução da indústria e do varejo (índice: média 2003=100)

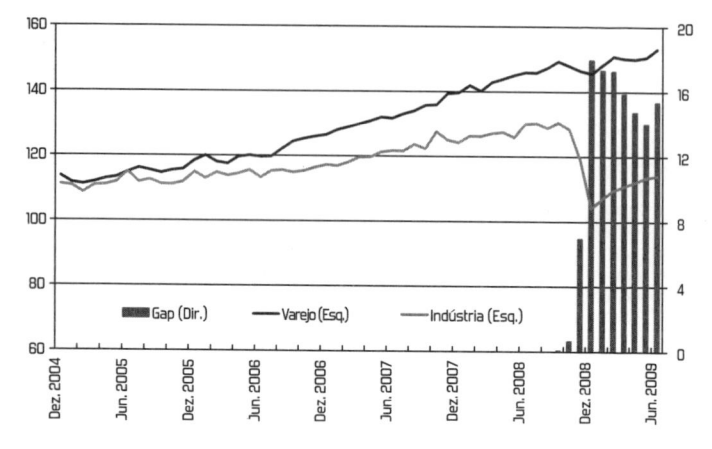

Fonte: Elaboração própria com dados do IBGE e da FGV.

A redução da produção industrial e a elevada diferença de comportamento entre as vendas no varejo e a produção industrial estão associadas a três fatores: ajuste de estoques, redução das exportações e redução do investimento.

A economia brasileira encontrava-se com elevado nível de atividade nos meses que antecederam a crise.[4] As expectativas de crescimento eram extremamente positivas, gerando um ciclo virtuoso de crescimento. Nesse contexto, as firmas elevaram seus estoques para atender à promissora demanda futura.

A eclosão da crise mundial e a súbita parada no crédito diminuíram as vendas de produtos industriais e, com isso, o ritmo da produção foi reduzido, ou até mesmo estancado. As vendas passaram a ser efetuadas via redução dos elevados estoques, que numa economia com ritmo de crescimento moderado tornam-se desnecessários. Os estoques foram reduzidos em R$ 20 bilhões (2,7% do PIB trimestral) no último trimestre de 2008 e em R$ 22 bilhões (3,3% do PIB trimestral) no primeiro trimestre de 2009. Esse ciclo de ajustamento de estoques ocorrido nesses dois trimestres ex-

---

[4] Os índices do nível de utilização da capacidade instalada batiam recordes mês após mês.

plica parte da diferença entre o comportamento do varejo e da produção industrial. Outra parcela pode ser explicada pelo comércio exterior e pela redução do investimento.

Segundo a pesquisa industrial mensal (PIM) do IBGE, a queda da indústria de setembro até dezembro de 2009 foi de 20%. Metade dessa queda foi recuperada até julho, de sorte que, de setembro de 2009 até julho de 2010, a queda ficou em 10%. Dado que as exportações de manufaturados e o investimento não mostraram recuperação, a elevação de 10% da indústria deveu-se ao fim do ciclo de estoques. De fato, uma conta simples de verso de envelope ilustra esse fato. A queda de estoques no quarto trimestre de 2009 e no primeiro trimestre de 2010 foi, segundo as contas nacionais trimestrais do IBGE, de R$ 20 bilhões em cada trimestre. Isso corresponde aproximadamente a 0,75% do PIB anual ou a 3% do PIB trimestral. Como a indústria representa cerca de 25% do PIB, a queda dos estoques de 3% do PIB trimestral correspondeu a 12% da indústria. E, de fato, o resultado do produto do segundo trimestre de 2010 divulgado no dia 11 de setembro apontou que o ciclo de estoques terminara no segundo trimestre. Por outro lado, a pesquisa industrial mensal indicou que a queda acumulada de setembro até o fim do segundo trimestre — junho de 2009 — havia sido de 12%. Assim, provavelmente pouco mais de metade da queda da indústria foi consequência do ciclo de estoques. A parte restante dividiu-se entre a queda das exportações e a queda dos investimentos.

## Setor externo

O setor externo da economia brasileira é relativamente pequeno. Entretanto, o impacto da crise externa sobre a economia via comércio exterior foi mais significativo do que o esperado. A tabela 15 mostra que as exportações totais como fração do PIB representavam 11,8% do PIB em 2008. Dessa forma, uma redução de 10% na demanda mundial de produtos nacionais representaria, *ceteris paribus*, uma perda de 1,18% do PIB.

Apesar de pequena em relação ao PIB, a importância das exportações para o setor industrial é muito maior do que para a economia como um todo. As exportações da indústria corresponderam a 30,8% das vendas da indústria em 2008 (tabela 15). Logo, o impacto de uma redução de 10% na demanda externa por produtos manufaturados representou uma perda de 3,08% do PIB industrial. A tabela 15 mostra ainda que o peso relativo da indústria no PIB brasileiro corresponde a cerca de 25%. Em 2008, a indústria representou 23,6% do PIB.

## TABELA 15
### Participação das exportações no produto e peso da indústria no PIB (%)

|  | Exportações totais/PIB | Exportações de manufaturados/ PIB industrial | PIB Industrial/PIB |
|---|---|---|---|
| 2000 | 8,3 | 26,5 | 24,0 |
| 2001 | 10,7 | 34,1 | 23,2 |
| 2002 | 11,8 | 35,9 | 23,3 |
| 2003 | 12,9 | 37,8 | 24,1 |
| 2004 | 14,3 | 38,5 | 25,8 |
| 2005 | 13,1 | 36,5 | 25,1 |
| 2006 | 12,2 | 34,8 | 24,7 |
| 2007 | 11,7 | 32,9 | 24,0 |
| 2008 | 11,8 | 30,8 | 23,6 |

Fonte: Elaboração própria com dados da Funcex.

Dessa forma, com base na importância relativa da indústria em relação ao PIB nacional e na redução das exportações brasileiras, é possível medir, *ceteris paribus*, o impacto da crise mundial sobre a economia brasileira. A tabela 16 mostra um índice da evolução das exportações brasileiras de produtos básicos e manufaturados em reais correntes.

A crise mundial impactou de forma negativa a venda de produtos básicos e manufaturados. Os produtos básicos sofreram uma redução de 30,4% entre setembro de 2008 e março de 2009, redução um pouco inferior à dos bens manufaturados, que caíram 33% no período.

## TABELA 16

**Evolução das exportações em reais (índice: mar. 2007 = 100)**

|  | Produtos básicos | Manufaturados |
|---|---|---|
| Mar. 2007 | 100 | 100 |
| Jun. 2007 | 120 | 104 |
| Set. 2007 | 134 | 109 |
| Dez. 2007 | 127 | 103 |
| Mar. 2008 | 95 | 92 |
| Jun. 2008 | 164 | 101 |
| Set. 2008 | 192 | 100 |
| Dez. 2008 | 187 | 133 |
| Mar. 2009 | 130 | 88 |

Fonte: Funcex.

A queda de 33% nas exportações de bens manufaturados (que representam 30,8% do produto industrial) ocasiona uma redução de 10% no PIB industrial se todo bem manufaturado exportado não tiver insumos importados. Este não é o caso. Partindo da hipótese conservadora de que o valor adicionado pela indústria doméstica às exportações de manufaturados é de 50%, a queda das exportações de manufaturados explica uma queda de 5% na indústria.

## O impacto de diferentes crises econômicas na economia brasileira

Esta seção analisa os diferentes efeitos que as crises econômicas mais recentes geraram na economia brasileira. As crises analisadas são as seguintes: crise asiática de 1997, crise da desvalorização cambial de 1999, crise de confiança de 2002 (surgida com a eleição do presidente Lula) e crise financeira mundial de 2008.

### Crise asiática de 1997

A crise asiática foi uma crise financeira de dimensões mundiais, que teve início com a desvalorização do baht, moeda tailandesa, em julho de 1997, ocasionando a desvalorização da moeda de vários países, e atingiu seu ápice em novembro do mesmo ano, quando a moeda da Coreia do Sul perdeu mais de 25% de seu valor, gerando nova onda de desvalorizações.

A tabela 17 mostra o impacto da crise asiática (e diferentes crises econômicas) sobre o índice de preços das *commodities*, os termos de troca, o câmbio nominal, o câmbio real, a inflação medida pelo IGP, a relação dívida/PIB e a taxa Selic no Brasil. Os indicadores são apresentados como variação acumulada na economia de um, três, seis, nove e 12 meses após a data de início da crise.

A crise asiática ocasionou uma elevação imediata de 25,9% na taxa Selic, fazendo-a passar de 19,9% para 45,8%. A elevação da Selic foi necessária para evitar a fuga de capitais resultante da elevação da expectativa de desvalorização do real. Quando a expectativa de desvalorização aumenta, o investimento externo torna-se mais atraente em razão do risco cambial e ocorre uma perda de reservas na economia. A elevação da taxa de juros doméstica busca compensar esse maior risco e evitar a perda de reservas.

A crise asiática reduziu o nível de atividade em diversos países e, com isso, também o preço das *commodities*. Entretanto, os termos de troca variaram pouco, com uma perda acumulada em 12 meses de somente 5%, diante de uma redução de mais de 15% no preço das *commodities*.

Como a taxa de câmbio era "administrada", o impacto da crise não a atingiu e esta só se depreciou 8% em 12 meses. Com isso, a âncora cambial mostrou sua eficácia e a inflação se manteve sob controle, com uma elevação do IGP de apenas 3,3% em 12 meses.

## TABELA 17
### Impacto de diferentes crises na economia brasileira

| | Crise asiática (novembro de 1997) | | | | | |
|---|---|---|---|---|---|---|
| | CRB (%) | TOT (%) | Câmbio nominal (%) | Câmbio real (%) | Inflação IGP (%) | Dívida/PIB | Selic (%) |
| 1 mês | -1,7 | 1,1 | 0,7 | 0,1 | 0,9 | 0,2 | 25,9 |
| 3 meses | -2,4 | 1,7 | 1,8 | -3,9 | 2,9 | 2,3 | 19,5 |
| 6 meses | -6,7 | 0,5 | 3,7 | -2,7 | 3,2 | 3,1 | 5,2 |
| 9 meses | -14,2 | -1,1 | 5,6 | -1,6 | 3,2 | 5,2 | 0,4 |
| 12 meses | -15,3 | -5,2 | 8,0 | 5,3 | 3,3 | 7,2 | 21,7 |

continua

| Desvalorização cambial (janeiro de 1999) | | | | | | |
|---|---|---|---|---|---|---|
| | CRB (%) | TOT (%) | Câmbio nominal (%) | Câmbio real (%) | Inflação IGP (%) | Dívida/PIB | Selic (%) |
| 1 mês | -0,8 | -2,3 | 24,6 | 23,0 | 1,0 | 8,1 | -0,1 |
| 3 meses | 0,3 | -6,9 | 57,4 | 32,6 | 11,4 | 4,9 | 12,0 |
| 6 meses | 0,2 | -9,6 | 46,5 | 27,0 | 11,8 | 6,2 | -9,2 |
| 9 meses | 7,3 | -10,8 | 57,5 | 30,9 | 19,1 | 7,1 | -12,8 |
| 12 meses | 7,3 | -10,4 | 52,9 | 22,5 | 29,3 | 5,6 | -12,2 |

| Crise de confiança (maio de 2002) | | | | | | |
|---|---|---|---|---|---|---|
| | CRB (%) | TOT (%) | Câmbio nominal (%) | Câmbio real (%) | Inflação IGP (%) | Dívida/PIB | Selic (%) |
| 1 mês | 1,5 | -0,7 | 6,9 | 4,0 | 0,8 | 0,8 | 0,0 |
| 3 meses | 4,9 | -1,6 | 26,5 | 14,2 | 5,9 | 5,8 | -0,2 |
| 6 meses | 13,8 | -5,0 | 64,0 | 25,2 | 19,4 | 3,3 | 1,2 |
| 9 meses | 23,5 | -5,6 | 48,2 | 11,0 | 36,5 | 1,4 | 6,7 |
| 12 meses | 15,6 | -5,2 | 34,4 | 2,2 | 43,6 | -1,1 | 7,9 |

| Crise dos *subprime* (setembro de 2008) | | | | | | |
|---|---|---|---|---|---|---|
| | CRB (%) | TOT (%) | Câmbio nominal (%) | Câmbio real (%) | Inflação IGP (%) | Dívida/PIB | Selic (%) |
| 1 mês | -11,8 | -1,7 | 11,6 | 6,4 | 0,0 | -1,8 | 0,5 |
| 3 meses | -38,2 | -4,3 | 40,6 | 15,9 | 1,6 | -4,1 | 0,7 |
| 6 meses | -46,0 | -10,8 | 43,4 | 16,0 | 0,4 | -1,8 | -0,3 |
| 9 meses | -35,4 | -8,9 | 27,8 | 7,9 | -1,6 | 0,8 | -2,8 |

Fontes: Commodities Research Bureau, Banco Central do Brasil e FGV.

Obs.: CRB = preço das *commodities*; TOT = termos de troca.

A relação dívida/PIB aumentou em função dos custos de rolagem mais altos causados pela elevação da taxa Selic. Ao final de nove meses, a crise asiática já estava se dissipando e a taxa Selic retornava ao seu nível anterior à crise quando a crise russa ocorreu e a Selic subiu mais de 20%, para conter nova perda de reservas.

A crise asiática reduziu o ritmo de crescimento da economia brasileira de 3,4% em 1997 para zero em 1998. Esse resultado foi fruto da elevação da Selic e da desaceleração mundial acarretada pela crise. A crise russa de fins de 1998 e a expectativa de depreciação do real, que também elevaram a Selic, comprometeram ainda mais a taxa de crescimento de 1998.

## Desvalorização cambial de 1999

O plano de estabilização utilizou uma âncora cambial: o câmbio administrado. Com o tempo, o câmbio administrado ficou artificialmente valorizado, acarretando déficits em transações correntes e, por conseguinte, perda de reservas. A crise cambial de 1999 foi fruto do desequilíbrio da taxa de câmbio real da economia (sobrevalorizada), que acarretou uma elevada expectativa de desvalorização cambial. A crise da Rússia, que se encontrava em situação similar à brasileira em novembro de 1998, pressionou ainda mais as expectativas de desvalorização do real. Dessa forma, a equação de paridade de juros apresentou uma desigualdade em favor do investimento externo. Para evitar a saída de capitais (perda de reservas) e conseguir manter o sistema de câmbio administrado, o governo elevou a Selic substancialmente.

Em janeiro de 1999, com o nível das reservas já baixo e a iminência de um ataque especulativo contra o real, o Brasil abandonou o sistema de câmbio fixo (adotou o câmbio flexível) e o real sofreu uma grande desvalorização. Essa desvalorização elevou o preço em reais das importações e possibilitou um repasse da desvalorização cambial para os preços, o que aumentou a expectativa de inflação futura. A inflação acumulada em três meses medida pelo IGP atingiu 11,4%, chegando a 29,3% em 12 meses. Com isso, o Banco Central manteve a taxa de juros elevada (agora não mais para evitar perda de reservas) a fim de ancorar as expectativas e sinalizar que a taxa de inflação era uma preocupação.

A desvalorização do real elevou a dívida pública em relação ao PIB em 8,1% no primeiro mês. O *overshooting* da taxa de câmbio ampliou a dívida em reais dos títulos emitidos pelo Banco Central vinculados ao dólar para comprar reservas e defender o real ao longo do ano anterior.

Diferentemente da crise asiática, esta foi uma crise doméstica, pois a economia mundial se encontrava aquecida, como mostra o índice de preços das *commodities*, que subiu cerca de 7% nos 12 meses seguintes à desvalorização. Apesar da alta no preço das *commodities* e da desvalorização do câmbio real (22% em 12 meses), os termos de troca da economia deterioraram-se 10%, sinalizando que os termos de troca da economia brasileira não eram tão dependentes das *commodities*. O impacto da desvalorização sobre o PIB foi pequeno ao longo dos 12 meses seguintes, mas positivo, indicando a rápida recuperação da economia após a forte desvalorização cambial ocorrida no período.

## Crise de confiança de 2002

A crise de 2002 foi de confiança. Em 2002, após o tripé formado por superávit primário, câmbio flexível e metas de inflação estar em funcionamento há quase quatro anos com sucesso, o candidato à presidente da República que liderava as pesquisas eleitorais, Luiz Inácio Lula da Silva, dizia ser contra o superávit primário para pagar juros aos banqueiros e o excesso de conservadorismo do Banco Central, com seus juros altos. Dessa forma, criou-se uma expectativa de que, a partir de sua posse, essas políticas fossem modificadas e, com isso, a sustentabilidade da dívida pública e o compromisso com a inflação baixa fossem abandonados.

A crise de confiança mostrou-se presente a partir de abril/maio, quando a taxa de câmbio nominal e a taxa de inflação começaram a acelerar. A inflação medida pelo IGP sofreu forte aceleração ao longo dos 12 meses seguintes, atingindo mais de 40% em 12 meses, devido ao repasse da desvalorização (64% em seis meses) após o início da crise de confiança.

A dívida pública elevou-se nos primeiros meses com a desvalorização do dólar. Apesar da elevada desvalorização cambial, a taxa de câmbio real não se modificou após 12 meses, assim como o impacto final da crise sobre a dívida pública em 12 meses ocasionou sua redução em apenas 1,1%.

A crise de confiança foi uma crise doméstica (assim como a da desvalorização de 1999), pois o mundo estava crescendo rapidamente com a expansão acumulada do índice de preços das *commodities* de 15% nos 12 meses seguintes à crise. Mais uma vez a elevação dos preços das *commodities*, associada à depreciação da taxa de câmbio nominal (superior a 30%), não melhorou os termos de troca da economia brasileira.

Diferentemente das duas crises anteriores, quando a Selic elevou-se imediatamente, na crise de confiança a Selic só começou a ser aumentada após nove meses, já no governo do presidente Lula. Essa elevação da Selic indicou que o novo governo estava comprometido com o combate à inflação, que já apresentava aceleração no período (inflação medida pelo IGP de 43% em 12 meses).

A crise de confiança causou uma depreciação cambial e a elevação do risco inflacionário, além de aumentar a incerteza sobre a sustentabilidade da dívida. Dessa forma, o novo governo teve de elevar o superávit primário para manter a dívida sustentável e elevar a taxa de juros para controlar a inflação impulsionada pela depreciação cambial. A combinação dessas medidas reduziu o ritmo de crescimento do PIB de 2,7% em 2002 para 1,1% em 2003. Com o restabelecimento da confiança, a taxa de câmbio real e a relação dívida/PIB voltaram para um nível próximo ao de abril de 2002.

## Crise financeira mundial de 2008

A crise *subprime* iniciada nos EUA tornou-se uma crise financeira mundial. Apesar de ter começado em meados de 2007, a crise só atingiu a economia brasileira a partir de setembro de 2008, quando o Lehman Brothers quebrou, amplificando-a.

A crise financeira mundial teve impacto devastador sobre o produto de várias economias do mundo, reduzindo o nível de atividade, a demanda por *commodities* e o índice CRB. Entretanto, os termos de troca da economia brasileira sofreram um impacto muito inferior ao índice de preços das *commodities* (CRB). Os termos de troca em nove meses pioraram 8,9%, enquanto o índice de preços das *commodities* caiu mais de 30% no mesmo período. A composição da pauta de importações e exportações da economia brasileira revelou-se um trunfo, pois o preço das *commodities* afeta pouco os termos de troca da economia brasileira.

A crise mundial ocasionou uma saída de capitais do Brasil, com a realização de lucros obtidos aqui para o pagamento de compromissos em outros países, o que levou a uma rápida desvalorização do real. No entanto, a desvalorização cambial associada à queda no preço das *commodities* não pressionou os preços na economia brasileira, como mostrou a queda acumulada nos nove meses que se seguiram à crise da inflação medida pelo IGP.

Diferentemente do que ocorreu nas crises anteriores, nessa crise a solvência do Brasil não foi questionada em nenhum momento, pois a relação dívida/PIB não se elevou nem no curto prazo. As elevadas reservas internacionais (o Brasil é credor em dólares) reduziram as obrigações do governo em reais com a depreciação cambial (queda de 4% da relação dívida/PIB nos primeiros três meses). A maior participação de ativos em bolsa no passivo externo líquido também reduziu as obrigações em reais porque a fuga de capitais reduziu o preço desses ativos. A "normalização" da economia reduziu a depreciação do real e possibilitou certa recuperação nos preços dos ativos, fazendo com que a relação dívida/PIB acumulada em nove meses virtualmente não se alterasse.

A taxa Selic não precisou ser elevada ao longo da crise, visto que o desaquecimento global reduziu a pressão inflacionária doméstica. A parada no crédito mundial reduziu o nível de atividade no último trimestre de 2008 (-3,6%) e no primeiro de 2009 (-0,8%). Com a inflação abaixo da meta e o desaquecimento da economia, a taxa Selic, 12 meses após o início da crise, era 5% inferior à taxa do início da crise.

## Algumas considerações

Nesta seção vamos perceber que a crise atual teve um impacto diferente daquele das crises anteriores sobre a economia brasileira. Primeiramente, a crise atual, como a de 1997, foi uma crise externa, e, não, doméstica. Por isso, houve uma desaceleração nas economias no mundo, o que pode ser visto na redução do preço das *commodities*. Essa redução ajudou a proteger a economia de qualquer repasse de preços via câmbio. Ou seja, a depreciação cambial ocorrida nessa crise não foi repassada para os preços em função da queda no preço das *commodities*, que em parte compensou a elevação da taxa de câmbio, e da queda da atividade interna e externa, que reduziu as pressões inflacionárias.

O impacto fiscal imediato dessa crise foi completamente diferente do ocorrido nas crises já citadas. O elevado volume de reservas fez com que, no auge da crise, a sustentabilidade da dívida pública e/ou a solvência do país não fosse questionada, visto que a depreciação cambial reduziu a dívida total, situação bastante diferente da desvalorização de 1999, quando a dívida aumentou 6% do PIB em seis meses.

Como visto em crises anteriores, os termos de troca da economia brasileira não estão diretamente relacionados com os preços das *commodities*. Isso mostra que o Brasil é simultaneamente grande exportador e importador desses produtos. Logo, variações nos preços das *commodities* não ditam a dinâmica dos termos de troca brasileiros.

Nas crises de 1997, 1999 e 2002, houve uma elevação da Selic para evitar a perda de reservas em 1997, reduzir o impacto do *pass-through* em 1999 e combater a inflação e recuperar a confiança dos agentes em 2002. Na crise atual, a taxa de juros foi na direção contrária, porque o câmbio é flutuante (as reservas não são essenciais) e as desacelerações externa e interna reduziram as pressões inflacionárias e, com isso, a necessidade de elevar a Selic. A novidade da presente crise, como já apontamos, foi a existência dos três seguros: termos de troca relativamente insensíveis ao preço das *commodities*, setor público credor em dólares e parcela significativa do passivo externo líquido na forma de renda variável ou em moeda doméstica.

## Medidas contra a crise financeira internacional
## Medidas de cunho monetário

Em resposta à crise financeira internacional, o Banco Central do Brasil adotou diversas medidas, em setembro e outubro de 2008, com a finalidade de amenizar o impacto da redução do crédito internacional e doméstico na economia brasileira. No plano externo, a diminuição do crédito em moeda estrangeira gerou um impacto adverso sobre grande parte do setor exportador, que dependia desses recursos externos em suas operações. No âmbito interno, a retração do crédito doméstico restringiu fortemente o consumo das famílias e elevou o custo de investimento, o que reduziu a taxa de expansão do produto.

As principais medidas adotadas pelo Banco Central para amenizar o efeito da drástica redução das linhas externas de financiamento foram: a) realização de leilões de dólares com compra futura; b) o retorno das operações de venda de dólares sem o compromisso de recompra; c) o retorno das operações de *swap* cambial; d) a autorização de operações de empréstimos em moeda estrangeira, concedidos a critério exclusivo do Banco Central. Esta última medida figura na Resolução nº 3.622, aprovada pelo Conselho Monetário Nacional (CMN) e que regulamenta a Medida Provisória (MP) nº 442, de outubro de 2008. Finalmente, foi permitido que as instituições financeiras emitissem recibos de depósito bancário (RDBs) de até R$ 20 milhões por investidor, com garantia do Fundo Garantidor de Crédito (FGC), podendo cada instituição financeira emitir até R$ 5 bilhões desse tipo de RDB. Esta última medida, tomada em 26 de março pelo CMN, contribuiu para normalizar a concessão de crédito pelos bancos pequenos e médios. Essas instituições apresentavam carteiras carregadas com créditos para a compra de automóveis usados. A desconfiança estava gerando elevados saques e dificultando a rolagem dos créditos.

A redução das linhas de financiamento externo utilizadas pelos agentes privados no Brasil também ocasionou uma redução no crédito doméstico por duas razões distintas. A primeira envolveu diretamente a menor entrada de recursos externos, como oferta para crédito doméstico. A segunda razão foi a maior demanda de crédito doméstico por parte das empresas que usualmente captavam recursos de fontes externas. Com o objetivo de elevar a liquidez interna, as seguintes medidas foram adotadas pelo Banco Central: a) postergação do cronograma de recolhimento compulsório sobre depósitos interfinanceiros captados da Sociedade de Arrendamento Mercantil (SAM), em 24-7-2008; b) ampliação do valor dedutível do recolhimento compulsório, em 24-9-2008; c) alteração dos regimes de compulsórios para estimular a compra de carteiras de crédito, em 2-10-2008; d) autorização formal para que o Banco Central fizesse operações de redesconto com garantias em reais ou fidejussórias (MP nº 442, de 6-10-2008); e e) alteração do regime de compulsórios para depósitos a prazo, em 8-10-2008. Mas tais medidas não foram suficientes para a expansão de crédito novo no mercado e sua concessão sofreu grande queda a partir de outubro de 2008, só se recuperando em maio de 2009 (ver tabela 14).

Apesar do grande esforço do Banco Central para tentar expandir o crédito através da adoção dessas medidas, não houve a mesma agilidade na redução da taxa Selic. O Banco Central elevou a Selic de 13% para 13,75% na reunião de setembro para evitar a aceleração da inflação que ameaçava sair da meta. A absorção interna crescia a uma taxa superior ao crescimento do produto (oferta), pressionando a inflação. A elevação da taxa Selic visava reduzir o excesso de demanda e conter a aceleração da inflação num futuro próximo.

A quebra do Lehman Brothers aprofundou a crise financeira mundial e causou uma redução na demanda agregada e uma parada no crédito. A interrupção do crédito asfixiou a economia brasileira e, principalmente, o setor de bens comercializáveis, cujos preços despencaram, juntamente com a demanda desses produtos.

A taxa Selic só foi reduzida na reunião do Comitê de Política Monetária (Copom) de janeiro de 2009, o que *ex post* pode ser considerado um erro.

## TABELA 18

**Meta da Selic definida nas reuniões do Copom (%)**

| Datas das reuniões | Selic |
|---|---|
| 23-7-2008 | 13,00 |
| 10-9-2008 | 13,75 |
| 29-10-2008 | 13,75 |
| 11-12-2008 | 13,75 |
| 21-1-2009 | 12,75 |
| 11-3-2008 | 11,25 |
| 29-4-2008 | 10,25 |
| 10-6-2008 | 9,25 |
| 22-7-2008 | 8,75 |
| 2-9-2008 | 8,75 |

Fonte: Banco Central do Brasil.

O impacto da crise foi severo sobre a economia real (redução do PIB de 3,6% no último trimestre de 2008), o que acabou com as pressões inflacionárias e estimulou uma série de reduções da taxa Selic, que baixou de 13,75% no início de janeiro para 8,75% em setembro de 2009.

## Medidas de cunho fiscal

A severidade da crise exigiu a adoção de medidas de cunho monetário e fiscal, como preconizado pelos livros-texto de economia. Dessa forma, ao mesmo tempo em que o Banco Central afrouxou a política monetária, reduzindo a taxa Selic, o governo federal adotou medidas de caráter fiscal que ajudassem na retomada do nível de atividade da economia.

O governo federal reduziu a alíquota de vários impostos, como o imposto sobre produtos industrializados (IPI), o imposto de renda (IR) e o imposto sobre operações financeiras (IOF). A redução do IPI de carros e caminhões e da linha branca foi adotada porque essas indústrias sofreram quedas de atividade superiores às de outras indústrias, em função de suas vendas de varejo serem fortemente baseadas em crédito.

TABELA 19     269

**Medidas de desoneração fiscal (em bilhões de R$)**

| Medidas | Alíquotas |
|---|---|
| Redução de IPI (carros e caminhões) | 4,30 |
| Redução de IPI (linha branca) | 0,20 |
| Novas alíquotas de IR (pessoa física) | 5,60 |
| Redução de IOF (pessoas físicas, operações de câmbio e financiamento de motos) | 3,09 |
| Redução da Cofins (motos) | 0,12 |
| Desoneração no setor da construção civil (IPI) | 0,99 |
| Desoneração de bens de capital | 0,41 |
| Desoneração de farinha de trigo e pão francês | 0,19 |
| Regime especial de tributação (pacote de habitação) | 0,24 |
| Desoneração do IR (pessoa jurídica) para setores específicos da Sudam | 0,03 |
| **Total da desoneração fiscal em 2009** | **15,2** |
| **Elevação do IPI e da Cofins para cigarros** | **0,98** |
| **Renúncia fiscal** | **14,2** |

Fonte: Receita Federal.

A desoneração total realizada para o ano de 2009 foi estimada em R$ 15,2 bilhões. A renúncia total realizada pelo governo situou-se na casa dos R$ 14,2 bilhões, em virtude da elevação do IPI e da Confins para cigarros, o que gerou uma receita extra esperada de quase R$ 1 bilhão, como se observa na tabela 19.

A redução do IPI obteve êxito, e as vendas de carros e caminhões e da linha branca aumentaram. Essa elevação das vendas foi fruto de dois fatores: a redução do custo, que incentivou a compra, e a antecipação da compra em virtude da redução temporária.

Além das desonerações, duas outras medidas contribuíram para elevar em muito o ativismo fiscal e permitir uma recuperação mais rápida da economia. A primeira foi a fortíssima elevação (12,7%) do salário mínimo, que passou de R$ 412,40 para R$ 465,00, além da antecipação em um mês do início de sua vigência (fevereiro, em vez de março). A elevação do salário mínimo tem forte impacto na conta da previdência do setor privado, pois inúmeros benefícios são vinculados ao salário mínimo. A segunda medida foi um conjunto de elevações de salários de servidores federais, escalonadas em 2009, 2010 e 2011. O maior impacto dos aumentos sobre o orçamento público ocorreu em 2009 e 2010.

Esses aumentos, além de não constituírem uma política contracíclica típica, haviam sido decididos antes da crise. Tudo se passou como se o governo tivesse antevisto a crise e decidisse uma série de aumentos de gastos, o que, uma vez instalada a crise, *ex post* contribuíram para a recuperação da economia. Acreditamos que a contribuição desses aumentos para a sustentação da demanda tenha sido muito forte, pois elevaram a renda permanente das pessoas beneficiadas. Em certa medida, uma política fiscal contracíclica é mais eficaz quando eleva o gasto permanentemente e, portanto, não é rigorosamente contracíclica. Além dessas duas medidas, houve o reajuste e a ampliação do programa Bolsa Família para beneficiar mais 1,3 milhão de pessoas e o aumento do prazo do seguro-desemprego de cinco meses para até sete meses.

A crise ocasionou uma mudança na evolução dos gastos do governo em relação à política implementada antes da crise no governo Lula. Os dados da tabela 20 mostram que os gastos de custeio e de pessoal como fração do PIB não se elevaram até 2008. Nesse mesmo período, o investimento aumentou em 0,5% do PIB, e os gastos sociais, que incluem o programa Bolsa Família, subiram 0,8%. Esse é um típico padrão de gasto de governo de esquerda: carga tributária crescente com elevação de gastos sociais. No entanto, não houve uma forte elevação no custeio da máquina. Por isso, não é correto afirmar que houve descontrole fiscal no governo Lula.

## TABELA 20

**Evolução dos gastos do governo: diferença do gasto público (em % PIB) do governo central entre os respectivos anos (acumulado no ano de janeiro a julho)**

| | 2003-2008 | 2008-2009 | 2008-2009 contrafactual |
|---|---|---|---|
| Despesa com pessoal ativo | 0,0 | 0,5 | 0,3 |
| Aposentadorias e reformas | -0,1 | 0,1 | 0,1 |
| Pensões | 0,0 | 0,1 | 0,1 |

continua

| | 2003-2008 | 2008-2009 | 2008-2009 contrafactual |
|---|---|---|---|
| Aposentadoria pública | -0,1 | 0,2 | 0,1 |
| Aposentadorias | 0,3 | 0,6 | 0,4 |
| Pensões | 0,2 | 0,2 | 0,1 |
| Outros benefícios previdenciários | 0,0 | -0,1 | -0,1 |
| Aposentadoria privada | 0,5 | 0,7 | 0,3 |
| Aposentadorias e pensões | 0,4 | 0,9 | 0,4 |
| Custeio | -0,1 | 0,3 | 0,2 |
| Contribuições/educação | 0,1 | 0,1 | 0,1 |
| Contribuições/saúde | 0,3 | 0,2 | 0,1 |
| Custeio de saúde e educação | 0,3 | 0,3 | 0,2 |
| Benefício mensal ao deficiente e ao idoso | 0,3 | 0,1 | 0,1 |
| Outros benefícios assistenciais | 0,0 | 0,0 | 0,0 |
| Outros benefícios de natureza social | 0,3 | 0,2 | 0,2 |
| Outros auxílios financeiros a pessoa física | 0,3 | 0,0 | 0,0 |
| Gastos sociais | 0,8 | 0,4 | 0,3 |
| Investimento | 0,5 | 0,1 | 0,1 |
| **Total** | 2,0 | 2,4 | 1,6 |
| **Transferências para estados e municípios** | 0,5 | -0,3 | -0,5 |
| **Total, incluindo transferências** | 2,6 | 2,2 | 1,1 |

Fonte: Siafi.

A crise financeira mundial mostrou uma inflexão na condução da política fiscal do governo Lula. Diferentemente do que ocorreu no período 2003-2008, entre 2008 e 2009 o governo elevou os gastos com pessoal (0,5%) e o custeio (0,3%) e reduziu o dispêndio com investimento (0,1%), como se pode observar na segunda coluna da tabela 20. Essas medidas não caracterizam uma política fiscal anticíclica utilizada para atenuar crises, pois esses gastos têm caráter permanente. A elevação do investimento, um gasto temporário, foi inferior à ocorrida no período anterior. Essa inflexão na política fiscal constitui uma mudança para pior, que compromete o orçamento futuro da União, reduzindo ainda mais o espaço de manobra para a condução da política fiscal.

A terceira coluna da tabela 20 apresenta um exercício contrafactual que avalia como os gastos aumentariam caso o PIB de 2009 crescesse 9% em termos nominais (4,5% de elevação da inflação e 4,5% de crescimento do produto real). Pode-se observar que a mudança na condução da política fiscal não foi fruto apenas da crise mundial. Mesmo que o PIB nominal crescesse a uma taxa anual de 9%, o gasto com pessoal (0,3%) e o gasto com custeio (0,2%) aumentariam. Considerando o crescimento do total de gastos (incluindo transferências) de 2008 para 2009 — 2,2% do PIB, como expresso na última linha da segunda coluna da tabela 20 —, 1,1% corresponderia ao crescimento que haveria se o PIB nominal tivesse aumentado 9%. Isto é, 1,1% = 2,2% — 1,1% deve-se à queda cíclica da atividade em função da crise. Quando o produto retornar a sua tendência, 1,1% do PIB será o componente de piora fiscal que permanecerá. Serão necessários uns dois anos de austeridade fiscal para reconstruir um superávit primário maior. No entanto, esta será uma agenda para os dois primeiros anos do próximo governo.

Além da mudança na condução da política fiscal, a crise afetou também o superávit primário do governo, que tem três definições distintas: uma relacionada ao cumprimento da Lei Orçamentária Anual (primário — LOA), que exclui os gastos do plano piloto de investimento (PPI); uma relacionada à evolução da dívida pública (primário — dívida); e outra relacionada ao esforço fiscal para economizar recursos. A tabela 21 apresenta a economia do governo segundo essas três definições. A ausência de gastos com o PPI em 2008 fez com que o superávit primário (LOA) se igualasse ao superávit primário (dívida) — 3,7% do PIB. Mas o "esforço fiscal" foi de 4,2% do PIB, dada a economia adicional de 0,5% do PIB para capitalizar o Fundo Soberano (FSB).

## TABELA 21
### Superávit primário e esforço fiscal

|  | Primário (LOA) | Primário (dívida) | Esforço fiscal |
|---|---|---|---|
| 2008 | 3,7 | 3,7 | 4,2 |
| 2009 | 2,4 | 2,0 | 2,0 |
| 2010 | 3,1 | 2,3 | 1,9 |

Fonte: Banco Central do Brasil.

No ano de 2009, o primário foi de 2,4%. Mas a economia para o pagamento da dívida foi de somente 2%, uma vez que houve um gasto de 0,4% do PPI/PAC com investimentos. Dessa forma, em 2009, o esforço fiscal foi de somente 2% do PIB (2,4% – 0,4%), muito inferior ao de 2008, ocasionando uma elevação da relação dívida/PIB, algo esperado, dado o impulso fiscal para sair da crise.

No ano de 2010, o primário foi de 3,1%. Mas a economia para o pagamento da dívida será de somente 2,3%, uma vez que o PPI sinaliza um gasto de 0,8% do PIB com investimentos. Com o desconto dos restos a pagar de 0,4%, o esforço fiscal foi de somente 1,9% do PIB (3,1% – 0,8% – 0,4%),[5] pouco inferior ao de 2009, quando houve grande impulso fiscal para sair da crise.

Desta forma, os gastos do governo entre 2008 e 2009 aumentaram 2,2%, mostrando uma forte expansão, visto que haviam crescido apenas 2,6% entre 2003 e 2008. A redução do superávit elevou a relação dívida/PIB em 2009 (43,4% do PIB contra 38,9% em 2008) e, apesar do elevado crescimento do produto no ano, a dívida líquida em 2010 (40,2%) permaneceu em patamares superiores aos de 2008. No entanto, dois anos de crescimento sem novos aumentos podem criar as condições para que a dívida retorne a uma trajetória declinante.

## Principais características estruturais da economia brasileira

Duas características indicam que o ciclo de crescimento recente, apesar de se beneficiar do ciclo de expansão da economia mundial, tem sólidas bases domésticas. A primeira é que o crescimento no período 2003-2008 foi acompanhado de expansão da produtividade total dos fatores, que contribuiu com 42,6% do crescimento do produto no período (ver tabela 8). A segunda é que o forte crescimento dos preços internacionais das *commodities* não redundou em elevações muito expressivas dos termos de troca. Esses ganhos se concentraram apenas no primeiro semestre de 2008 e foram relativamente modestos, da ordem de 10%. Assim, é perfeitamente

---

[5] Este número exclui a capitalização da Petrobras no valor de R$ 31,9 bilhões.

possível imaginar que a economia tenha potencial para crescer 4,5% ou 5% de forma sustentável.

No nosso entender a grande dúvida é se a economia conseguirá financiar o investimento. Haverá poupança? Nesse ponto concordamos com o diagnóstico de Hausmann (2008). O maior limitador do crescimento da economia brasileira hoje parece ser a baixíssima taxa de poupança doméstica. Em geral, há forte correlação entre poupança doméstica e crescimento.[6] Um canal sugerido pela teoria é que o crescimento causa a elevação da poupança. O crescimento eleva a renda da população ativa que poupa para a aposentadoria no futuro. Já os atuais aposentados despoupam em função de uma riqueza que foi acumulada quando a renda era muito menor. Assim, o crescimento eleva a poupança dos ativos sem elevar a despoupança dos inativos. No entanto, o Brasil apresenta uma série de características institucionais que têm elevado o valor do benefício da aposentadoria, para inúmeros trabalhadores, mais do que os salários da ativa. Além disso, todos os funcionários públicos têm aposentadoria integral, cujo benefício acompanha o salário dos ativos. Assim, uma elevação da renda, fruto de uma elevação da taxa de crescimento, não redunda em elevação da poupança.

A figura 19 apresenta a evolução da taxa de poupança. A poupança pública foi calculada empregando-se o conceito de superávit operacional do setor público. Isto é, a poupança pública é a soma do superávit operacional do setor público com o investimento público. Dessa forma, não se considera gasto público a correção monetária da dívida pública.

---

[6] Ver Loayza, Schmidt-Hebbel e Servén (2000).

**FIGURA 19**

275

## Taxa de poupança

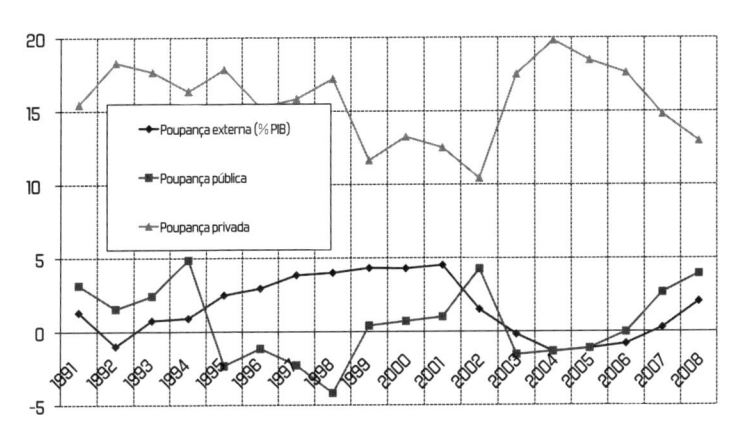

Fonte: IBGE, contas nacionais anuais.

Obs.: Os dados do superávit operacional do setor público foram obtidos no Ipea-data. O investimento do setor público para 2007 e 2008 corresponde apenas ao investimento da União, obtido no site do Tesouro Nacional. Para obtermos o investimento total em 2007 e 2008, supusemos que a razão entre o investimento da União e dos estados e municípios em 2007 e 2008 tenha sido a mesma de 2006.

Nota-se que o período de forte crescimento recente foi acompanhado por uma redução da poupança privada de aproximadamente seis pontos percentuais. Contrariamente à percepção de diversos analistas, a poupança pública se elevou nesse período. Evidentemente, é possível que parte da redução da poupança privada seja uma consequência da forte elevação do crédito pessoal no período. Como visto antes, no período 2003-2008 houve um acelerado crescimento do crédito.

Assim, um problema que se apresenta para a retomada da economia brasileira é a capacidade de financiamento externo. Tudo leva a crer que, para crescer, o país terá que conviver com déficits externos elevados e persistentes. A questão, então, é se é viável a economia ter déficits na casa de 3-4% do PIB por muitos anos. A literatura de sustentabilidade externa não conseguiu desenvolver indicadores consistentes. Os estudos de caso apresentados por Milesi-Ferretti e Razin (1996) sugerem que mais importante do que o valor do passivo externo líquido é a sua composição. Como o caso da Austrália ilustra, uma economia que funciona no regime de câmbio flexível, com dívida externa preponderantemente em moeda local e parcela significativa do passivo externo líquido na forma de renda variável, IED e portfólio, tem capacidade de absorver expressivos volumes de poupança externa por algumas décadas. Nossa impressão é de que o Brasil está fazendo esforços para caminhar nessa direção. Ao zerar a dívida denominada em dólares, o setor público deixou de prover *head* cambial ao setor privado. O país tem construído e mantido uma institucionalidade favorável ao investimento externo. Não tem havido quebra de contratos, nem força política com viabilidade eleitoral que defenda algum tipo de quebra contratual. De sorte que boa parcela do passivo externo líquido é constituída de renda variável. Finalmente, parece-nos que o regime de câmbio flutuante está consolidado. Evidentemente, o crescimento baseado em poupança externa produzirá câmbio valorizado e baixo crescimento do emprego na indústria não ligada ao agronegócio e ao setor extrativo mineral, que constituem as vantagens absolutas do país. E, evidentemente, um crescimento calcado no setor de serviços requer que a sociedade brasileira equacione o problema educacional, caso contrário dificilmente o crescimento produzirá empregos de qualidade.

Até o momento enfatizamos duas características estruturais da economia brasileira: o crescimento recente como fruto de ganhos de produtividade e a baixa taxa de poupança como o gargalo maior da economia. A terceira característica refere-se à particular forma de inserção externa que ocorreu no período 2003-2008. Como discutimos ao longo do capítulo, a ligação particular da economia brasileira com a China e com a América do Sul permitiu que o forte crescimento da demanda chinesa por bens primários não valorizasse em demasia o câmbio e mantivesse um forte crescimento da indústria e do emprego industrial. Isto é, a economia brasileira não foi acometida da doença holandesa. O ganho de renda nos demais países da América do Sul, em consequência da elevação da demanda de bens primários, gerou demanda cativa pelos produtos da indústria brasileira. A perspectiva à frente é que a indústria brasileira perca o mercado latino-americano para as exportações chinesas de manufaturas. Essa perda do mercado internacional irá reforçar a tendência ao baixo crescimento da indústria em função da baixa poupança da economia.

## Referências

CYSNE, R. P.; COIMBRA-LISBOA, P. C. Imposto inflacionário e transferências inflacionárias no Mercosul e nos Estados Unidos. *Estudos Econômicos*, v. 37, n. 2, abr./jun. 2007.

HAUSMANN, Ricardo. *In search of the chains that hold Brazil back*. Cambridge: Center for International Development, Harvard University, 2008.

LOAYZA, Norman; SCHMIDT-HEBBEL, Klaus; SERVÉN, Luis. Saving in developing countries: an overview. *The World Bank Economic Review*, v. 14, n. 3, p. 393-414, 2000.

MILESI-FERRETTI, Gian Maria; RAZIN, Assaf. *Current-account sustainability*. Princeton: Princeton University, Oct. 1996. (Princeton Studies in International Finance, 81).

# 10

# A crise de 2008 e os erros do Banco Central

JOSÉ LUÍS OREIRO E ELIANE ARAÚJO

> "A regulação e a supervisão jamais poderão
> ignorar o fato de que modelos não passam
> de representações limitadas da realidade."
> Gustavo Loyola, *Valor Econômico,* 14 set. 2009.

Passado um ano da erupção da crise econômica mundial sobre o Brasil, começaram a ser observados os primeiros sinais consistentes de retomada do nível de atividade econômica. Após dois trimestres consecutivos de queda, no segundo trimestre de 2009, o PIB brasileiro apresentou variação positiva em relação ao trimestre anterior, de forma que, do ponto de vista técnico, a economia brasileira não estava mais em recessão. No entanto, o resultado positivo do PIB no segundo trimestre de 2009 não foi suficiente para impedir que a economia brasileira apresentasse uma taxa de crescimento nula ou levemente negativa ao longo do ano de 2009; resultado que contrasta fortemente com o crescimento superior a 5% de 2008. Considerando um PIB de R$ 2,8 trilhões no final de 2008, e supondo que o crescimento da economia pudesse ser mantido em torno de 5% ao longo do ano de 2009 caso a crise não tivesse ocorrido, pode-se concluir que essa redução da taxa de crescimento custou ao Brasil cerca de R$ 140 bilhões em termos de produção não realizada. Esses números mostram que o impacto da crise econômica mundial sobre o Brasil, ainda que pequeno em comparação com o ocorrido nos países desenvolvidos, não pode ser menosprezado.

No caso do Brasil, o principal impacto da crise econômica mundial se deu sobre a produção industrial. Nos três últimos meses de 2008, a produção da indústria brasileira sofreu uma queda acumulada de quase 15%. A velocidade da queda da produção industrial no Brasil ultrapassou a observada nos Estados Unidos e na Alemanha durante a crise de 1929 (Eichengreen e O'Rourke, 2009).

O saber convencional prevalecente entre os economistas brasileiros atribui essa queda da produção da indústria aos efeitos da crise econômica mundial sobre as exportações de produtos manufaturados. Nesse contexto, teria sido impossível impedir o colapso da produção industrial por meio de medidas de política econômica, mais especificamente mediante uma forte redução da taxa de juros no final de 2008. Por outro lado, a grande desvalorização da taxa de câmbio ocorrida entre outubro e dezembro de 2008 justificaria uma atitude mais prudente por parte da autoridade monetária com respeito ao início do ciclo de redução da taxa básica de juros. Argumentava-se que o repasse do câmbio para os preços poderia pôr em risco a obtenção da meta de inflação para 2010, de forma que o compromisso com a obtenção da meta inflacionária não só impediria a redução da taxa de juros, como ainda poderia levar o Banco Central do Brasil a ter que aumentar a taxa básica de juros para conter o "efeito *pass-through*".

Esse raciocínio, no entanto, desconsidera dois elementos fundamentais no caso brasileiro. Em primeiro lugar, a crise econômica mundial chegou ao Brasil em função da "evaporação de crédito" induzida pelos grandes prejuízos que as empresas exportadoras brasileiras tiveram com as operações de derivativos cambiais. O Bank of International Settlements (BIS) estima que os prejuízos acumulados com essas operações alcançaram a cifra de US$ 25 bilhões, ou seja, quase 2% do PIB brasileiro.[1] O aumento do risco de contraparte decorrente dos prejuízos com os derivativos de

---

[1] *Valor Econômico*, 8 jun. 2009.

câmbio levou os bancos brasileiros a reduzir suas operações de crédito, o que atuou no sentido de aumentar de forma significativa o *spread* bancário. Esse "choque de crédito" teve por efeito a redução da produção industrial, em função nem tanto da queda da demanda por produtos manufaturados, mas da incapacidade das empresas de obter crédito no volume e nas condições necessárias para manter o nível da produção.[2]

A redução das exportações de manufaturados certamente agravou esse quadro, mas não foi o grande fator responsável pela contração da produção industrial verificada no final de 2008. Conforme se pode verificar na figura 1, as exportações de manufaturados apresentaram uma queda de 20% entre setembro e dezembro de 2008 e outra de cerca de 37,5% entre dezembro de 2008 e fevereiro de 2009. Esses números mostram que a queda mais forte das exportações de manufaturados ocorreu *depois* da queda mais pronunciada da produção industrial. Dessa forma, as causas da forte diminuição da produção industrial no último trimestre de 2008 foram de natureza eminentemente financeira.

Em segundo lugar, o saber convencional desconsidera o fato de que, antes da erupção da crise internacional sobre a economia brasileira, já estava em curso um processo de deflação dos preços das *commodities* no mercado internacional, o que atuaria no sentido de contra-arrestar a influência sobre os preços domésticos de uma desvalorização da taxa nominal de câmbio. Dessa forma, os temores de que uma redução da taxa de juros no final de 2008 poderia comprometer a obtenção da meta de inflação em 2009 foram, no melhor dos casos, bastante exagerados.

Nesse contexto, a desconsideração do caráter eminentemente financeiro (via crédito bancário) da crise que se abateu sobre a economia brasileira no final de 2008 pode ter levado o Banco Central do Brasil a fazer um julgamento equivocado a respeito da necessidade de uma redução rápida e forte da taxa de juros. Com efeito, iremos argumentar ao longo deste capítulo que os modelos de previsão utilizados pela autoridade monetária brasileira, ao desconsiderar o assim chamado "canal do crédito", podem ter

---

[2] Essa argumentação é bastante similar à análise feita por Bernanke (2000) a respeito dos efeitos não monetários da crise financeira de 1929 na propagação da Grande Depressão.

induzido a diretoria do Copom não só a avaliar de maneira equivocada o *timing* e a magnitude do efeito de uma redução forte da taxa de juros sobre a produção industrial, como ainda tê-la induzido a sobre-estimar o impacto da desvalorização do câmbio sobre os preços. Daí se segue que o uso de modelos inadequados pode ter retardado o ciclo de redução da taxa básica de juros e levado o Banco Central (BC) a optar por uma estratégia gradualista, em vez de um "tratamento de choque".

**FIGURA 1**

**Produção e exportações da indústria brasileira (fev. 2008-fev. 2009)**

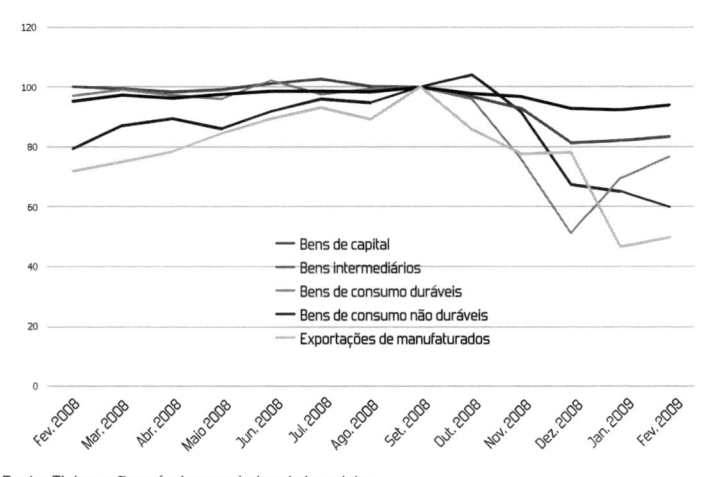

Fonte: Elaboração própria com dados do Ipeadata.

O Banco Central do Brasil errou, e muito, na condução da política monetária nos primeiros meses da crise. A insistência em manter os juros inalterados nas reuniões de outubro e dezembro do Copom permitiu a ocorrência de uma queda bastante forte na liquidez do sistema bancário brasileiro, reforçando o fenômeno da evaporação do crédito, que teve papel decisivo na redução da produção industrial. A liberação parcial dos depósitos compulsórios em novembro e dezembro não foi eficaz em restaurar as reservas do sistema bancário em face da contração da base monetária induzida pela venda não esterilizada de reservas internacionais durante esse período. O Banco Central tentou fazer o que era *aritmeticamente impossível*: restaurar as reservas do setor bancário como um todo num contexto em que os juros eram mantidos inalterados e a autoridade monetária vendia dólares no mercado à vista para conter a elevação da taxa nominal de câmbio. Os efeitos dessa "trindade impossível" se mostraram devastadores: a liquidez do setor bancário foi reduzida, o crédito desapareceu e a produção industrial despencou.

Se o Banco Central tivesse feito uma forte redução da taxa de juros na reunião de outubro de 2008 do Copom, é possível que os efeitos da crise internacional sobre a economia brasileira fossem significativamente menores. Mais concretamente, iremos argumentar, com base em uma série de procedimentos econométricos, que uma redução de 4 pontos percentuais na Selic na reunião de outubro poderia ter reduzido de forma bastante significativa a queda da produção industrial nos 10 meses seguintes. Dessa forma, a política gradualista adotada pelo BC a partir de janeiro de 2009 não só foi iniciada "muito tarde", como também não foi a resposta adequada à crise. A política mais adequada nesse contexto teria sido a realização de um "choque monetário", no qual o Banco Central realizasse, de uma vez só, parte relevante do ajuste necessário da taxa de juros.

## A chegada da crise ao Brasil e os equívocos do Banco Central[3]

No último trimestre de 2008 e nos primeiros meses de 2009, os efeitos da crise financeira internacional atingiram fortemente a economia brasileira. Se, nos Estados Unidos, a crise financeira teve origem no estouro de uma bolha especulativa no mercado imobiliário, alimentada principalmente, mas não unicamente, pelas assim chamadas hipotecas *subprime*; no Brasil, a crise financeira teve origem no estouro de uma bolha especulativa no mercado de câmbio, após a falência do Lehman Brothers e de sucessivas imperícias do Banco Central. Isto porque a rápida e desordenada desvalorização do câmbio nominal após a falência do Lehman Brothers provocou efeitos desestabilizadores sobre a economia brasileira. Diversas empresas do setor produtivo, principalmente as empresas exportadoras, amargaram prejuízos bastante significativos com a desvalorização do real.

---

[3] Esta seção baseia-se largamente em Oreiro, Basilio e Souza (2009).

As empresas exportadoras realizaram operações de *target forward* excessivamente, fazendo uma dupla aposta na apreciação cambial. Na primeira aposta, venderam dólares aos bancos por meio de um instrumento chamado *forward*. Em outras palavras, nesse tipo de operação, as empresas realizam uma operação clássica de venda de dólares no mercado a termo, apostando na apreciação cambial com o objetivo de ganhar os juros da operação, recebendo, portanto, uma receita financeira. Outra possibilidade de ganho financeiro para as empresas advinha das operações de *swap* cambial reverso realizadas pelo Banco Central, operações que, na prática, conferiam às empresas cupom cambial no caso de queda do dólar. Essas duas operações em si não representam uma elevada exposição cambial se casadas com a receita em dólares que as empresas obtêm com suas exportações. Já em uma operação de *target forward*, uma segunda operação sucede a venda a termo. As empresas vendem novamente dólares para os bancos no mercado futuro por meio da venda de opções de compra a descoberto, conferindo aos bancos o direito de comprar dólares no futuro a um preço preestabelecido.

Essas operações altamente especulativas no mercado de câmbio tinham por objetivo compensar as perdas que as empresas exportadoras tiveram com a forte sobrevalorização da taxa de câmbio no período 2005-2007. Como mostra a figura 2, no terceiro trimestre de 2007, a taxa real efetiva de câmbio apresentou uma sobrevalorização de cerca de 25% com respeito ao valor de "equilíbrio" da referida taxa.

## FIGURA 2

### Taxa de câmbio efetiva real e taxa de câmbio de equilíbrio (índice: média de 2000 = 100)

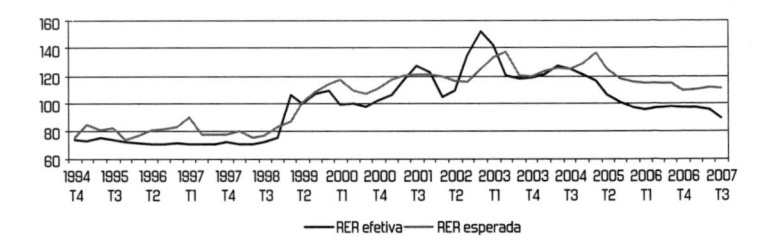

Fonte: Oreiro et al. (2008).

Obs.: RER é Taxa de câmbio efetiva real.

Nesse contexto, constata-se o *primeiro erro* do Banco Central. Em vez de utilizar o expediente de *controlar a entrada de capitais* para evitar a excessiva apreciação cambial e, dessa forma, exercer seu papel de regulador de mercado, o BC optou por utilizar um instrumento financeiro exótico (o *swap* cambial reverso), que só aumentou a fragilidade financeira do setor privado da economia, ao induzir as empresas a se envolverem em operações altamente especulativas no mercado de câmbio.

A forte apreciação da taxa nominal de câmbio após a falência do Lehman Brothers não foi resultado de uma fuga de capitais do país ou da "secagem" das linhas de crédito internacionais; mas uma consequência do aumento da demanda de moeda norte-americana por parte de residentes domésticos para fazer frente a compromissos assumidos com contratos de derivativos de câmbio. Segundo dados do próprio Banco Central, de janeiro a agosto de 2008, o fluxo de dólares para o país foi positivo em US$ 14,380 bilhões. Somente nos nove primeiros dias de outubro de 2008, o saldo cambial foi positivo em US$ 1,604 bilhão, resultado de um saldo positivo nas operações comerciais de US$ 1,304 bilhão e de um saldo, também positivo, de US$ 299 milhões nas transações financeiras. Diante desses dados, podemos afirmar que, nos primeiros meses da crise (agosto a outubro de 2008), não ocorreu fuga de capitais do país. O que se evidenciou foi uma enorme demanda das empresas brasileiras por dólares, com o objetivo de honrar as posições assumidas no mercado cambial. Conforme se pode visualizar na figura 3, entre setembro e outubro de 2008, a taxa nominal de câmbio sofreu uma forte depreciação, apesar do saldo cambial positivo, superior a US$ 2 bilhões. Essa dinâmica da taxa de câmbio e do saldo cambial aponta claramente para a ocorrência de uma forte demanda de moeda norte-americana por parte dos residentes domésticos no mercado à vista de câmbio.

**FIGURA 3**

**Evolução da taxa nominal de câmbio e do saldo cambial (set. 2008-mar. 2009)**

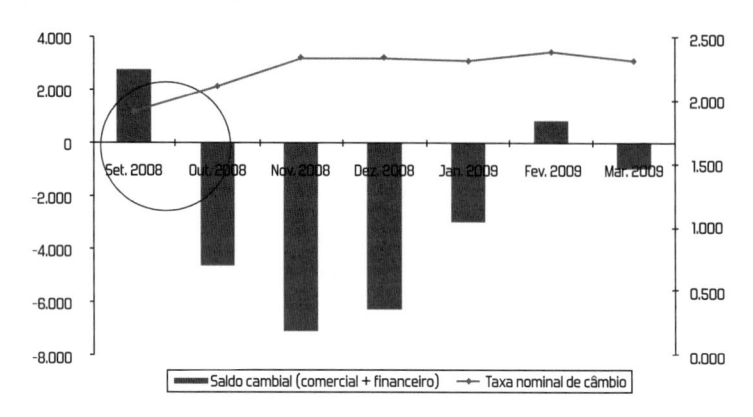

Fonte: Banco Central do Brasil.

O mecanismo por trás dessa depreciação é extremamente perverso. Se imaginarmos que existe um *continuum* de opções de venda no mercado, à medida que o dólar se deprecia, novas empresas são obrigadas a comprar dólares no mercado à vista para cumprir os contratos de venda de opções a descoberto, exercendo forte pressão na demanda por dólares. Como o Banco Central não exerceu *a tempo* seu papel de regulador do sistema monetário por meio de vendas de dólares no mercado, a fim de conter o processo de escalada das cotações, os bancos exerceram o direito de compra da moeda norte-americana, pressionando ainda mais a alta do dólar. Esse processo só arrefeceu com a volta dos leilões de moeda estrangeira. O Banco Central, portanto, se comportou como um banco privado, em vez de exercer seu papel de regulador do mercado de câmbio. Tanto é verdade que o BC teve um ganho de US$ 6,507 bilhões, somente em setembro de 2008, em operações com derivativos cambiais, enquanto empresas como a Aracruz e a Sadia sofreram pesadas perdas com essas operações. Isso significa uma transferência não desprezível de riqueza financeira da sociedade, em particular das empresas, para o governo.

Como resultado desses prejuízos ocorreu um aumento significativo do risco de crédito das empresas do setor produtivo. Tal situação, agravada pelo clima de incerteza originado pela crise financeira internacional, fez com que os bancos brasileiros reduzissem de forma significativa o crédito, principalmente o crédito ao financiamento do capital de giro das empresas e ao financiamento de bens de consumo duráveis, como automóveis, por exemplo. Essa contração do crédito resultou num aumento significativo do *spread* bancário, tal como se visualiza na figura 4.

## FIGURA 4
### Evolução do spread bancário geral (% ao ano)

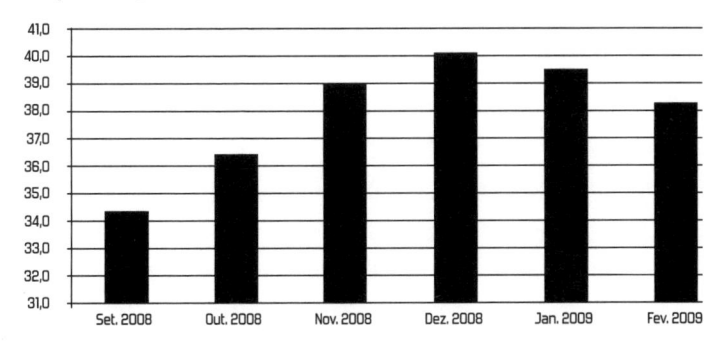

Fonte: Banco Central do Brasil.

Em setembro e outubro de 2008, verificamos o *segundo erro* do Banco Central, decorrente de sua incapacidade de perceber a assim chamada "aritmética monetária impossível", ou seja, a impossibilidade contábil de se obter, simultaneamente, a restauração da liquidez do setor bancário e a estabilização da taxa nominal de câmbio num contexto em que a taxa básica de juros era mantida inalterada.

Já foi visto que a forte depreciação do câmbio no final de setembro e início de outubro, e as grandes perdas com derivativos cambiais por ela proporcionadas aumentaram o risco de crédito das empresas do setor produtivo. A reação natural dos bancos — assim como de qualquer agente econômico — a um aumento do risco é aumentar a *preferência pela liquidez*, ou seja, a posse de ativos facilmente conversíveis em meio de pagamento. No caso dos bancos, os ativos facilmente conversíveis em meio de pagamento são as reservas bancárias. Dessa forma, verificou-se um movimento simultâneo de contração do crédito e aumento das reservas voluntárias do sistema bancário, que passaram de R$ 39,323 milhões em setembro para R$ 40,134 milhões em outubro, ou seja, um aumento de 2% em apenas um mês!

O Banco Central decidiu lidar com o problema do aumento da preferência pela liquidez dos bancos liberando parcialmente os depósitos compulsórios. Em setembro, o valor das reservas compulsórias era de R$ 117,971 milhões; em outubro, esse valor foi reduzido para R$ 96,923 milhões. Ou seja, o BC liberou mais de R$ 20 milhões para o sistema bancário como um todo. A intenção do Banco Central com essa política era incentivar os bancos comerciais a retomarem os níveis de empréstimos prevalecentes antes do agravamento da crise financeira por meio de um aumento significativo da liquidez do sistema bancário brasileiro.

Essa política poderia ter sido bem-sucedida em aumentar a liquidez do sistema bancário brasileiro, desde que tivesse sido acompanhada por uma redução da taxa de juros. Isto porque, do ponto de vista do sistema bancário como um todo, as reservas bancárias totais (voluntárias + compulsórias) só podem aumentar se o BC também aumentar o valor do seu ativo, basicamente constituído por reservas internacionais e títulos públicos.[4] Assim, quando o Banco Central compra títulos públicos no mercado secundário — ou dólares no mercado à vista de câmbio —, ele aumenta a base monetária, o que permite aos bancos aumentar o valor total de suas reservas livres para a concessão de crédito. Mas a contrapartida dessa operação é um aumento do dinheiro total em circulação, o que tem como consequência uma queda da taxa de juros. Daí que, para aumentar as reservas do sistema bancário como um todo, não basta liberar os compulsórios, é preciso expandir a base monetária, o que só é possível por intermédio de uma redução da taxa básica de juros.

O esquecimento desse princípio elementar de economia monetária e financeira por parte do Banco Central do Brasil não resultou apenas na incapacidade das medidas de liberação dos compulsórios de aumentar os níveis de liquidez do sistema bancário, como ainda, e mais grave, acabou por conduzir a um problema de destruição de liquidez. As reservas bancárias totais (voluntárias + compulsórias) totalizavam R$ 157,294 milhões

---

[4] Ver Carvalho et al. (2000).

em setembro de 2008. No mês seguinte, haviam caído para R$ 137,057 milhões, ou seja, uma queda de 12,86% em apenas um mês! A liquidez do sistema bancário brasileiro diminuiu drasticamente num espaço curto de tempo. Essa queda da liquidez do sistema bancário decorreu da realização de operações não esterilizadas de venda de reservas internacionais no mercado à vista de câmbio a partir de outubro de 2008 (figura 5), as quais tinham por objetivo estabilizar a taxa nominal de câmbio. Toda vez que o Banco Central vende reservas no mercado à vista de câmbio, ele produz uma contração da base monetária. Para evitar a contração da base, o Banco Central deve realizar, na sequência, uma operação de compra de títulos públicos no mercado secundário para recriar a liquidez destruída com a primeira operação. O problema é que o BC não realizou essa segunda operação na magnitude necessária para evitar a contração da base monetária, pois as reservas bancárias apresentaram uma nítida tendência de queda no período compreendido entre outubro de 2008 e janeiro de 2009, como mostra a figura 6.

## FIGURA 5
### Evolução das reservas internacionais — critério de caixa

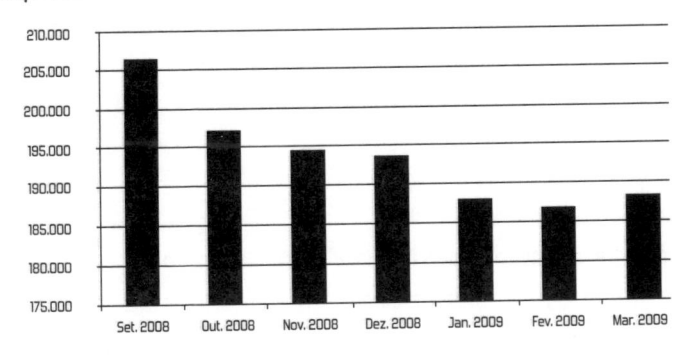

Fonte: Banco Central do Brasil.

## FIGURA 6

**Evolução dos depósitos compulsórios e das reservas bancárias no Brasil (jan. 2008 — jan. 2009)**

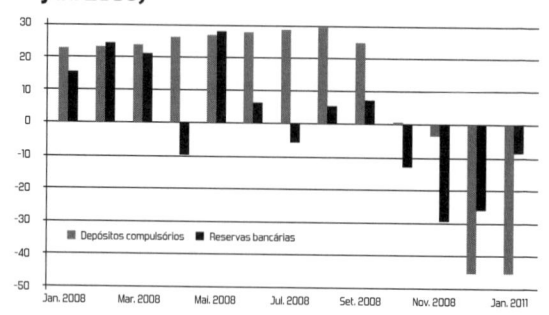

Fonte: Elaboração dos autores com dados do Ipeadata.

Nesse contexto de queda abrupta da liquidez do sistema bancário, como se poderia esperar uma retomada do crédito por parte dos bancos comerciais? A reação dos bancos a esse quadro foi exatamente o que se esperava deles com base nos princípios elementares de economia monetária, ou seja, a retração do crédito.

A contração do crédito bancário, juntamente com o efeito adverso que a política monetária restritiva provoca nas expectativas dos agentes, teve efeitos catastróficos sobre a trajetória de crescimento da produção industrial. Conforme se pode observar na figura 7, a produção industrial apresentou um recuo de cerca de 2% em outubro, 7% em novembro e mais de 12% em dezembro, relativamente aos valores prevalecentes nos mesmos meses de 2007.

## FIGURA 7

**Variação da produção industrial (geral, série dessazonalizada)**

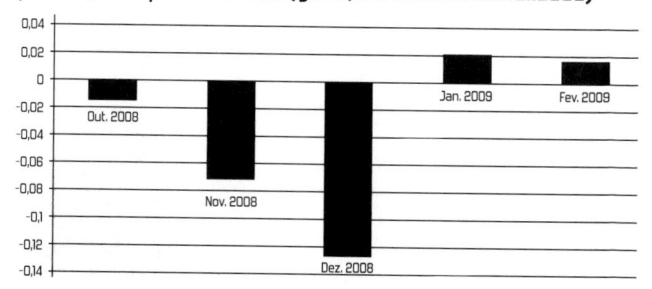

Fonte: Elaboração dos autores com dados do Ipeadata.

Embora esses dados só tenham sido revelados em janeiro de 2009, é lícito supor que o Banco Central tivesse acesso a uma prévia destes no início de dezembro, quando foi realizada a última reunião do Copom de 2008. No entanto, em vez de iniciar um movimento rápido de redução da taxa de juros, com o objetivo de minimizar os efeitos da crise financeira sobre o crescimento da economia brasileira em 2009, o Copom decidiu manter os juros inalterados em 13,75% ao ano, com base no argumento de que ainda existiam no horizonte chances de uma aceleração da inflação devido ao repasse do câmbio para os preços! Este foi o *terceiro erro* do BC. Desde outubro de 2008, as expectativas de inflação, apuradas pelo próprio boletim *Focus* do Banco Central, vêm sendo continuamente revistas para baixo. Os dados disponíveis no início de 2009 mostravam que a inflação podia ficar abaixo do centro da meta de 4,5%. Isso revela que o BC errou sistematicamente em suas avaliações do impacto da crise financeira sobre o crescimento da economia brasileira.

Na reunião do Copom realizada em janeiro de 2009, o Banco Central finalmente reduziu a taxa de juros em um ponto percentual. Ao decidir pela redução em um ponto percentual da taxa básica de juros, o Comitê de Política Monetária reconheceu, ainda que de maneira implícita, que errou em dezembro de 2008, quando manteve a taxa em 13,75% anuais. É importante lembrar que, poucos dias antes da falência do Lehman Brothers, o Banco Central do Brasil havia aumentado a taxa básica de juros de 13% para 13,75% ao ano. Já naquela época, o desabamento dos preços das *commodities* (figura 8), iniciado dois meses antes da falência do Lehman Brothers, indicava que o efeito da desvalorização cambial sobre a inflação seria pequeno ou nulo, mas o BC insistiu na rota de aperto monetário. Como consequência do erro cometido em setembro, o Banco Central ficou moralmente impossibilitado de reduzir a taxa nas reuniões de outubro e dezembro, embora os dados disponíveis indicassem claramente a necessidade de fazê-lo. A persistência no erro de avaliação fez com que a taxa básica de juros permanecesse num patamar injustificadamente elevado para um contexto de crise de liquidez, evaporação do crédito e desaceleração do crescimento da economia mundial.

## FIGURA 8

Evolução dos preços internacionais de cinco *commodities*
(dez. 2007 — dez. 2008)

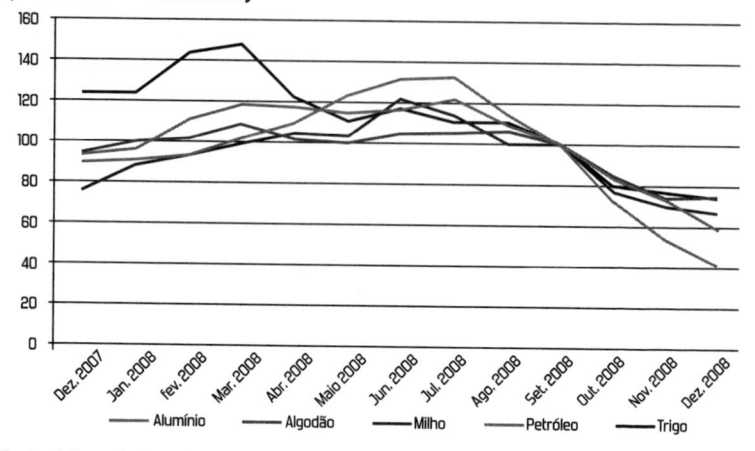

Fonte: Elaboração dos autores com dados do Ipeadata.

Os erros de avaliação da crise e da resposta a esta por parte do Banco Central são, no entanto, um reflexo mais geral da excessiva rigidez do regime de metas de inflação do Brasil. Essa *excessiva rigidez* é demonstrada claramente pelo fato de o BC se *comportar de forma assimétrica com respeito aos riscos de perda da meta e de queda do nível de atividade*. Em dezembro, e mesmo em outubro de 2008, o balanceamento de riscos entre inflação e recessão já indicava que o risco de desaceleração súbita do nível de atividade era muito maior do que o de perda da meta (central) de inflação. Assim, o Banco Central poderia ter reduzido os juros já na reunião de outubro. Mas preferiu "esperar para ver" novos índices de queda do nível de atividade. Acontece que "esperar para ver" não é uma boa política nem no que se refere ao controle da inflação, nem tampouco no que diz respeito à estabilização do nível de atividade, que faz parte da função-objetivo de um *policy maker*, mesmo no regime de metas de inflação.[5] A autoridade monetária deve se antecipar aos movimentos da inflação e do nível de atividade de modo a minimizar a volatilidade da taxa de juros e assim aumentar o

---

[5] A esse respeito, ver Blinder (2009).

bem-estar para a sociedade.[6] No entanto, o Banco Central sempre age de forma antecipada com respeito aos riscos de perda da meta, mas "prefere esperar para ver" se a economia vai entrar em recessão ou não. Isso mostra uma rigidez excessiva do regime de metas de inflação (RMI) no Brasil, rigidez que se revela numa pouca preocupação com os efeitos da política monetária sobre o nível de atividade econômica.

Essa excessiva rigidez do RMI brasileiro contrasta fortemente com a atuação do Fed, sob a presidência de Ben Bernanke, no sentido de lidar com a crise financeira. Já em 2007, o Fed iniciou um ciclo de forte redução da taxa básica de juros, mesmo num contexto em que ainda existiam temores quanto à aceleração inflacionária, devido ao comportamento do preço do petróleo e das *commodities*. Esse relaxamento monetário justificou-se com base na avaliação de que a crise financeira internacional havia mudado o balanceamento de riscos entre inflação e desaceleração do ritmo de crescimento da economia norte-americana em prol deste último. Verificamos assim que o Fed atuou de forma muito mais flexível do que o Banco Central do Brasil no que se refere à condução da política monetária num contexto de crise financeira internacional.

## O canal do crédito e os efeitos da política monetária

Na seção anterior vimos que a forte depreciação do câmbio no final de setembro e início de outubro de 2008, e as grandes perdas com derivativos cambiais proporcionadas pela mesma, aumentaram o risco de crédito das empresas do setor produtivo. A reação dos bancos a esse aumento do risco foi uma preferência pela liquidez, ou seja, a posse de ativos facilmente conversíveis em meio de pagamento, o que implicou a contração do crédito e aumento das reservas voluntárias do sistema bancário.

Portanto, o problema dos derivativos de câmbio gerou uma "evaporação do crédito", a qual produziu: (i) uma forte elevação dos *spreads* bancários e (ii) uma redução significativa do crédito para pequenas e médias empresas. Esses efeitos se somaram à contração sobre a base monetária das operações não esterilizadas de venda de câmbio no mercado à vista em

---

[6] Sobre o funcionamento da política monetária ótima, ver Gali (2008).

outubro e novembro, que produziu uma queda da base monetária, acentuando assim a restrição de liquidez do sistema.

Essa contração do crédito bancário, juntamente com o feito adverso que a política monetária restritiva provocou nas expectativas dos agentes, teve efeitos bastante significativos sobre a trajetória da produção industrial.

Frente a esse quadro, a pergunta que se coloca é: por que o Banco Central do Brasil levou quase três meses desde a falência do Lehman Brothers para iniciar o ciclo de redução da taxa básica de juros? Mais ainda, por que razão o Copom decidiu por um aumento da taxa básica de juros na reunião de setembro de 2008, poucos dias antes do estouro da crise no Brasil? Com efeito, o Brasil foi possivelmente o único país do mundo que ao ser atingido pela crise econômica mundial estava iniciando um ciclo de elevação da taxa básica de juros. No que se refere ao tempo de resposta do Banco Central à crise, deve-se observar que não faltaram vozes entre os economistas acadêmicos e no meio político conclamando o Copom a reduzir rapidamente a taxa de juros frente ao cenário de crise de liquidez e de crédito que a economia brasileira vivenciou no último trimestre de 2008. Na verdade, no final de 2008 o BC parecia viver num mundo à parte do resto da sociedade brasileira, relutando em iniciar o ciclo de corte da Selic apesar das crescentes críticas à condução da política monetária por parte de diversos segmentos da sociedade brasileira.

No que segue, argumenta-se que uma possível explicação para a demora do Banco Central do Brasil em iniciar o ciclo de redução da taxa básica de juros está relacionada com os modelos de previsão que a autoridade monetária brasileira utiliza para avaliar os efeitos da política monetária. Mais especificamente, argumentar-se, com base na análise dos modelos econométricos que foram construídos na fase de implementação do regime de metas de inflação no Brasil, que os referidos modelos não só tendem a subestimar a importância do canal do crédito na avaliação dos efeitos da política monetária como também tendem a superestimar o impacto da depreciação do câmbio nominal sobre a taxa de inflação. Essas deficiências dos modelos de previsão do Banco Central do Brasil se explicam, por sua vez, pelo fato de que na literatura brasileira sobre os mecanismos de transmissão da política monetária se construiu, ao menos até 2002, um consenso (que hoje sabemos equivocado) de que o canal do crédito seria relativamente pouco importante na explicação dos efeitos de mudanças da taxa básica de juros sobre o produto real e sobre a taxa de inflação.[7] Dessa forma, a autoridade monetária brasileira passou a ter uma preocupação "excessiva" com questões como "credibilidade" e "efeito *pass-through*", dando pouca importância aos eventos ocorridos na esfera financeira da economia.

Assim, a autoridade monetária pode ter sido induzida a um "excesso de conservadorismo" na política de fixação da taxa básica de juros, uma vez que seus modelos de previsão podem ter produzido entre os membros do Copom a avaliação equivocada de que uma redução "prematura" da taxa de juros não só não seria capaz de impedir ou reduzir significativamente a contração da produção industrial ocorrida no final de 2008; como poderia gerar um efeito colateral indesejado — elevação da taxa de inflação para além da meta definida pelo Conselho Monetário Nacional.

## Estudos empíricos sobre o canal do crédito no Brasil pós-Plano Real[8]

O artigo de Bogdanski, Tombini e Werlang (2000) apresenta que a implementação do regime de metas de inflação (*inflation targeting*) no Brasil, em julho de 1999, impulsionou a construção de um modelo macroeconômico estrutural para compreender os canais de transmissão da política monetária.

Os canais estudados foram o da taxa de juros, taxa de câmbio, demanda agregada, preços de ativos, expectativas, crédito e agregados monetários, salários e riquezas. De acordo com as características macroeconômicas da economia brasileira, o estudo realizado por Bogdanski, Tombini e Werlang (2000) chegou às seguintes conclusões:

---

[7] Após 2002, no entanto, surgiram diversos trabalhos acadêmicos mostrando a importância do "canal do crédito" na transmissão da política monetária no Brasil. Esse ponto será analisado adequadamente adiante.
[8] Esta subseção baseia-se largamente em Fonseca (2009).

1. Modificações na taxa de juros afetam o consumo de bens duráveis e o investimento num período ente três e seis meses, após ocorrida a mudança. A diferença entre o produto efetivo e o produto potencial (*output gap*) faz com que se adicionem três meses para que a mudança atinja a inflação. Somando os efeitos, a transmissão da política monetária através da demanda agregada leva entre seis e nove meses para operar por completo. De acordo com a definição dos canais de transmissão, a simulação do modelo demonstra a transmissão via canal da taxa de juros.

2. Através do canal direto, mudanças na taxa de juros nominais no período afetam a taxa de câmbio nominal no mesmo período e, por consequência, a taxa de inflação, pelo efeito de aumento nos bens importados. Mais uma vez, de acordo com as definições anteriores, o canal operante não é o canal direto, mas sim o canal da taxa de câmbio.

3. Dadas as restrições de crédito e de política monetária implementadas com o Plano Real, o mecanismo do crédito não tem operado, e sua importância em termos dos impactos adicionais do canal da taxa de juros sobre a inflação tem sido negligenciada. Portanto, *o canal do crédito não é efetivo na transmissão*, o que leva a pensar que os bancos fornecem crédito para financiamento do consumo de duráveis e para o investimento sem considerar os problemas de informação assimétrica, ou que estes gastos ocorrem sem a intermediação do crédito bancário.

O modelo para avaliação do mecanismo de transmissão da política monetária desenvolvido por Bogdanski, Tombini e Werlang (2000) passou a fazer parte dos relatórios de inflação publicados a partir de junho de 1999. Ao analisar o relatório de inflação de março de 2000, Carneiro (2000) realiza uma crítica ao modelo e a suas conclusões para permear a tomada de decisões do Banco Central.

O primeiro ponto para o qual Carneiro (2000) chama a atenção é o modelo não permitir "uma visão mais concreta do papel da oferta de crédito na recomposição da demanda e, também, da capacidade de resposta da oferta de bens e serviços. Isso porque é da oferta de crédito que depende, em grande medida, o diagnóstico em torno das possibilidades de crescimento não inflacionário nos próximos anos" (Carneiro, 2000:8). Para o autor, o relatório deixa uma incerteza quanto ao papel do crescimento veloz do consumo e do investimento na recuperação da economia, pois acredita que o crédito pode ter efeito relevante sobre a durabilidade da recuperação e também sobre os impactos para a inflação e o déficit externo. Enfim, o crédito desempenha um papel importante para a transmissão da política monetária e, por isso, não considerar este mecanismo de transmissão faz com que a análise dos impactos da política monetária sobre a economia brasileira seja frágil.

Um trabalho que teve como foco os mecanismos de transmissão da política monetária no Brasil foi o de Mendonça (2001). Segundo o autor, o Banco Central orienta parte das decisões pelos resultados obtidos da aplicação dos modelos estruturais desenvolvidos pelos técnicos, conforme destacado anteriormente. Para ele, esses modelos consideram relevantes cinco mecanismos de transmissão: taxa de juros, taxa de câmbio, preço dos ativos, crédito e expectativas.

Mendonça (2001) apenas apresenta o funcionamento do canal da taxa de juros, sem realizar observação quanto a sua atuação na economia brasileira. Quanto ao canal da taxa de câmbio, além de defini-lo, ainda destacou que ele assumiu relevância para o Brasil a partir de 1999, com a flexibilização da taxa de câmbio. O autor salienta que este canal tem influência sobre o nível de preços por três caminhos: a) de forma direta, ao influenciar o preço dos bens *tradeables*; b) de forma indireta, ao influenciar o preço das matérias-primas importadas utilizadas no processamento industrial; e c) na substituição de bens domésticos por similares importados ou vice-versa.

Quanto ao canal de preços de ativos, Mendonça (2001) observa sua relevância para países como Estados Unidos e Inglaterra. Porém, para o Brasil, este mecanismo teria pouca relevância prática, devido a três características básicas: i) elevado grau de incerteza; ii) incidência de impostos sobre a intermediação financeira; e iii) elevadas alíquotas de empréstimos compulsórios.

Seguindo a mesma linha, Fernandes e Toro (2002) realizam uma estimação pelo modelo VAR Integrado para analisar os mecanismos monetários de transmissão na economia brasileira pós-Plano Real. Os autores tratam os canais da taxa de juros e da taxa de câmbio como fundamentais para a compreensão da realidade brasileira ao longo do processo de estabilização. Afirmam, ainda, que o processo de estabilização está recuperando paulatinamente os demais mecanismos de transmissão, como o canal do crédito e da riqueza.

O modelo VAR utilizou as seguintes variáveis: oferta monetária, renda agregada, preços, reservas internacionais e taxas de juros de curto e longo prazos. O objetivo foi o de identificar como o mecanismo de transmissão monetária descreve as mudanças nos instrumentos de política monetária (excesso de moeda e taxa de juros de curto prazo) e afeta a dinâmica da economia via taxa de juros de longo prazo, hiato do produto e taxa de inflação.

Os resultados empíricos de Fernandes e Toro (2002) sugerem que o modelo explica a maior parte da variação dos dados, uma vez que os coeficientes de determinação são elevados. A taxa Selic é a principal determinante das taxas do mercado e reage não somente ao choque de oferta monetário, mas também ao hiato do produto e a variações nas reservas internacionais. A conclusão do trabalho é que ao mesmo tempo em que as variações da taxa Selic influenciam as variáveis mencionadas anteriormente, mudanças nestas variáveis também direcionam os rumos da taxa Selic pela reação do Banco Central. Enfim, mudança na taxa Selic cria impactos na produção e nas reservas internacionais, mas o Banco Central, ao verificar aceleração no produto que possa gerar inflação, reage aumentando a taxa Selic, seguindo o mesmo rumo diante de uma queda das reservas internacionais.

Os trabalhos apresentados até então, em sua maioria, destacam o canal da taxa de juros como o responsável pela transmissão da política monetária no Brasil, admitindo, desta forma, um papel secundário para o canal da taxa de câmbio e *um papel quase desprezível para o canal do crédito*. Porém, conforme destaca Carneiro (2000), o crédito é importante para sustentar o nível de demanda de investimentos e de consumo de bens duráveis na economia.

Em Carneiro, Salles e Wu (2003), o canal do crédito é analisado como mecanismo de transmissão da política monetária. Existem dificuldades em comprovar empiricamente a abordagem teórica destes mecanismos. No Brasil, existem fatores adicionais que trazem certo pessimismo quanto à eficácia do mecanismo de transmissão via mercado de crédito: a alta inflação pré-real, que provocava uma volatilidade na taxa real de juros; a elevada variância da taxa real de juros pós-real; e a proporção crédito/PIB que se manteve constante nesse período.

Para estruturar o argumento, o artigo parte para uma versão estilizada do canal do crédito, estimando uma equação de demanda por crédito utilizando o método de Mínimos Quadrados Generalizados, tratando a taxa de crescimento do PIB e inadimplência (nos registros no SPC) como variáveis instrumentais. Com essa metodologia e um período amostral de janeiro de 1995 a março de 2002, encontram que a taxa de juros real possui um efeito negativo sobre o crédito demandado pelas firmas, de modo que o aumento de 1% na taxa de juros real reduz a demanda por crédito em R$ 10,3 bilhões.

Souza Sobrinho (2002) tem por objetivo encontrar evidências empíricas para o *banking lending channel*, a partir da análise de dados agregados do mercado de crédito, para o período pós-Plano Real. A hipótese central é que, além do impacto através do canal monetário ou do canal da taxa de juros, a política monetária também afeta a economia real via mercado de crédito.

As evidências empíricas realizadas por Souza Sobrinho (2002) para o Brasil podem ser assim resumidas. Os testes realizados com séries de tempo apresentam o problema da identificação, dificultando a separação entre os choques de demanda e de oferta por crédito. Os dados de *cross-sections* estão menos sujeitos ao problema anterior e são úteis para mostrar os efeitos diferenciados da política monetária. A pesquisa não conseguiu diferenciar claramente o *banking lending* do *broad channel*, afetando os encaminhamentos de política monetária. A queda do produto real provocada pela contração monetária é ineficiente, pois a maior parte do custo é suportada pelas firmas que supostamente possuem as oportunidades de investimentos mais lucrativas (firmas pequenas, jovens e com alta taxa de crescimento).

Souza Sobrinho (2002) sugeriu algumas implicações de política monetária que decorrem dos resultados apresentados no trabalho. O primeiro é sobre as políticas monetárias excessivamente contracionistas, pois se o *spread* responde às mudanças na taxa básica, uma política menos severa teria um impacto menor sobre o *spread*, reduzindo-o e mantendo sua eficácia.

Além disso, por existir o canal do crédito, a política monetária consegue ser eficaz mesmo sem alterar significativamente as taxas de juros.

O segundo ponto é que a contração monetária provoca efeitos assimétricos e ineficientes. Os setores intensivos em capital de giro (material de transporte, material elétrico e de comunicação, mecânica) em geral os mais dinâmicos, seriam os mais afetados por contrações monetárias. Portanto, a queda do produto agregado em boa parte se deve à contração da atividade econômica que eles experimentam. O contrário deve ocorrer com os setores tradicionais, pouco intensivos em capital e que produzem bens de consumo não duráveis, como alimentos, bebidas e têxtil. Souza Sobrinho (2002) destaca, porém, que a análise empírica baseada em setores é insuficiente para indicar o grau de ineficiência da política monetária. Para tanto, seria preciso descer a um nível ainda maior de desagregação, até as empresas, e descobrir o impacto da política monetária sobre as firmas com as melhores oportunidades de lucro e de crescimento. Ainda assim, Souza Sobrinho (2002) coloca que a autoridade monetária precisa avaliar criteriosamente os efeitos assimétricos de suas ações de política.

Em suma, a literatura brasileira mais recente a respeito do mecanismo de transmissão da política monetária aponta para a importância do canal do crédito para a análise dos impactos de mudanças na taxa básica de juros sobre o nível de atividade econômica. Contudo, o modelo utilizado pelo Banco Central para a elaboração do regime de metas de inflação, bem como a literatura brasileira até 2001, simplesmente desconsidera a existência desse mecanismo. Provavelmente, essa desconsideração se originou do fato de que, até recentemente, a relação crédito/PIB no Brasil era bastante baixa para padrões internacionais.

## Um modelo VEC com o canal do crédito

Nesta subseção apresentaremos um modelo econométrico para a avaliação do canal do crédito no Brasil. O ponto de partida é o modelo do Banco Central, sendo acrescentadas à curva IS do modelo a relação crédito/PIB, a taxa de crescimento do comércio mundial (como uma *proxy* para a renda externa) e a taxa de câmbio real. O objetivo é destacar o *timing* da resposta do PIB à taxa de juros e à magnitude do seu efeito. Pretendemos mostrar que, quando o canal do crédito é levado em conta, mudanças na taxa básica de juros têm impacto mais rápido sobre o PIB do que as defasagens de três a seis meses destacadas na literatura brasileira sobre os mecanismos de transmissão. Além de o efeito ocorrer mais rapidamente, acreditamos que seja ainda mais profundo quando se considera o canal do crédito.

Serão estimados, portanto, dois modelos: o primeiro calcula o impacto de um aumento na Selic sobre o produto (versão 1) e o segundo considera o impacto de um aumento do *spread* bancário sobre o produto. Duas especificações são estimadas em ambos os modelos, que diferem apenas pela inclusão da variável crédito.

As variáveis usadas foram as seguintes: $y$ é o índice de produção física (*quantum*) da indústria geral (com ajuste sazonal);[9] *câmbio* é taxa de câmbio real; *Sp* é o superávit primário como proporção do PIB; *spread* é o *spread* bancário em pontos percentuais; *X_M* é a soma das exportações e importações mundiais, excetuando-se as do Brasil; *crédito* é o crédito como proporção do PIB; e, por fim, a taxa real de juros, decomposta em dois termos: a taxa nominal, que é taxa Selic efetiva (*selic*) e as expectativas de inflação (*exp_inf*). A fonte das exportações e importações mundiais foi o banco de dados do *World Economic Outlook* do FMI (2009), as expectativas de inflação foram extraídas da pesquisa *Focus* do Banco Central do Brasil (2009) e as demais variáveis tiveram como fonte o Ipeadata (2009).

Os modelos seguem as seguintes especificações:

$$y = XM + SP + selic + \text{exp\_inf} + crédito + câmbio \qquad (3)$$

$$y = XM + SP + spread + crédito + câmbio \qquad (4)$$

No primeiro modelo, a taxa de juros real está decomposta em taxa de juros nominal Selic e expectativas de inflação; no segundo modelo, essas duas variáveis são substituídas pelo *spread* bancário. Todas as séries estão em log para que a interpretação seja feita em termos de elasticidades.

---

[9] Optamos pelo uso da produção física da indústria, e, não, da variável tradicional de "hiato do produto" em função dos problemas já mencionados de endogeinidade do produto potencial ao produto efetivo.

Antes de partir para as duas versões do modelo serão aplicados testes de raiz unitária, a fim de avaliar se as variáveis usadas seguem ou não um processo estocástico estacionário. A tabela 1 mostra os resultados do teste Dickey-Fuller aumentado (ADF) para as séries em nível e em primeira diferença. A hipótese nula $(H_0)$ de que a série testada possui raiz unitária (é não estacionária) é rejeitada apenas para a variável *Selic* nos níveis de significância de 5% e 10%.

**TABELA 1**

**Dickey-Fuller aumentado (ADF): nível e diferença**

| Variável | Estatística t | Valor crítico: 1% | 5% | 10% |
|---|---|---|---|---|
| Selic | **-2,9987** | -3,5270 | -2,9035 | -2,5892 |
| Exp_infl | -2,1376 | -4,0925 | -3,4743 | -3,1644 |
| Câmbio | -0,9062 | -2,5890 | -3,4743 | -3,1644 |
| Sp | -2,6834 | -4,0925 | -3,4743 | -3,1644 |
| X_M | -0,1729 | -4,0925 | -3,4743 | -3,1644 |
| Crédito | -0,0219 | -4,0925 | -3,4743 | -3,1644 |
| Ind | 1,0604 | -4,0925 | -3,4743 | -3,1644 |
| *Spread* | -0,6062 | -4,0925 | -3,4743 | -3,1644 |
| DSelic | **-2,3812** | -3,5270 | -2,9035 | -2,5892 |
| DExp_infl | -6,3005 | -4,0925 | -3,4743 | -3,1644 |
| DCâmbio | -7,7337 | -2,5890 | -1,9442 | -1,6146 |
| DSp | -7,9308 | -4,0925 | -3,4743 | -3,1644 |
| DX_M | -6,5143 | -4,0925 | -3,4743 | -3,1644 |
| Dcrédito | -7,0027 | -4,0925 | -3,4743 | -3,1644 |
| Dind | -3,8801 | -4,0925 | -3,4743 | -3,1644 |
| Dspread | -7,0160 | -4,0925 | -3,4743 | -3,1644 |

Também foi realizado o teste de Phillips-Perron (PP), proposto por Phillips e Perron (1988), cuja hipótese nula é a mesma do teste ADF. Os resultados constam da tabela 2.

**TABELA 2**

**Teste de Phillips-Perron (PP): nível e diferença**

| Variável | Estatística t | Valor crítico: 1% | 5% | 10% |
|---|---|---|---|---|
| Selic | -1,7600 | -3,5270 | -2,9035 | -2,5892 |
| Exp_infl | -2,4425 | -4,0925 | -3,4743 | -3,1644 |
| Câmbio | -1,1128 | -2,5890 | -3,4743 | -3,1644 |
| Sp | -2,7684 | -4,0925 | -3,4743 | -3,1644 |
| X_M | **-4,6931** | -4,0925 | -3,4743 | -3,1644 |
| Crédito | -0,2567 | -4,0925 | -3,4743 | -3,1644 |

continua

| Variável | Estatística $t$ | Valor crítico: 1% | 5% | 10% |
|---|---|---|---|---|
| Ind | 0,2525 | -4,0925 | -3,4743 | -3,1644 |
| Spread | -0,6062 | -4,0925 | -3,4743 | -3,1644 |
| DSelic | -2,7004 | -3,5270 | -2,9035 | -2,5892 |
| DExp_infl | -5,6535 | -4,0925 | -3,4743 | -3,1644 |
| DCâmbio | -7,7728 | -2,5890 | -1,9442 | -1,6146 |
| DSp | -7,9125 | -4,0925 | -3,4743 | -3,1644 |
| DX_M | -10,781 | -4,0925 | -3,4743 | -3,1644 |
| Dcrédito | -7,0027 | -4,0925 | -3,4743 | -3,1644 |
| Dind | -3,9418 | -4,0925 | -3,4743 | -3,1644 |
| Dspread | -6,9335 | -4,0925 | -3,4743 | -3,1644 |

Em nível, não é possível rejeitar a hipótese nula de que as séries possuem uma raiz unitária, com a exceção de $X\_M$.

Para complementar e sanar as dúvidas com relação à ordem de integração da Selic e $X\_M$, foi realizado o teste de Kwiatkowski, Phillips, Schmidt e Shin[10] (KPSS), cuja hipótese nula é que a série é estacionária. O intuito de se empregar testes com hipóteses nulas opostas é mitigar o fato de que os testes de raiz unitária têm baixo poder. O resultado sugere a rejeição da hipótese nula de que as séries Selic e $X\_M$ sejam estacionárias.

Considerando-se que as séries são não estacionárias, os testes foram realizados em primeira diferença, a fim de determinar sua ordem de integração. As tabelas 1 e 2 apresentam evidências de que as variáveis são estacionárias em primeira diferença: no nível de 5%, $H_0$ é rejeitada para todas as variáveis, nos testes ADF e PP. A única exceção é o resultado do teste ADF para a Selic.

À evidência a favor da estacionaridade das séries Selic e $X\_M$ em primeira diferença, apontada em pelo menos um dos dois testes, soma-se o resultado do teste KPSS: no nível de 1%, $H_0$ não é rejeitada para as variáveis Selic e $X\_M$. Assim, pode-se considerar que as séries sejam integradas de ordem 1, isto é, possuem uma raiz unitária, o que é um pré-requisito para a estimativa do teste de cointegração.

O objetivo do teste de cointegração é determinar se um conjunto de séries não estacionárias são cointegradas ou não. O método utilizado para identificar os possíveis vetores de cointegração entre as variáveis foi o pro-

---

[10] Ver Kwiatkowski et al. (1992).

cedimento de Johansen (1991 e 1995), que permite determinar o número de vetores de cointegração compartilhados pelas variáveis.

As tabelas 3 (modelo com taxa de juros real) e 4 (modelo com *spread*) mostram os resultados obtidos para dois testes de razão de verossimilhança: o teste Traço e o teste Máximo Valor. Se os valores calculados pelas estatísticas forem superiores aos valores críticos, rejeita-se a hipótese nula de que não há cointegração e aceita-se a hipótese de que há um ou mais vetores de cointegração (Johansen e Juselius, 1990).

## TABELA 3

### Teste de cointegração para o modelo com taxa de juros real

| | Autovalor máximo | | Estatística traço | |
|---|---|---|---|---|
| | Valor observado | Valor crítico 5% | Valor observado | Valor crítico 5% |
| $r = 0$ | 50,18886 | 46,23142 | 153,3544 | 125,6154 |
| $r \leq 1$ | 36,20589 | 40,07757 | 103,1655 | 95,75366 |
| $r \leq 2$ | 31,67392 | 33,87687 | 66,95962 | 69,81889 |
| $r \leq 3$ | 20,93633 | 27,58434 | 35,28570 | 47,85613 |

Nota: Utilizou-se uma defasagem e incluíram-se constante e tendência ao modelo estimado.

No nível de 5% de significância, verifica-se, na tabela 3, que, tanto pela estatística do teste Traço quanto pela estatística do teste de Máximo Valor, rejeita-se a hipótese nula de não cointegração e aceita-se a hipótese alternativa de que existe um vetor de cointegração. Pelo teste Traço, a indicação é a existência de dois vetores de cointegração; já o teste de Máximo Valor indica a existência de um vetor de cointegração. Não é incomum que os resultados desses dois testes divirjam, não indicando o mesmo número de vetores de cointegração, o que pode ser uma consequência de amostras pequenas. Assim, quando esses testes divergem, Enders (1995) sugere utilizar o teste de Máximo Valor.

## TABELA 4

### Teste de cointegração para o modelo com *spread*

| | Autovalor máximo | | Estatística traço | |
|---|---|---|---|---|
| | Valor observado | Valor crítico 5% | Valor observado | Valor crítico 5% |
| $r = 0$ | 42,61490 | 40,95680 | 112,5545 | 103,8473 |

continua

| | Autovalor máximo | | Estatística traço | |
|---|---|---|---|---|
| | Valor observado | Valor crítico 5% | Valor observado | Valor crítico 5% |
| $r \le 1$ | 27,91881 | 34,80587 | 69,93955 | 76,97277 |
| $r \le 2$ | 15,96231 | 28,58808 | 42,02074 | 54,07904 |
| $r \le 3$ | 12,87353 | 22,29962 | 26,05843 | 35,19275 |

Nota: Utilizou-se uma defasagem e incluiu-se a constante ao modelo estimado.

Na tabela 4, no modelo com a variável *spread*, a hipótese nula (não há relação de cointegração) é rejeitada no nível de 1% de significância, tanto pela estatística Traço, quanto pela estatística do Máximo Valor. Ou seja, há forte evidência favorável à existência de um vetor de cointegração, que representa a relação de longo prazo entre as variáveis em questão.

Os testes indicam que as variáveis não estacionárias do modelo apresentam trajetórias comuns ou em bloco, de forma que, a longo prazo, há uma relação estável entre as variáveis.[11]

A vantagem da existência de cointegração é que, segundo o teorema e a reapresentação de Granger (Engel e Granger, 1987), a relação entre elas pode ser expressa como um mecanismo de correção de erros no qual se pode inferir o seu comportamento de longo prazo. Portanto, a existência de vetor de cointegração é fundamental para a estimação de um modelo de correção de erros (VEC).

## Versão I: juros (com crédito e sem crédito)

Um modelo VEC consiste em um VAR restrito, designado a estimar o comportamento de séries não estacionárias, que seguem uma relação de cointegração. Em linhas gerais, o modelo VEC corrige quanto ao desequilíbrio, ou seja, é um meio de reconciliar o comportamento a curto prazo de uma variável econômica com seu comportamento de longo prazo.

Seguindo essa metodologia, estima-se a equação 3, primeiramente, para um modelo que não inclui a variável crédito.[12] A figura 9 reproduz a resposta

---

[11] Mesmo quando a variável crédito é excluída dos dois modelos, a relação de cointegração continua existindo.

[12] Todos os sistemas VEC foram estimados com uma defasagem, conforme indicou o teste do critério de seleção de defasagens.

da variável PIB a um choque de um desvio padrão e segundo a decomposição de Cholesky nas variáveis expectativa de inflação e taxa de juros Selic.

## FIGURA 9

**Resposta do produto a um choque na taxa de juros real (decomposições) (modelo sem o canal do crédito)**

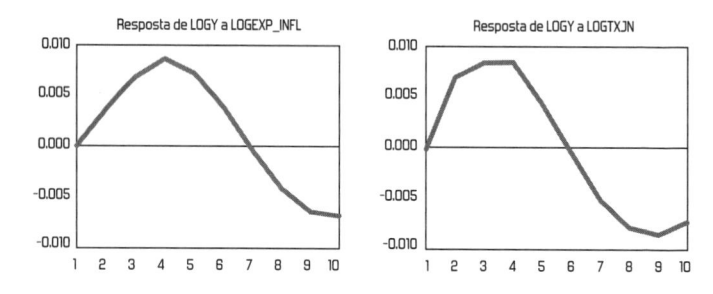

A figura 10 mostra que o efeito negativo de um choque positivo na taxa de juros real sobre o produto só começa a ser sentido a partir do sexto mês, no caso de um choque nas expectativas de inflação, e após o sétimo mês, considerando a taxa de juros nominal. O vale da série do produto ocorre no nono mês e, a partir daí, mantém-se nesse patamar, que é inferior ao inicial.

Para analisar o efeito de uma elevação da Selic sobre o produto da indústria, levando em consideração o canal do crédito da política monetária, a equação 3 é novamente estimada, diferenciando-se do modelo anterior pela inclusão da variável crédito. Os resultados são apresentados na figura 10.

## FIGURA 10

**Resposta do produto a um choque na taxa de juros real (decomposições) (modelo com o canal do crédito)**

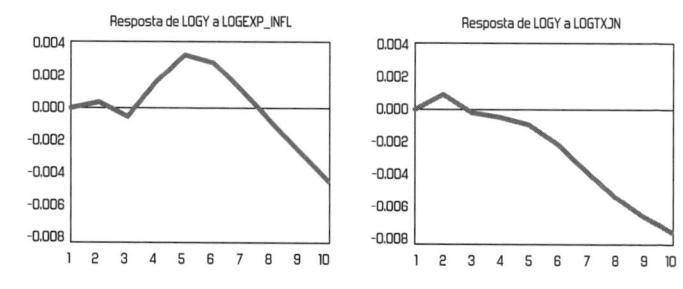

A resposta do produto da indústria a uma elevação das expectativas de inflação caracteriza-se por uma redução inicial, seguida de breve recuperação a partir do segundo mês e de chegada a um pico em quatro meses. Após o sexto mês, o efeito de uma maior expectativa de inflação sobre o produto é negativo.

O efeito de um aumento da taxa de juros nominal (Selic) sobre a produção industrial é, claramente, negativo. Em resposta a um choque nos juros, o produto se desacelera, alcançando um vale em sete meses. A partir daí, a produção industrial se estabiliza em patamar inferior ao verificado antes do choque.

Comparando-se o modelo sem crédito com o modelo que considera o canal do crédito da política monetária, duas conclusões importantes podem ser extraídas: a primeira é que, quando o crédito é incluído no modelo, o efeito negativo de uma elevação da taxa de juros sobre o produto da indústria *tende a ocorrer mais rapidamente*, podendo ser sentido a partir do quarto mês, enquanto no modelo sem crédito os efeitos de uma elevação da taxa de juros só são sentidos a partir do sétimo mês. A segunda conclusão refere-se à *magnitude* do efeito sobre o produto de uma elevação na taxa de juros; esse efeito é bem mais intenso quando se inclui o canal do crédito da política monetária no modelo.

## Versão II: spread (com crédito e sem crédito)

O modelo que simula um choque na taxa de juros real, estimado anteriormente, tem algumas restrições. Em primeiro lugar, ele simplifica o canal do crédito por desconsiderar o impacto do *spread* sobre o PIB e, em segundo, deixa de lado um dos mecanismos mais importantes de contágio da crise internacional no Brasil — o mecanismo relacionado aos derivativos de câmbio.

Assim, em vez de simular um choque na Selic, as próximas estimativas simularão os efeitos de um choque no *spread* bancário sobre o PIB. A figura 11 reproduz os efeitos de um choque no *spread* sobre a variável *y*, sem considerar o canal do crédito.

**FIGURA 11**

**Resposta do produto a um choque no *spread***
**(modelo sem o canal do crédito)**

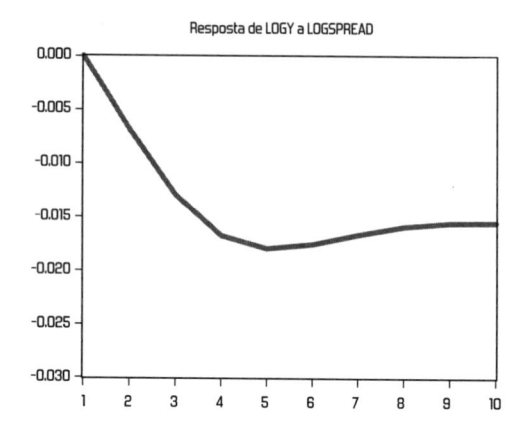

Com base na figura 11, o efeito de um choque no *spread* sobre o produto industrial é claramente negativo, sendo sentido já no primeiro período após o choque.

A figura 12 realiza esse mesmo exercício, porém inclui no modelo a variável crédito sobre o PIB.

**FIGURA 12**

**Resposta do produto a um choque no *spread***
**(modelo com o canal do crédito)**

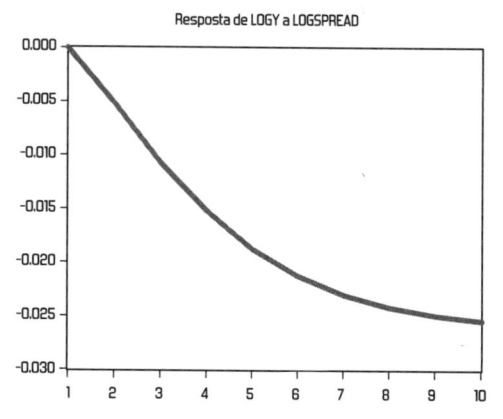

A figura 12 mostra que o efeito de um choque no *spread* sobre o PIB, quando se leva em consideração o canal do crédito da política monetária, é ainda mais forte do que o verificado no modelo anterior.

Comparando os modelos que utilizam a taxa de juros real e o *spread* bancário, constata-se que a resposta do produto a um choque no *spread* é mais rápida e começa a ser sentida imediatamente após o choque; além disso, implica impactos mais profundos sobre o produto industrial. Outra observação é que, nas duas especificações (com juros real e com *spread*), o modelo que introduz a variável crédito apresenta maior sensibilidade do produto a um choque nos juros e no *spread*.

Em suma, os resultados apresentados mostram que a desconsideração do canal do crédito nos modelos macroeconométricos tem por efeito não só aumentar o *timing* de resposta do produto a um choque da taxa de juros, como reduzir a magnitude da resposta do produto a uma mudança da Selic. Dessa forma, o BC do Brasil pode ter sido levado a subestimar os efeitos que uma redução "precoce" da taxa de juros teria sobre a trajetória do produto industrial no final de 2008. No entanto, essa é apenas parte da resposta à pergunta colocada no início desta seção a respeito das razões que levaram o Banco Central a manter a política de juros inalterada nas reuniões de outubro e dezembro de 2008. O próprio banco justifica sua atitude "prudente" com base no risco de perda da meta de inflação que a desvalorização da taxa de câmbio impunha à condução da política monetária. A seguir, avaliaremos em que medida os temores do Banco Central eram ou não justificados.

## A visão do Banco Central do Brasil

Segundo a Ata nº 138 do Copom, a justificativa para manter inalterada a taxa de juros em outubro de 2008 foi a seguinte:

> O Copom reafirma que se mantém elevada a probabilidade de que pressões inflacionárias inicialmente localizadas venham a apresentar riscos para a trajetória da inflação. O aquecimento da demanda doméstica e do mercado de fatores, ainda que sujeito a maior incerteza, bem como a possibilidade do surgimento de

restrições de oferta setoriais podem ensejar o aumento no repasse de pressões sobre preços no atacado para os preços ao consumidor. O Comitê avalia que a materialização desse repasse, bem como a generalização de pressões inicialmente localizadas sobre preços ao consumidor, depende de forma crítica das expectativas dos agentes econômicos para a inflação, que permanecem em patamares incompatíveis com a trajetória de metas e que continuam sendo monitoradas com particular atenção. Adicionalmente, cabe notar que, embora o setor externo viesse exercendo alguma disciplina sobre a inflação no setor de transacionáveis, o aquecimento da demanda doméstica tem pressionado os preços dos itens não transacionáveis, como por exemplo os serviços.

O primeiro ponto a ser observado é que a ata menciona um risco de pressão inflacionária pelo lado da demanda, quando o país já estava entrando em recessão. Esse ponto deixa bastante claro que os modelos de previsão do Banco Central não levavam em conta o canal do crédito. Com efeito, no mês de outubro já havia se instalado uma "crise de crédito" no Brasil, a qual fora responsável pela elevação do *spread* bancário médio em dois pontos percentuais com relação ao patamar prevalecente em setembro de 2008. Como se viu a partir das funções resposta de impulso do modelo VEC apresentado na seção anterior, um choque sobre o *spread* bancário tem efeito imediato e significativo sobre o produto industrial, quando o canal do crédito é incluído no modelo. Além disso, pode-se constatar que o efeito do choque tende a se ampliar significativamente vários meses após a ocorrência do choque. Nesse contexto, se o Banco Central estivesse utilizando um modelo que considerasse adequadamente o canal do crédito seria muito difícil, para não dizer impossível, sustentar a decisão de manter a taxa básica de juros com base em pressões inflacionárias vindas do lado da demanda agregada.

A segunda parte da citação menciona repasses aos preços em função de pressões advindas do setor externo da economia. Em setembro de 2008, os efeitos da crise haviam, de fato, se mostrado mais evidentes no mercado de câmbio brasileiro. A cotação do dólar saltara de um nível próximo a

R$ 1,60 para R$ 2,30, patamar em torno do qual oscilava em dezembro de 2008, tendo sido registrados valores próximos de R$ 2,50, o que configurava uma depreciação superior a 40%. Diante da depreciação cambial, o Banco Central alega que manteve o patamar mais alto de juros em função dos riscos de uma aceleração da inflação em função do repasse do câmbio para os preços.

Para avaliar o risco de uma aceleração da inflação em função do repasse do câmbio para os preços, calculamos o coeficiente de repasse cambial na economia brasileira no período de janeiro de 1999 a dezembro de 2008, controlando para os efeitos da evolução do índice de preços das *commodities* e do índice de produção industrial, sendo o último uma *proxy* para o nível de atividade econômica. As variáveis utilizadas foram as seguintes: taxa de câmbio nominal média mensal, índice de preços das *commodities*, índice de produção industrial e índice de preços ao consumidor amplo (IPCA). A fonte dos dados foi o Ipeadata (2009).

Como todas as séries são integradas de ordem 1 e não apresentaram uma relação de cointegração, estimou-se um VAR com as séries em primeira diferença. Para identificar os efeitos de choques exógenos independentes nas variáveis, o VAR estrutural (SVAR) foi resgatado a partir do VAR restrito, considerando as relações contemporâneas entre as variáveis do índice de preços das *commodities* e do índice de produção industrial para o câmbio, via expectativas; e do câmbio para o IPCA, tendo em vista a elevação dos bens comercializáveis.

Estimado o modelo VAR restrito e resgatado o SVAR, o coeficiente de repasse foi derivado da função impulso resposta acumulada, que simula os efeitos de um choque exógeno acumulado em uma variável sobre outras variáveis, dividindo-se a variação acumulada nos preços pela variação acumulada no câmbio.[13] Para contrapor esse efeito, além de um choque no câmbio, foram produzidos choques nos índices de preço de *commodities* e de produção industrial. Os resultados figuram na tabela 5.

---

[13] Essa metodologia de cálculo do repasse cambial é sugerida pelos *working papers* do FMI. Ver, por exemplo, Belaisch (2003).

**TABELA 5**

**Resposta do IPCA a choques (%)**

|  | Taxa de câmbio | Preço das *commodities* | Produção industrial |
|---|---|---|---|
| 1 | 1,07 | 0,54 | 2,11 |
| 3 | 3,42 | 1,27 | 3,88 |
| 6 | 4,59 | 1,65 | 4,50 |
| 9 | 4,88 | 1,74 | 4,64 |
| 12 | 4,96 | 1,77 | 4,68 |
| 15 | 4,98 | 1,78 | 4,69 |

Obs.: O choque dado em cada série foi de um desvio padrão.

O choque positivo de um desvio padrão na taxa de câmbio levaria, ao final de 12 meses, a um aumento de 4,96% na inflação. Tendo em vista que os choques são simétricos, choques negativos de um desvio padrão no índice de preços das *commodities* e no índice de produção industrial levariam, respectivamente, a reduções de 1,78% e de 4,68% na inflação.

Nesse contexto, os temores do Banco Central a respeito do repasse da desvalorização do câmbio para os preços parecem ser, na melhor das hipóteses, bastante exagerados. Nos meses anteriores à falência do Lehman Brothers, os preços internacionais das *commodities* estavam apresentando forte queda. O preço do petróleo tipo Brent havia caído quase 33% nos dois meses anteriores. A deflação dos preços das *commodities* já impunha uma tendência de queda ao IPCA no Brasil, conforme se pode constatar na tabela 1. Entre outubro e dezembro de 2008, a produção industrial apresentou uma queda de quase 30%, o que também exerceria forte pressão desinflacionária sobre o IPCA. Dessa forma, existiam poucas razões para acreditar que o efeito da desvalorização do câmbio sobre os preços domésticos seria forte o suficiente não só para sobrepujar os efeitos desinflacionários da queda dos preços das *commodities* e da queda da produção industrial, como ainda produzir uma aceleração da taxa de inflação.

E se o Banco Central do Brasil tivesse reduzido os juros em outubro?

Infelizmente a história é unidirecional. Como certa vez afirmou Joan Robinson, o futuro é incerto e o passado, irrecuperável. No entanto, a partir da análise feita nas seções anteriores somos tentados a perguntar o que teria acontecido com a economia brasileira se o Banco Central tivesse respondido prontamente à erupção da crise no Brasil com uma redução forte da taxa de juros. Teria sido possível reduzir significativamente a queda da produção industrial de forma a manter o nível de utilização da capacidade produtiva num patamar que não desestimulasse as decisões privadas de investimento?

Para responder a essa pergunta utilizamos o modelo VEC estimado para rodar um experimento contrafactual, que projetasse a evolução do produto industrial entre outubro de 2008 e julho de 2009, caso o Banco Central tivesse feito um relaxamento significativo da política monetária na reunião de outubro do Copom.[14] No experimento, consideramos o efeito de uma redução de quatro pontos percentuais na taxa Selic no mês de outubro. Isso significa que o Banco Central, no cenário analisado, faria de uma vez cerca de 80% da redução observada da taxa de juros entre janeiro e julho de 2009. Isso quer dizer que, no cenário considerado, o Banco Central teria optado por uma "estratégia de choque", em vez da "estratégia gradualista" efetivamente adotada ao longo do primeiro semestre de 2009. Os resultados do experimento estão sintetizados na tabela 6.

**TABELA 6**

**Resposta acumulada do produto industrial a um choque de 4 p.p na taxa Selic**

| Meses | Selic | PIB da indústria |
|---|---|---|
| 1 | -30% | 0,0 |
| 2 | | 2,4 |
| 3 | | 2,5 |
| 4 | | 2,8 |
| 5 | | 3,3 |
| 6 | | 4,0 |
| 7 | | 4,7 |
| 8 | | 5,4 |
| 9 | | 5,9 |
| 10 | | 6,4 |

[14] Os cálculos apresentados nesta seção referem-se ao modelo VEC que considera o canal do crédito da política monetária, que julgamos ser o mais adequado a essa análise.

Como a taxa de juros no mês de outubro era de 13,75% ao ano, sua redução em 30% representava uma queda de quatro pontos percentuais na Selic. Considerou-se também que os efeitos desse choque sejam acumulados ao final de 10 períodos. Assim, 10 meses após a redução da Selic em 30%, o efeito seria um aumento no produto industrial de 6,4%. Portanto, se essa redução tivesse ocorrido no mês de outubro de 2008, o efeito cumulativo sobre o produto em julho de 2009 teria sido de 6,4%.

O experimento contrafactual também mostra que, ao contrário do senso comum no debate sobre o *timing* dos efeitos da política monetária no Brasil, o produto industrial começaria a reagir ao "choque monetário" logo no primeiro mês após a redução da taxa Selic. Com efeito, cerca de 37,5% da variação acumulada do produto industrial nos 10 meses seguintes ao choque monetário ocorreriam no primeiro mês após o choque.

No último trimestre de 2008, a produção industrial apresentou uma queda acumulada de 14,57%. Se o experimento contrafactual estiver correto, então uma redução de quatro pontos percentuais na Selic na reunião de outubro do Copom faria com que a redução da produção industrial entre outubro e dezembro de 2008 fosse 0,82% menor do que a efetivamente ocorrida. No entanto, nos 10 meses seguintes à hipotética redução da Selic, a queda acumulada da produção industrial seria equivalente a 56,07% da queda efetivamente observada. Isso significa que os efeitos da crise econômica mundial sobre a economia brasileira poderiam ter sido significativamente menores caso o Banco Central tivesse optado por uma "estratégia de choque" no momento certo, em vez de uma estratégia gradualista, iniciada "tarde demais". O "excesso de conservadorismo" da autoridade monetária pode ter imposto ao país um custo muito alto em termos de queda da produção industrial, sem com isso ter contribuído de forma decisiva para a manutenção da inflação dentro dos limites estabelecidos pelo sistema de metas de inflação.

Uma possível crítica ao experimento aqui realizado baseia-se num "fato estilizado" sobre o comportamento dos bancos centrais, conhecido na literatura como "suavização da taxa de juros" (Barbosa, 2004). Trata-se da regularidade empírica observada na fixação da taxa de juros pelos bancos centrais, segundo a qual as autoridades monetárias preferem realizar mudanças graduais, e não abruptas, na taxa básica de juros. Nesse contexto, uma queda de quatro pontos percentuais na Selic estaria violando a política de "suavização da taxa de juros", de tal forma que o experimento aqui conduzido não estaria em conformidade com o comportamento observado das autoridades monetárias.

A fundamentação teórica para o fenômeno da "suavização da taxa de juros" é feita por meio dos assim chamados modelos de equilíbrio geral dinâmico estocástico (DSGE — *dynamic stochastic general equilibrium*). Nessa classe de modelos, a política monetária é conduzida de forma a otimizar uma função perda social intertemporal sujeita às restrições impostas pela equação do hiato do produto e pela curva de Phillips (Carlin e Soskice, 2006). A solução desse problema de otimização envolve, em geral, a obtenção de uma "regra de taxa de juros" na qual a autoridade monetária ajusta gradualmente o instrumento de política monetária em função do estado da economia e dos choques ocorridos.

Os modelos DSGE, no entanto, têm uma limitação séria: a hipótese de existência de mercados contingentes completos do tipo Arrow-Debreu. Dessa forma, esse tipo de modelo não é adequado à normatização da política monetária num contexto de crise financeira, haja vista que tais modelos supõem que esse tipo de problema simplesmente não pode ocorrer. Assim, a utilização dessa classe de modelos como fundamento para uma política gradualista de ajuste da taxa de juros é inadequada, ainda mais para um momento como o que a economia brasileira vivenciou no último trimestre de 2008.

Em suma, o exercício contrafactual aqui apresentado indica que uma política agressiva de redução da taxa de juros na reunião de outubro do Copom poderia ter atuado no sentido de reduzir o impacto da crise econômica mundial sobre a produção industrial brasileira. O gradualismo adotado pelo Banco Central foi, portanto, uma política inadequada para um contexto de crise financeira, além de ter sido iniciada "tarde demais", após a crise ter produzido um "estrago considerável" na dinâmica da produção industrial.

## Considerações finais

Ao longo deste capítulo, argumentamos que o Banco Central do Brasil cometeu uma série de erros na condução da política monetária no último trimestre de 2008. Esses erros se originaram da desconsideração da natureza essencialmente financeira da crise que se abateu sobre a economia brasileira e da desconsideração do "canal do crédito" nos modelos de previsão do Banco Central. Nesse contexto, a autoridade monetária foi levada a subestimar os impactos da crise econômica mundial sobre o nível de atividade produtiva e a superestimar os riscos de aceleração da inflação devido ao repasse do câmbio para os preços. A manutenção da taxa básica de juros em 13,75% ao ano nas reuniões de outubro e dezembro do Copom tornou impossível à autoridade monetária compatibilizar o objetivo de garantir a estabilidade da taxa nominal de câmbio por intermédio das operações de venda de dólares no mercado à vista, com o objetivo de restaurar a liquidez do sistema bancário como um todo. A solução encontrada para o dilema foi a liberação parcial dos depósitos compulsórios, a qual, contudo, não foi eficaz em restaurar as reservas do sistema bancário aos níveis prevalecentes antes da crise. Em janeiro de 2009, o Banco Central finalmente se rendeu às evidências e iniciou um ciclo de redução gradual da taxa de juros. Mas essa medida veio tarde demais e foi tímida demais. O estrago já estava feito, tendo cabido à política fiscal, via redução temporária de impostos indiretos e redução da meta de superávit primário, a função de estabilizar o nível de atividade econômica. No final do primeiro semestre de 2009, a economia brasileira começou a apresentar os primeiros sinais de recuperação, apesar dos equívocos cometidos na gestão da política monetária.

### Referências

BARBOSA, F. H. A inércia da taxa de juros na política monetária. *Revista de Economia*, v. 30, n. 2, p. 105-119, 2004.

BCB (Banco Central do Brasil). *Ata do Copom 138.* 2008. Disponível em: <http://www.bcb.gov.br/?COPOM138>.

_____. *Focus.* 2009a. Disponível em: <www.bcb.gov.br/?FOCUS>.

_____. *Economia e finanças:* séries temporais. Brasília: Banco Central, 2009b.

BELAISCH, A. *Exchange rate pass-through in Brazil.* Washington, DC: IMF, 2003. (IMF Working Paper, WP/03/141).

BERNANKE, B. Non-monetary effects of the financial crisis in the propagation of the Great Depression. In: *Essays on the Great Depression*. Princeton: Princeton University Press, 2000.

_____; BLINDER, A. The federal funds rate and the channels of monetary transmission. *American Economic Review*, v. 82, p. 901-921, 1992.

BLINDER, A. *Bancos centrais:* teoria e prática. São Paulo: Ed. 34, 2009.

BOGDANSKI, J.; TOMBINI, A. A.; WERLANG, S. R. C. *Implementing inflation target in Brazil.* Brasília: Banco Central do Brasil, jul. 2000. (Working Paper Series, 1).

BRASIL perde US$ 25 bi com derivativos. *Valor Econômico*. São Paulo, 8 jun. 2009. Disponível em: <http://ef.amazonia.org.br/index.cfm?fuseaction=imprimirNoticia&id=314437>.

CARLIN, W.; SOSKICE, D. *Macroeconomic:* imperfections, institutions, and policies. Oxford: Oxford University Press, 2006.

CARNEIRO, D. D. O relatório da inflação e as incertezas macroeconômicas dos próximos trimestres. *Carta Econômica Galanto*, Rio de Janeiro, n. 06/00, p. 7-15, 2000.

_____; SALLES, F. M.; WU, T. *Juros, câmbio e as imperfeições do canal do crédito.* Rio de Janeiro: Departamento de Economia/PUC-Rio, dez. 2003. (Texto para Discussão, 480).

CARVALHO, F. C. et al. *Economia monetária e financeira.* Rio de Janeiro: Campus, 2000.

CHU, V. Y. T.; NAKANE, M. I. Credit channel without the LM curve. *Economia Aplicada*, v. 5, n. 1, p. 213-227, 2001.

EICHENGREEN, B.; O'ROURKE, K. H. A tale of two depressions. 2009. Disponível em: <http://wallstreetpit.com/3689-the-world-economy-is-tracking-or-doing-worse-than-during-the-great-depression>.

ENDERS, W. *Applied econometric time series.* New York: Jonh Wiley & Sons, 1995.

ENGEL, R. F.; GRANGER, C. W. J. Co-integration and error correction: representation, estimation, and testing. *Econometrica*, v. 55, p. 251-276, 1987.

FERNANDES, M.; TORO, J. O. *Mecanismo monetário de transmissão na economia brasileira pós-Plano Real.* Rio de Janeiro: FGV/EPGE, 2002. (Ensaios Econômicos da EPGE, 443).

FONSECA, M. W. Política monetária e o canal do crédito no Brasil: uma revisão da literatura. In: OREIRO, J. L.; PAULA, L. F.; SOBREIRA, R. S. (Orgs.). *Política monetária, bancos centrais e metas de inflação:* teoria e experiência brasileira. Rio de Janeiro: FGV, 2009.

GALÍ, Jordi. *Monetary policy, inflation, and the business cycle.* An introduction to the New Keynesian Framework. Princeton: Princeton University Press, 2008.

HALLSTEN, K. *Bank loans and the transmission mechanism of monetary policy.* Oct. 1999. (Sveriges Riksbank Working Paper, 73).

IMF (International Monetary Fund). *International Financial Statistics*, May 2008.

_____. *World Economic Outlook Database.* Disponível em: <http://www.imf.org/external/pubs/ft/ weo/2008/01/weodata/index.aspx>. Acesso em: jul. 2008.

JOHANSEN, S. Estimation and hypothesis testing of cointegration vectors in Gaussian vector autoregressive models. *Econometrica*, v. 59, p. 1551-1580, 1991.

_____. *Likelihood-based inference in cointegrated vector autoregressive models.* Oxford: Oxford University Press, 1995.

_____; JUSELIUS, K. Maximum likelihood estimation and inference on cointegration with application to the demand for money. *Oxford Bulletin of Economics and Statistics*, v. 52, p. 169-209, 1990.

KWIATKOWSKI, D. et al. Testing the null hypothesis of stationary against the alternative of a unit root. *Journal of Econometrics*, v. 54, p. 159-178, 1992.

MENDONÇA, H. F. Mecanismos de transmissão monetária e a determinação da taxa de juros: uma aplicação da Regra de Taylor ao caso brasileiro. *Economia e Sociedade*, Campinas, v. 16, p. 65-81, 2001.

OREIRO, J. L.; BASILIO, F.; SOUZA, G. *A crise econômica mundial e a retomada do desenvolvimento da economia brasileira*. Brasília: UnB, 2009. ms.

_____. et al. A sustentabilidade do ciclo recente de crescimento da economia brasileira (2005-2008): análise e algumas proposições de política. In: FÓRUM DE ECONOMIA, 5., 2008, São Paulo. *Anais...* Rio de Janeiro: FGV, 2008.

PHILLIPS, P.; PERRON, P. Testing for a unit root in time series regression. *Biometrika*, v. 75, p. 335-346, 1988.

RAMEY, V. How important is the credit channel in the transmission of monetary policy? *Carnegie-Rochester Series on Public Policy*, 1993.

SERRA, J. Só com palavras não se criam empregos. *O Globo*, Rio de Janeiro, 26 jan. 2009.

SOUZA SOBRINHO, N. F. *Avaliação do canal de crédito no Brasil*. 2002. Dissertação (Mestrado) — IPE/USP, São Paulo, 2002.

# Sobre os autores

**Amaury Porto de Oliveira** é diplomata de carreira aposentado após servir por 45 anos numa variedade de postos. Sua última função foi como embaixador em Cingapura (1987-1990). Após a aposentadoria, associou-se ao Instituto de Estudos Avançados (IEA) e ao Grupo de Análise da Conjuntura Internacional (Gacint), na Universidade de São Paulo, como investigador na área de relações internacionais, especializado em Ásia-Pacífico. Foi também membro do Instituto de Estudos Econômicos e Internacionais (IEEI), em São Paulo.

**Ana Luiza Neves de Holanda Barbosa** é doutora em economia pela Escola de Pós-Graduação em Economia da Fundação Getulio Vargas (EPGE/FGV) e pesquisadora do Instituto de Pesquisa Econômica Aplicada (Ipea). Tem experiência na área de microeconometria aplicada, com ênfase em teoria da tributação, economia do trabalho e estimação de sistemas de demanda.

**Eliane Araújo** é doutora em economia pela Universidade Federal do Rio de Janeiro (UFRJ). Atualmente é professora do Departamento de Economia da Universidade Estadual de Maringá e membro da Associação Keynesiana Brasileira.

**Fernando de Holanda Barbosa Filho** é PhD em economia pela Universidade de Nova York (NYU), membro do centro de desenvolvimento econômico do Ibre e professor da FGV. Autor de diversos artigos acadêmicos nas áreas de educação, desenvolvimento econômico e políticas públicas.

**José Luís Oreiro** é doutor em economia pela Universidade Federal do Rio de Janeiro (UFRJ). Atualmente é professor da Universidade de Brasília (UnB), pesquisador nível 1 do CNPq e diretor de relações institucionais da Associação Keynesiana Brasileira. Já publicou mais de 60 artigos em revistas científicas no Brasil e no exterior.

**Leda Maria Paulani** é professora titular da FEA-USP e do Programa de Pós-Graduação em Economia do IPE-USP. Autora, entre outros, de *Modernidade e discurso econômico* (Boitempo, 2005) e *Brasil delivery* (Boitempo, 2008), ocupou, entre 2004 e 2008, a presidência da Sociedade Brasileira de Economia Política.

**Luiz Awazu Pereira da Silva** foi assessor do economista-chefe e consultor do vice-presidente de desenvolvimento econômico do Banco Mundial, em Washington, DC.

**Luiz Carlos Bresser-Pereira** é professor emérito da Fundação Getulio Vargas e editor da *Revista de Economia Política*. Foi secretário do governo de São Paulo, ministro da Fazenda, ministro da Administração e Reforma do Estado, e ministro da Ciência e Tecnologia.

**Paulo Cunha** é presidente do conselho do Grupo Ultra, ex-membro do Conselho Monetário Nacional (CMN), fundador e conselheiro do Instituto de Estudos para o Desenvolvimento Industrial (Iedi), membro do conselho consultivo do Insper-São Paulo, do conselho de desenvolvimento da PUC-Rio, e do conselho orientador do Instituto de Pesquisas Tecnológicas (IPT).

**Ping Chen** é professor e senior research fellow, chair of Academic Committee Center for New Political Economy, Economic School, Fudan University, Xanghai.

**Renato Amorim** é engenheiro e diplomata, é diretor executivo de relações governamentais da Merck para a América Latina. Foi diretor de relações internacionais da Vale, onde participou da criação do Conselho Empresarial Brasil-China. Anteriormente, no Ministério das Relações Exteriores, ocupou posições em Brasília, Buenos Aires e Pequim.

**Roberto Lavagna** é formado em economia política pela Universidade de Buenos Aires com mestrado em econometria e política econômica pela Universidade de Bruxelas. Foi membro do Center for International Affairs da Universidade de Harvard, ministro da Economia e Produção entre abril de 2002 e dezembro de 2005, durante os governos de Eduardo Duhalde e Néstor Kirchner. Entre 1985 e 1987, foi secretário da Indústria e Comércio Exterior no governo de Raúl Alfonsín, e idealizador do atual Mercosul. Foi embaixador das Nações Unidas e da Organização Mundial do Comércio.

**Samuel de Abreu Pessôa** é doutor em economia pela Universidade de São Paulo (USP). Professor assistente da Escola de Pós-Graduação em Economia da Fundação Getulio Vargas (EPGE/FGV), pesquisador associado do Centro de Desenvolvimento Econômico (CDE-Ibre/FGV) e sócio-diretor da Tendências Consultoria Integrada. Autor de diversos artigos acadêmicos sobre temas ligados ao desenvolvimento econômico, publicados em revistas nacionais e internacionais.